AF320078

Dubreuil

THÈSE
POUR LE DOCTORAT.

L'acte public sur les matières ci-après sera soutenu,
le mardi 30 mars 1858, à une heure,

Par Auguste DUBREUIL,

AVOCAT A LA COUR IMPÉRIALE DE PARIS,
né à Marseille (Bouches-du-Rhône).

Président, M. BONNIER, Professeur.

Suffragants :
MM. BUGNET,
PELLAT,
DE VALROGER,
} Professeurs.

RATAUD, Suppléant.

*Le Candidat répondra en outre aux questions qui lui seront faites
sur les autres matières de l'enseignement.*

PARIS.

CHARLES DE MOURGUES FRÈRES, SUCCESSEURS DE VINCHON,
IMPRIMEURS DE LA FACULTÉ DE DROIT,
Rue J.-J. Rousseau, 8.

1858.

DE LA PUISSANCE PATERNELLE

Principalement considérée dans ses relations avec les biens de l'enfant.

INTRODUCTION.

Honora patrem tuum et matrem.
(DEUT., ch. 5, v. 6.)

La puissance paternelle est l'autorité reconnue par la loi aux père et mère sur la personne et les biens de l'enfant.

La nécessité de cette autorité domestique est évidente : « Nulle société humaine, en effet, ne saurait exister sans un pouvoir qui la gouverne, et les familles forment autant de sociétés distinctes au milieu de la grande société de l'Etat (1) »; les intérêts de l'enfant lui-même exigent impérieusement cette soumission à la dépendance paternelle; « nous naissons faibles, assiégés par les maladies et les besoins, incapables de rien faire par nous-mêmes », disait M. Réal au corps législatif, heureux, par conséquent, de rencontrer à notre aide un pouvoir de défense et de protection, qui agisse pour nous, nous entoure de ses soins et conduise nos premiers pas dans la vie matérielle. L'adolescence venue appelle une autre sorte de sollicitude; aux obstacles tout physiques de la

---

(1) Discours de M. Abbisson, orateur du Tribunat.

période de l'enfance succèdent les épreuves
morales; « c'est l'âge où commence la lutte
contre des passions naissantes qu'il s'agit non
d'étouffer, ce qui est hors de toute puissance
humaine, mais auxquelles il faut imprimer une
direction noble et utile (1) »; l'autorité paternelle intervient alors « comme guide, comme
ami, comme conseil (2) », pour remplir cette
mission en les retenant sous le frein salutaire
d'une sage expérience.

Tels sont les motifs utilitaires et pratiques
qui suffiraient à eux seuls pour justifier l'ad-
mission dans nos lois de la puissance paternelle, et sur lesquels les rédacteurs de notre
Code ont vivement insisté; mais le principe
qu'ils y consacraient se rattache à des considérations d'un ordre plus élevé, signalées de
longue date (3), qu'ils ne pouvaient méconnaître, et qu'ils ont également fait ressortir (4).
La puissance paternelle, en effet, n'est pas une
institution purement arbitraire; elle appartient

---

(1) Même discours.

(2) Exposé des motifs présenté par M. Réal, dans la séance
du 23 ventôso an X.

(3) Aristote, 8, ethic. 10. — Pline, dans ses Panégyriques :
Intuitus vim legemque naturæ, quæ semper in ditione parentum esse liberos jussit; L. 195, § 2, de verb. signific., D.

(4) Exposé des motifs par M. Réal; discours du tribun
Abbisson.

essentiellement au droit naturel dont elle est une des conséquences les plus inviolables et les plus sacrées; et c'est à raison de ce titre surtout, comme vérité fatale, qui domine toute législation et s'impose à l'homme à son insu et malgré lui, et non en vertu de simples considérations d'utilité, qu'elle a nécessairement trouvé place dans nos institutions civiles. Le sens intime manifeste de lui-même cette origine supérieure que nous assignons à la puissance paternelle, et nous pourrions, s'il en était besoin, ajouter à son témoignage celui des faits. L'histoire nous prouve, en effet, que la puissance paternelle existe et a existé chez tous les peuples; or, ce caractère d'universalité est un des signes distinctifs de tout précepte du droit naturel.

La puissance paternelle prend donc sa source première dans le droit naturel; en d'autres termes, c'est une des premières règles que constatent la raison et l'expérience unies au sens intime; et dès lors Merlin lui applique avec raison ces éloquentes et célèbres paroles de Cicéron (1), prononcées, il est vrai, à l'occasion du droit de légitime défense, mais qui peuvent être étendues à tout principe de la loi naturelle : *Et hæc est non scripta, sed nata lex,*

______

(1) Merlin, v° puiss. paternelle, préliminaires.

quam non didicimus, accepimus, legimus; verum ex natura ipsa arripuimus, hausimus, ad quam non docti sed facti, non instituti sed imbuti sumus.

D'après la théorie de Barbeyrac et de Burlamaqui, développée de nos jours par un de nos savants maîtres (1), tout droit ne serait que la conséquence immédiate et nécessaire d'un devoir, un moyen donné pour arriver à l'accomplissement d'un devoir. Partant de cette théorie qui nous paraît rationnelle et éminemment morale, nous dirons que le droit qui nous occupe, le droit de puissance paternelle, repose sur le devoir imposé aux père et mère de nourrir, d'instruire et d'élever leurs enfants. La nature et la loi qui se réunissent pour leur prescrire ce devoir, se réunissent aussi pour leur donner un moyen d'atteindre le but qu'elles leur désignent, et ce moyen, c'est le droit naturel et civil de puissance paternelle.

Ces données admises nous permettent de déterminer facilement dans quelles limites rationnelles doit être renfermé le droit qui fait l'objet de notre étude. N'étant que la conséquence du devoir d'éducation et d'entretien, il doit, avant tout, être conçu dans l'intérêt de l'enfant à l'égard duquel existe ce devoir; mais, d'un

---

(1) M. Oudot, Conscience et science du devoir (t. 2, n° 198).

autre côté, comme il est nécessaire que ce moyen donné aux père et mère d'accomplir leurs obligations soit efficace, il doit les revêtir aux yeux de leurs enfants d'une autorité suffisante et respectée : concilier un double intérêt, celui de l'enfant et celui des père et mère, tout en faisant prédominer la sollicitude pour l'enfant, *borner, en un mot, le droit au devoir accompli*, telle nous paraît être en cette matière la règle qui doit guider le législateur.

Nous avons constaté que la puissance paternelle existe chez tous les peuples ; mais les bases sur lesquelles elle était organisée chez les peuples anciens en général sont bien différentes de celles que nous venons d'indiquer. En devenant institution humaine, le droit de puissance paternelle a subi toutes leurs vicissitudes ; il a varié, sinon dans son principe, au moins dans ses applications, suivant les mœurs, les temps et les lieux. A Rome, sa réglementation est la contradiction formelle des principes rationnels que nous avons exposés ; la puissance paternelle, loin d'être organisée dans l'intérêt de l'enfant qu'elle devrait protéger, est conçue uniquement dans l'intérêt du père, et lui confère les droits les plus rigoureux et les plus étendus, droit de vie et de mort sur la personne, pouvoir absolu sur les biens des enfants. Ce droit illimité n'est pas exclusivement propre à la législation romaine, comme pourraient le faire croire ces paroles de Justinien, où il semble fier d'un pareil ordre de choses, et le revendiquer à l'honneur seul du peuple romain : *Jus autem potestatis quod in liberos habemus proprium est civium romanorum; nulli enim alii sunt homines qui talem in liberos habeant potestatem qualem nos habemus* (Ins., L. IX, § 2). Mais cette phrase est copiée dans Gaius, qui faisait exception à l'égard des Galates, dont la puissance paternelle avait les mêmes caractères égoïstes et cruels que celle des Romains (1). Cette exception doit être élargie encore; la propriété absolue du père sur les enfants se retrouve en effet aux époques de la barbarie, à l'enfance de la plupart des civilisations (2), et notamment chez les Égyptiens, chez les Athéniens (3), chez les Perses (4) et même chez les Hébreux (5). Un peuple barbare a cependant sur ce point devancé tous les autres dans la voie rationnelle, du moins à l'époque où nous le montre l'histoire, et se distingue par des mœurs tout opposées; ce sont les Germains.

---

(1) G. 1, § 55 : Nec me præterit Galatarum gentem credere, in potestate parentum liberos esse.

(2) M. Ort., Inst., 1. tit. ix.

(3) Loi de Solon, περὶ τῶν κληρῶν.

(4) Arist. 8, ethic. 12.

(5) Genèse, 22.

Le *mundium* chez eux a pour but, comme nous le verrons plus tard, la défense du faible et la protection de l'incapable ; et, chose à remarquer, la législation indoue consacre les mêmes principes élevés (1).

Telle est la physionomie générale que présente la puissance paternelle chez les peuples les plus célèbres de l'antiquité. Nous n'avons point à entrer dans les détails de leurs différentes législations ; nous devons nous borner à étudier parmi elles les deux seules législations qui furent la source de notre organisation actuelle ; nous voulons parler de la législation romaine et de la législation germaine. De là, suivant leurs modifications successives jusqu'à nos jours, nous arriverons, en dernière analyse, à l'examen des principes qui, sous l'empire du Code Napoléon, régissent aujourd'hui la puissance paternelle.

----

(1) Lois indiennes de Manou, commentaire de M. Gibelin.

DROIT ROMAIN.

La puissance paternelle doit être, nous l'avons établi, un pouvoir de défense et de protection pour l'enfant qui y est soumis; et nous avons eu déjà occasion de remarquer combien la législation romaine, à son origine, était loin de réaliser le type rationnel que nous nous en sommes justement formé. Nous allons maintenant étudier cette législation dans ses détails et faire l'histoire des modifications successives qui y furent apportées par le progrès des temps, des mœurs et des lois. Pour suivre, dans cette étude, une marche logique, nous examinerons : 1° à qui appartient la puissance paternelle à Rome ; 2° ses modes d'acquisition ; 3° les effets qu'elle produit à un double point de vue sur la personne et les biens de l'enfant ; 4° ses causes d'extinction. De ces quatre divisions, nous insisterons tout particulièrement sur la troisième, et même, des deux points de vue qu'elle doit envisager, un seul attirera notre attention d'une manière approfondie, les effets produits par la puissance paternelle relativement aux biens, objet plus spécial de notre travail, comme l'indique son titre : *De la puissance paternelle principalement considérée dans ses relations avec les biens de l'enfant.*

CHAPITRE I.

A qui appartient la puissance paternelle ?

La puissance paternelle était à Rome de droit civil et, par conséquent, pour y avoir droit, il fallait d'abord être citoyen romain. *Jus potestatis est proprium civium romanorum,* nous dit Gaius et répète après lui Justinien (1). Et en cela elle différait essentiellement de la puissance sur les esclaves qui, étant du droit des gens, appartenait à tout propriétaire (2).

Pour exercer la puissance paternelle, il ne suffit pas d'être *civis romanus,* il faut encore être *paterfamilias.* Le mot *paterfamilias* a en

______

(1) G. 1, §88; Inst., 1. ix, 2.

(2) D., 2, v. 1, f. Gaius... quæ quidem potestas juris gentium est.

droit romain un sens propre ; il ne désigne pas celui qui a des enfants, celui qui est père de famille, mais bien celui qui n'est soumis à la puissance de personne. *Patresfamiliarum sunt*, nous dit Ulpien, *qui sunt suæ potestatis, sive puberes sive impuberes* (1) ». Une troisième et dernière condition est enfin exigée pour jouir du droit de puissance ; il est nécessaire d'appartenir au sexe masculin ; les enfants ne sont jamais soumis à la puissance de leur mère : *Fœminarum liberos ex familia earum non esse palam est, quia qui nascuntur patris non matris familiam sequuntur* (2).

La mère n'a donc dans tous les cas aucune puissance sur ses enfants. En effet, de deux choses l'une : ou bien la femme en se mariant passe *in manu mariti*, auquel cas elle est à son égard *loco filiæ* (3), et devient par conséquent

---

(1) D., l. vi, 4, f. Ulp., sive puberes, sive impuberes, ajoute le jurisconsulte; la qualité de paterfamilias est donc indépendante du fait d'avoir ou non des enfants; elle appartient à toute personne, sui juris. Mais ici nous supposons tacitement, bien entendu, que le paterfamilias a des enfants, autrement il ne pourrait être question de puissance paternelle.

(2) D., l. xvi, l. 196, § 1, f. Gaius.

(3) G., 1, § 108 et suiv...., filiæ loco incipit esse, nam si omnino ex qualibet causa uxor in manu sibi sit, placuit eam jus filiæ nancisci.

la sœur agnate de ses propres enfants, et dès lors incapable, en cette qualité, d'avoir sur eux aucune puissance ; ou bien la femme ne passe pas *in manu mariti*, et alors elle reste dans la famille originaire, n'entre pas dans celle de son mari, et la puissance n'étant engendrée que par les liens de famille, la femme ne saurait en revendiquer aucune sur des enfants qui à leur naissance feront partie de la famille de son mari à laquelle elle n'a pas cessé d'être civilement étrangère. Nous avons supposé que la mère était *alieni juris ;* mais les mêmes résultats se reproduisent quand elle est *sui juris,* la famille dont elle se trouve le chef *(mater familias)* commence et finit en elle : *mulier autem familiæ suæ et caput et finis est* (1). »

En refusant à la mère, comme nous venons de le dire, toute puissance sur ses enfants, la législation romaine était conséquente avec elle-même, et restait fidèle à ses principes sur l'organisation de la famille, de laquelle découlait le droit de puissance ; mais sur ce point elle était encore en contradiction avec les règles rationnelles que nous avons exposées. En effet, le droit de puissance paternelle n'étant que la

---

(1) D., L. xvi, 195, § 3, f. Ulp.

conséquence du devoir d'éducation, d'instruction et d'entretien, et ce devoir pesant également sur le père et la mère, on aurait dû accorder à l'un et à l'autre le droit de puissance, sinon concurremment, au moins à la mère à défaut du père. Du reste, les sentiments que nous indiquons sont si légitimes que les Romains, s'ils n'avaient accordé aucune puissance à la mère sur ses enfants, lui donnaient cependant le droit d'exiger d'eux respect, honneur et secours ; au moins en était-il ainsi à l'époque des constitutions impériales , comme le constatent au Code deux rescrits : l'un des empereurs Valérien et Gallien, l'autre de Dioclétien et Maximien : *Reverentiam debitam exhibere matri filios coget præses... non solum reverentiam, sed etiam subsidium vitæ* (1).

C'est donc en principe au père seul qu'appartient la puissance paternelle à Rome, sans que la mère y soit jamais admise. Mais il pouvait se faire que le père fût lui-même dépouillé de cette puissance. S'il était *alieni juris*, soumis, par exemple, à la puissance de son propre père, elle passait entre les mains de ce dernier qui exerçait alors son autorité sur ses enfants et ses petits-enfants. Ainsi le voulaient les règles

______

(1) C., VIII, 47, l. 4 et 5.

sur la hiérarchie domestique et la constitution de la famille romaine.

CHAPITRE II,

CAUSES D'ACQUISITION DE LA PUISSANCE PATERNELLE.

La puissance paternelle étant du droit civil, comme nous l'avons déjà répété, il s'ensuit que des modes civils peuvent seuls lui donner naissance. Ces modes civils sont au nombre de trois : 1° les justes noces; 2° la légitimation; 3° l'adoption. Nous allons rapidement analyser chacun de ces modes.

I. *Des justes noces.* — Le droit romain reconnaît entre l'homme et la femme deux sortes d'unions licites, les *justæ nuptiæ* et le *concubinatus.* Les justes noces, mariage civil, soumises par le droit civil à des règles spéciales, produisent des effets civils. Elles donnent aux conjoints les titres respectifs de *vir* et *uxor.* Elles placent l'enfant né pendant leur durée sous l'empire de cette présomption : *pater is est quem nuptiæ demonstrant* (1), et déterminent sa condition

____

(1) D., XXI, IV, 5, fr. Paul. Mais cette maxime a, chez les Romains, des effets moins puissants que chez nous. V. MM. Ducauroy, Bonnier et Roustain sur l'art. 312 Cod. Nap. — L. 6, de his qui sui vel alieni juris; l. 10, eod. tit; et l. 1, § 15, D., de agnoscend. et alend. liber.

d'après celle qu'avait son père au moment de la conception. Enfin, et c'est là le point intéressant pour nous, elles attribuent au père la puissance paternelle sur ses enfants, s'il est *sui juris*, et s'il est *alieni juris*, les font entrer sous la puissance de celui auquel il est lui-même soumis.

Le concubinat, union naturelle que les lois ne frappent d'aucune peine et même permettent expressément, n'est régi que par les préceptes du droit naturel et ne produit même entre citoyens romains aucuns effets civils. Il n'y a alors ni *vir* et *uxor*, ni dot, ni enfin *puissance paternelle*. Mais, remarquons-le, les enfants issus de cette union d'un ordre inférieur ne doivent pas être assimilés aux enfants nés d'un commerce illicite, *ex stupro*, et n'ayant point de père connu, *spurii* ou *vulgo concepti*. Ils naissent *liberi naturales*, ayant pour père certain l'homme qui vit en concubinat avec leur mère, et cette qualité d'enfants naturels leur permettra, à dater de Constantin, d'être légitimés, et d'entrer ainsi sous la puissance paternelle.

Le concubinat et les justes noces étant de véritables mariages, tous les caractères que le mariage tient du droit des gens : perpétuité, monogamie, différence de sexes, consentemen

des parties, prohibition entre parents et alliés à certains dégrés, leur sont également applicables ; mais certaines conditions sont particulières aux justes noces et indispensables à leur formation ; ce sont : 1° le consentement des chefs de famille ; 2° le *jus connubii*. Nous ne parlons pas de la puberté, comme condition spéciale aux justes noces ; en effet, Ulpien la présente formellement comme également nécessaire au concubinat : *Cujuscunque ætatis concubinam habere posse palam est ; nisi minor annis duodecim sit* (1).

Nous venons de dire que le consentement de l'ascendant sous la puissance duquel ils se trouvent est nécessaire au fils ou à la fille pour contracter de justes noces. Ce consentement ne suffit pas toujours ; ainsi le petit-fils, précédé dans la famille par son père, doit obtenir nonseulement le consentement de l'aïeul, mais encore celui de son père, sous la puissance duquel, après le décès de l'aïeul, il retombera, et par lui, les enfants qui naîtront de son mariage. Et la raison, c'est que nul ne doit se trouver dans la famille et sous la puissance d'un citoyen romain malgré lui : *ne ei invito suus heres agnascatur*, nous disent les Insti-

(1) D., xxv, vii, 18, f. Ulp.

tutes (1). D'où la conséquence exprimée par le jurisconsulte Paul (2), que le consentement de l'aïeul suffirait pour la petite-fille sans qu'il fût besoin de celui du père, les enfants à naître de cette petite-fille entrant sous la puissance de son mari, et ne devant jamais être soumis à celle de son père. Ce principe explique également pourquoi le consentement du père et des ascendants paternels n'est jamais demandé ; pourquoi le consentement du père et des ascendants paternels n'est point exigé lorsque le futur conjoint est *sui juris* (3), ordre de choses qui subsista sans modification jusqu'au Bas-Empire (4).

Quant au *jus connubii*, ce n'est autre chose que la capacité relative de se marier avec une personne déterminée : *uxoris jure ducendæ facultas*. Droit civil, il est exclusivement propre aux citoyens romains (5), et par conséquent à partir de Caracalla, il est étendu à tous les sujets

---

(1) Inst., I, IX, 7.

(2) D., xxiii, ii, l. 35 et l. 16, § 1 : Nepote uxorem ducente et filius consentire debet, neptis vero si nubet, voluntas et auctoritas avi suffic et.

(3) D., xxiii, ii, l. 25, f. Modest.

(4) C. v, 4, l. 18, Valent., Valens et Justin., et l. 20, Arcadius et Honorius.

(5) Ulp. regul. t. v, § 4.

de l'empire, puisque tous obtiennent le droit de cité. Même entre citoyens romains, le *connubium* n'a pas toujours existé ; certaines restrictions y sont apportées par la morale et la politique : les premières, qui tiennent à l'existence de la parenté ou de l'alliance à certains degrés, ont subi peu de variations ; les secondes ont subi le sort de la société et le progrès des temps. Ainsi, la prohibition portée par la loi des Douze-Tables contre le mariage entre patriciens et plébiens tombe devant la loi Canuleia (445 av. J.-C.) ; celle qui défend le mariage entre ingénus et affranchis tombe à son tour devant la loi Papia-Poppæa (an 9 de J.-C.) ; non-seulement les sénateurs pourront épouser des personnes viles (1), mais Justinien élève à la dignité d'épouse et d'impératrice la fille d'un cocher du cirque, la courtisane Théodora.

II. *De la légitimation.* — Les *liberi naturales*, quoique ne naissant pas sous la puissance de leur père, sont cependant susceptibles de s'y trouver postérieurement soumis. Ce résultat s'obtient

---

(1) Cette prohibition, qui tirait son origine de la loi Julia, avait été étendue par Constantin, qui défendit aux sénateurs, sous peine d'infamie, d'épouser aucunes personnes réputées viles et abjectes (humiles, abjectæve personæ). Justinien, au nom de la miséricorde chrétienne, abolit cette prohibition.

par la légitimation, second mode d'acquérir la puissance paternelle.

C'est seulement à dater de Constantin que la légitimation commence à devenir un moyen général de légitimer ses enfants naturels et de les faire ainsi entrer sous sa puissance. Sans doute, avant ce prince, dans certains cas particuliers, on pouvait arriver à ce but. Ainsi, quand on accordait le droit de cité à un étranger et à ses enfants, dès ce moment ces enfants étaient regardés comme issus de justes noces et soumis à la puissance paternelle; mais cet effet n'était qu'une conséquence accessoire du droit de cité ainsi accordé. Tels étaient encore les cas de la *causæ erroris probatio* et de la *causæ probatio* longuement développés dans Gaius et dans Ulpien (1). Mais ces modes, tout spéciaux, se rattachaient à la législation sur les affranchis Latins, et tombèrent en désuétude avec elle. Au temps des Institutes, deux modes généraux de légitimation existaient : la légitimation par mariage subséquent, et celle par oblation à la curie. Justinien en introduisit deux autres dans ses Novelles : celles par rescrit et par testament.

§ 1. La légitimation par mariage subséquent

---

(1) G., 1, § 66; Ulp., reg., t. iii, § 3; G , 1, § 67 et suiv.

fut autorisée par Constantin (335 de J.-C.), afin d'engager les concubins à sortir d'un état hautement réprouvé par l'Église chrétienne. Zénon (476 de J.-C.), dans une constitution que nous trouvons au Code, déclare que ce mode de légitimation ne s'appliquerait qu'aux enfants naturels déjà existants lors de la publication de sa loi; cette restriction avait pour but de décider les personnes, vivant alors en concubinat, à se marier immédiatement, dans la crainte de ne pouvoir légitimer, plus tard, les enfants qui pourraient leur survenir. Justinien la fit disparaître et rétablit la légitimation par mariage subséquent dans toute sa généralité(1).

§ 2. La légitimation par oblation à la curie doit son origine à Théodose le Jeune et Valentinien (442 de J.-C.). Depuis que les biens des curiaux répondaient du recouvrement des impôts, on désertait à l'envi des honneurs aussi périlleux. Pour favoriser les curiaux en fonctions, et engager de nouvelles personnes à entrer dans leurs rangs éclaircis (*ut novos lex faciat curiales aut foveat quos invenit*), ces empe-

---

(1) C. v, 27, l. 10. Trois conditions étaient d'ailleurs exigées : il fallait qu'au moment de la conception de l'enfant naturel à légitimer, le mariage ne fût défendu par aucune loi, que l'on dressât un acte pour constater le mariage, et enfin que l'enfant ratifiât (Nov. 89, 11).

reurs permettent à un citoyen curial ou non,
ayant des enfants naturels, d'offrir à une mé-
tropole, s'il est Romain, à la curie de sa ville
(*ejus civitatis curiæ, unde ipse oritur*), s'il n'est
pas Romain, ceux de ses enfants qu'il voudra,
et en conséquence de leur donner par donation
ou testament même la totalité de ses biens ;
ils ajoutent que pareillement si une fille natu-
elle épouse un curial, elle deviendra par là
capable de recevoir même la totalité des biens
de son père (1). Cette institution se développa ;
l'enfant offert à la curie acquit des droits de
succession *ab intestat* et passa sous la puissance
paternelle (2). Justinien permit de légitimer
ainsi leurs enfants naturels, même à ceux qui
avaient déjà des enfants légitimes (3). Ce mode
de légitimation offrait du reste une singularité
inconciliable avec les principes rigoureux du
droit civil, c'est que l'enfant passait sous la
puissance du père sans entrer dans sa famille,
et restait étranger aux agnats et aux cognats
paternels.

§ 3. *Légitimation par rescrit.*—Ce mode nouveau, dû à Justinien (4), consistait à s'adresser

____

(1) C. v, 27, l. 3, Théod. et Valent.
(2) C. v, 27, l. 4, Léon et Anthemius.
(3) C. v, 27, l. 9, § 3, Justinien.
(4) Nov. 74, ch. 2, § 1.

à l'empereur pour demander un rescrit de légitimation quand on n'avait aucun enfant légitime, et qu'il était impossible, à raison des circonstances, d'épouser la mère de ses enfants.

§ 4. *Légitimation par testament.*—Ce dernier mode fut également introduit par Justinien (1). Un père n'ayant que des enfants naturels peut, en mourant, demander à l'empereur, dans son testament, de légitimer ses enfants, quand il n'a pu le faire ou ne l'a pas fait de son vivant (2).

III. *De l'adoption.* — L'adoption est un acte solennel qui a pour but de faire entrer sous la puissance paternelle d'un citoyen romain une personne qui n'y était pas soumise.

Il y a deux espèces d'adoption : une première qui conserve ce nom générique, une seconde qui prend le nom particulier d'adrogation. La première, l'adoption proprement dite, s'applique exclusivement au fils de famille. Dans

---

(1) Nov. 89, ch. 10.

(2) Nous n'avons parlé que du père; quant à la mère, en effet, la légitimation est entièrement indifférente; puisque jamais elle n'exerce de puissance sur son enfant, et qu'à moins de passer *in manu mariti*, elle n'entre jamais dans sa famille civile. Entre la mère et l'enfant légitime ou l'enfant naturel, il y a toujours et ne saurait y avoir qu'une parenté naturelle.

l'origine, elle s'opère par une ou trois mancipations, suivant le sexe et le degré de l'enfant, qui ont pour but de détruire la puissance paternelle selon la loi des XII Tables, et sont suivies de la *cessio in jure*, ou revendication fictive faite par l'adoptant, de l'enfant ainsi libéré de la puissance originaire.

Sous Justinien les formes sont plus simples : il suffit que le père, l'adoptant et le fils se présentent devant le magistrat compétent qui dresse l'acte d'adoption ; le consentement de chacune des parties est nécessaire (1), mais de la part de l'adopté, on exige seulement qu'il n'y ait aucune opposition, ce qui permet de donner en adoption des enfants ne parlant pas encore, (*etiam infantem* (2)).

Par suite de l'adoption, l'adopté sort de sa famille originaire pour entrer dans la famille et sous la puissance de l'adoptant. Il perd, par conséquent, tous droits de succession dans la première ; d'où il suit que s'il est émancipé ou déshérité par l'adoptant, il sera privé de toute possibilité de succéder à personne. Justinien, voulant remédier à cet inconvénient, distingue

---

(1) C., VIII, 48, 1, 11.
(2) D., I, 7, 42, fr. Modest.

entre le cas où l'enfant est donné en adoption à un ascendant et celui où il est donné à un étranger (1). Dans le premier cas, comme on suppose, à raison de l'affection paternelle, que l'ascendant ne l'émancipera pas facilement (2), les anciens principes ont leur cours. Dans le deuxième cas, l'adopté reste dans sa famille naturelle, et acquiert seulement des droits de succession *ab intestat* sur les biens de l'adoptant.

L'adrogation (3) s'applique aux personnes *sui juris* qui se soumettent, avec leur famille et leurs biens, à la puissance d'autrui. Le peuple intéressé dans un acte qui doit faire disparaître une famille, doit l'autoriser par une loi spéciale ; l'autorisation impériale remplaça le droit du peuple mis en oubli.

L'adrogation, à raison de ses graves effets, est entourée de certaines garanties pour l'adrogé. Lorsqu'il est impubère, on recherche si le

____

(1) C., VIII, 48, l. 10, § 4.
(2) C., VIII, 48, l. 10, pr. in fin.
(3) **V.** sur l'étymologie du mot adrogatio, G., I, 599 : « Quæ species adoptionis dicitur adrogatio, quia et is qui adoptat rogatur, id est interrogatur an velit eum quem adoptaturus sit justum sibi esse filium, et is qui adoptatur rogatur an id fieri patiatur, et populus rogatur an id fieri jubeat. »

motif en est honnête et si elle avantageuse au pupille (*an honecta sit expediatque pupillo*). De plus,
l'adoptant doit donner caution à une personne
publique, de restituer, suivant les cas, à l'adrogé
ou à ses héritiers tous ses biens personnels, et
dans le cas où il émanciperait ou déshériterait
l'adrogé sans juste motif avant sa puberté, de
lui laisser au moins la *quarte Antonine.*

Certaines dispositions sont d'ailleurs communes aux deux espèces d'adoption, l'adoptant
doit avoir de plus que l'adopté la puberté pleine,
c'est-à-dire dix-huit ans. Les femmes ne peuvent
adopter (1).

CHAPITRE III.

EFFETS DE LA PUISSANCE PATERNELLE.

La puissance paternelle confère un double
pouvoir : 1° un pouvoir sur la personne de
l'enfant; 2° un pouvoir sur les biens de l'enfant.
Nous allons déterminer successivement les
effets qu'elle produit à chacun de ces deux
points de vue, mais sans insister beaucoup sur
le premier.

---

(1) Inst., lib. I, tit. xi, § 3, 4 et 10.

1. *Pouvoir sur la personne de l'enfant.*

Le pouvoir du père sur la personne de ses enfants n'admet à l'origine aucune limitation possible ; il a sur eux un véritable droit de propriété analogue à celui qu'il exerce à l'égard de ses esclaves et qui comprend même l'*abusus*, c'est-à-dire le droit le plus énergique résultant de la propriété. Il peut donc tuer ses enfants, les vendre et les exposer ; mais un pareil ordre de choses était trop directement opposé aux sentiments de la nature, pour ne pas se modifier progressivement sous l'influence des mœurs et de la civilisation. Parcourons l'histoire de ces modifications.

Le droit de vie et de mort remonte, selon Denys d'Halicarnasse, à la fondation même de Rome (1), et Plutarque nous le présente comme émanant de son premier roi Romulus (2). La loi des Douze-Tables le consacrait formellement ; à défaut de monuments législatifs antérieurs, qui ont péri, le Digeste et le Code en conservent le souvenir : *Nec obstat quod eos (filios)*

-----

(1) Denys d'Halic., lib. 2.

(2) Plut., Vie de Romulus. Du reste, Papinien (libro sing. de adult. ex coll. leg. Mosaic., t. iv) nous parle formelle-

exheredare licet, quos et occidere licebat, nous dit le jurisconsulte Pàul (1), et Constantin, au Code (2) ajoute...... *palribus, quibusque jus vitæ in liberos, necisque poteslas olim erat permissa, etc.* L'histoire nous en offre enfin de nombreux exemples d'application. Brutus (3), Cassius (4), Fulvius (5), Fabius Eburnius (6), Manlius Torquatus et Manlius Imperiosus usent entre autres de ce terrible pouvoir. Ce droit était-il tellement absolu que le père fût libre de l'exercer sans motifs sérieux et sans soumettre à aucun contrôle son dessein homicide? Hotman ne le pense pas et s'appuie de l'autorité de Valère-Maxime, de Tite-Live et de Senèque (7), et Vulteius se range du même

---

ment de ce droit comme accordé par une lex régia, c'est-à-dire par une de ces lois promulguées sous les rois de Rome, doi ' ' ' ' ueli fait par Papirius et commenté par Granius Fl. ' ' ' ' ne nous est point parvenu.

(1) D. viii, ii, l. 11.

(2) C., viii, 47, l. 10.

(3) Plut., Vie de Publicola, 7 et 8.

(4) Val., Max., lib. v, c. 8.

(5) Salluste, Catilin., n° 39.

(6) Hotman, in epist., 3, de his qui sui, n° 4, et ad § 1, de patr. potest.

(7) Val. Max., lib. v, c. 8. — T.-Liv., lib. ii. — Sen. 1, de Clem. — M. de Fresquet, dans un savant article publié dans la Revue historique de droit français (mars, avril 1855), a développé brillamment l'opinion professée par Hotman et Vulteius.

avis. Il est probable qu'à une certaine époque, comme le croient ces jurisconsultes, les mœurs exigèrent que ce pouvoir exhorbitant et contre nature ne pût être mis en usage *sine causa, et sine propinquorum consilio;* mais il nous paraît certain, d'après l'esprit de la législation romaine à cet égard, que ces restrictions ne furent que tardivement introduites, et que le droit de vie et de mort subsista longtemps dans toute sa cruauté primitive.

Du reste l'opinion publique finit par s'élever contre le droit lui-même. Senèque (*de clementia*) (1) raconte qu'un chevalier romain de son temps nommé Erixon, dont le fils était mort sous les verges paternelles, fut poursuivi dans le Forum à coups de poinçon par le peuple indigné. L'autorité impériale dut intervenir, et consacra une abolition prononcée par les mœurs elles-mêmes. Mais à quelle époque précise cette abolition eut-elle lieu? Les interprètes ne sont pas d'accord sur ce point. Suivant Pithou (2), dont l'opinion est approuvée par Doneau (3), le droit de vie et de mort

---

(1) Senèque, de clem., liv. I, ch. 14.
(2) Pierre Pithou, in novit. d., tit. 4, coll. LI., Mosaie.
(3) Doneau, tom. I, cap. 35, D., note 2.

aurait survécu et existé même au temps de Paul, c'est-à-dire au milieu de la période de la jurisprudence classique; il faudrait voir dans le texte de ce jurisconsulte que nous citions tout à l'heure un changement fait par Tribonien, qui aurait mis *occidere licebat* au lieu de *occidere licet*, mots réels du texte originaire. D'ailleurs ni Pithou ni Doneau ne déterminent une époque précise à laquelle ce droit aurait cessé d'être appliqué. Baudoin (1) le fixe au temps d'Auguste, Gyphanius (2) au temps de Constantin, Bynkerskoeck (3) au temps de Trajan, Antonin et Adrien. Ce qu'il y a de certain, c'est que Trajan (an 114 de J.-C.) contraignit un père qui maltraitait son fils à le libérer de la puissance paternelle; de même Adrien (an 117 de J.-C.) condamna à la déportation un père qui avait tué son fils à la chasse, bien qu'il fût coupable d'adultère avec sa belle-mère : *quod latronis magis quam patris jure interfecit*, dit Marcien (4). Et il ajoute : *patria potestas in pietate debet, non in atrocitate consistere.* Ulpien nous apprend qu'un père ne peut plus tuer son fils sans jugement et sans accusation

---

(1) Ad. leg. Romul., l. xviii.
(2) Ad. leg. ult., C. de patr. pot.
(3) De jure cccid. liber. C. 2 et suiv.
(4) D., xlviii, ix, l. 5, Marcien.

préalable auprès du magistrat (1). Alexandre Sévère (an 228), dans un rescrit inséré au Code (2), permet de châtier *jure patriæ potestatis* l'enfant qui méconnait ses devoirs, mais prescrit au père, si l'obstination du fils mérite des châtiments plus graves (*acriori remedio usurus*), de s'adresser au président de la province. Les empereurs Valère et Gallien confirment la même sage restriction (3). Enfin nous trouvons au Code une constitution de Constantin, qui condamne le père meurtrier de son enfant, de quelque manière que ce soit, à la peine des parricides (4), qui consiste à être renfermé dans un sac avec un chien, un coq, une vipère et une chienne, et jeté à l'eau (5).

Mais si le droit de vie et de mort fut assez promptement transformé en un simple pouvoir correctionnel, le droit de vente se conserva plus longtemps. La loi des Douze-Tables accordait

---

(1) D., xlviii, viii, l. 2, Ulpien.

(2) C., viii, 47, l. 3.

(3) C., viii, xlvii, l. 4.

(4) An 318, l. 1, C. Théod., de parricid., et L. unica, C. Just., de his qui parent. vel lib. Cette dernière constitution s'adresse spécialement à l'Afrique, où l'on offrait des enfants à Saturne, où on les tuait et les exposait plus fréquemment encore que dans les autres parties de l'empire (V. Godefroi sur cette l. unic., de his qui parent, vel liber.).

(5) L. 1, C. Théod., de parricid.

au père le droit de vendre ses fils jusqu'à trois fois, ses filles et ses petits-enfants une seule fois. Ce nombre dépassé, l'enfant était libéré de la puissance paternelle (1). De plus, le père pouvait, lorsque ses enfants avaient causé quelque préjudice, les abandonner en réparation (*noxali causamancipare*). A l'époque de Gaius, la vente solennelle des enfants, *mancipatio*, existait encore, bien qu'ordinairement elle n'eût lieu que d'une manière fictive pour faire échapper les enfants de la puissance paternelle (2); quant à l'abandon en réparation d'un dommage, il se faisait encore sérieusement, mais pour les fils seulement et non pour les filles (3). Les écrits de Paul nous apprennent que de son temps le droit de vente subsistait toujours, mais que cependant il n'était permis que dans les cas d'extrême misère, *contem-*

---

(1) Gaius, C. 1, § 132; Denys d'Halic., lib. II, Antiq., p. 96; Ulpien, reg., t. 2, § 1. — Ce droit de vente remonte même au-delà de la loi des Douze-Tables; nous savons, en effet, que deux textes du Code Papyrien y étaient relatifs : le premier accordait formellement ce droit au père; le second y apportait une exception, au cas où le fils avait contracté un mariage solennel avec le consentement de son père; il était alors défendu à ce dernier de vendre son fils. (Terrasson, Hist. de la Jurispr. rom., p. 54 et 60.)

(2) Gaius, comm. I, § 117 et 118.

(3) G., comm. IV, § 78 et suiv.

platione extremæ necessitatis aut alimentorum gratia (1). L'abandon du fils en réparation du préjudice causé était également resté en vigueur (2).

Plus tard, Dioclétien et Maximien déclarent bien qu'il est hors de doute (*manifestissimi juris*) que les pères ne peuvent livrer leurs enfants ni en gage, ni en vente, ni en donation (3). Mais il est permis, quoi qu'en disent les deux empereurs, de se montrer incrédule sur la vérité de cette assertion, lorsqu'on voit dans la loi suivante, au même titre, le premier empereur chrétien, Constantin, l'auteur de si justes réformes, permettre expressément au père de vendre ses enfants, mais seulement, il est vrai, au sortir du sein de la mère (*sanguinolentes*) et quand il y est obligé par une extrême misère (*propter nimiam paupertatem egestatemque victus*). Des traces nombreuses et authentiques de ce droit de vente se retrouvent encore sous les empereurs qui suivirent Constantin, notamment sous Théodose-le-Grand (4), et saint Jérôme nous a conservé les plaintes d'une pauvre

______

(1) Sent. Pauli, v, 1, § 1.
(2) Sentent. Pauli 2, 31, § 9.
(3) C., IV, XLIII, l. 1.
(4) L. 1, C. Théod., de patribus qui suos fillos, etc.

mère dont les trois fils avaient été vendus pour payer l'impôt du fisc (1). Sous Justinien, le dernier état du droit à cet égard est celui en vigueur sous Constantin, comme le prouve l'insertion au Code de la constitution de cet empereur. Quant à l'abandon en réparation, les Institutes elles-mêmes constatent qu'il est depuis longtemps tombé en désuétude (2).

Reste le droit d'exposition. « Telle était alors la misère des peuples, que les pères qui ne trouvaient pas à vendre leurs enfants les exposaient dans des lieux solitaires pour que la mort les en délivrât, ou dans des lieux publics pour que la charité les recueillît (3). Les enfants ainsi exposés étaient élevés *ad servitutem vel lupanar*. (4).

Cette cruelle coutume, justement flétrie par l'éloquente indignation des philosophes chrétiens, était déjà blâmée avec la même énergie par le jurisconsulte Paul (5), qui assimile l'exposition au meurtre de l'enfant; mais, en cas de

---

(1) Saint Jérome, in vita Paphnutii.

(2) Inst., IV, VIII, 7. V. M. Ortolan, Inst., tit. 9, lib. 1, préliminaires.

(3) M. Trop'ong, Influence du christianisme sur le droit civil des Romains, p. 271.

(4) Lactance, lib. VI, div. Inst., c. 20.

(5) L. 40, de agnosc. liber. D.

pauvreté , le père n'encourait pas ces graves reproches, comme le prouve la législation impériale (1). Constantin le premier voulut prévenir cet abus barbare de la puissance paternelle, en rendant pour l'Italie un édit dans lequel il enjoignait aux officiers du fisc de fournir au père indigent les aliments et les vêtements nécessaires à l'entretien de ses enfants nouveau-nés. En 322, cette mesure fut étendue à l'Afrique qui avait souffert d'horribles ravages par la férocité de Maxence (2). Mais ce système de bienfaisance n'arrêta pas le fléau auquel il devait porter remède. L'empereur se crut alors obligé de recourir aux mesures de rigueur (3) : toutefois l'exposition des enfants était un abus si puissamment enraciné dans l'antiquité, trouvant d'ailleurs une sorte d'excuse dans la pauvreté de l'indigent, que Constantin ne prononça pas de peines afflictives contre le père qui s'est porté à cette cruelle extrémité. Valentinien I.

---

(1) Du moins, c'est sous le bénéfice de cette observation qu'il faut, selon MM. Troplong et Gibbon, lire la dispute de Gérard Noodt et de Bynckershoeck sur ce texte de Paul.

(2) Note de M. Guizot sur Gibbon, t. 2, p. 457.

(3) Elles consistent simplement à priver le père coupable de toute puissance paternelle sur la personne de l'enfant exposé, attribué comme esclave ou comme fils au tiers qui l'aura recueilli. (L. 1, C. Théod., de exposìtis, an. 331.)

d'après l'interprétation donnée à sa loi par Godefroi et Gibbon (1), mit enfin un terme à ces sortes de meurtres, en comprenant le père qui s'en rendait coupable dans la lettre et l'esprit de la loi Cornelia *de Sicariis : Unusquisque sobolem nutriat : quod si exponendam putaverit, animadversioni quæ constituta est, subjacebit* (2). Justinien consacra les mêmes principes d'humanité.

Occupons-nous maintenant du pouvoir paternel sur les biens de l'enfant.

II. *Effets de la puissance paternelle par rapport aux biens do l'enfant.*

Généralités. — Le pouvoir du père sur les biens de l'enfant était aussi absolu, aussi rigoureux à l'origine que celui qui lui était attribué sur la personne même. Le fils, personne *alieni juris*, est à raison de ce titre incapable d'acquérir aucune propriété ; il est la chose du

----

(1) T. 2, p. 246, Gibbon.

(2) Godefroi et Gibbon pensent que ces derniers mots font allusion à la peine des homicides (God., sur la l. 2, C. Théod., de expositis liberis); et cela nous paraît évident, si on rapproche cette loi 2 de la l. 8, C., ad. leg. Corn. *de Sicariis*, du même empereur Valentinien : si quis necandi infantis piaculum aggressus, aggressave sit, sciat se capitali supplicio esse puniendum.

père, et dès lors, appliquant la maxime *quid-quid ex re mea nascitur, meum est*, prise dans un sens large, toutes les acquisitions que peut faire le fils appartiennent au père sans aucune distinction. Créances et droits réels provenant des contrats du fils, produits de son travail, de son courage, de son talent, libéralités qui lui sont faites, tout cela tombe dans le seul patrimoine qui existe dans la famille, celui du père. Tels sont les principes originaires qui régissent les rapports du père avec les biens de ses enfants; il est, comme à l'égard de ses esclaves, maître et propriétaire exclusif. Mais de même que les droits sur la personne furent progressivement, comme nous l'avons dit, restreints et adoucis, les droits sur les biens suivirent le même sort; l'usage, les besoins de l'empire, et en dernier lieu des considérations tirées de l'humanité et de la justice, firent naître d'importantes innovations qui empiétèrent peu à peu sur les droits primitifs du père, nous voulons parler de l'introduction *des pécules*, matière sur laquelle nous devons nous arrêter en détail.

Les commentateurs distinguent quatre sortes de pécules : 1° le pécule, proprement dit, qu'ils nomment aussi *peculium profectitium;* 2° le *peculium castrense;* 3° le *peculium quasi castrense;* 4° le pécule qu'ils appellent *peculium ad-*

ventitium. A ces quatre sortes de pécules, certains auteurs : Mackeldey, M. de Savigny et M. de Fresquet ajoutent une cinquième sorte de pécule qu'ils appellent *peculium extraordinarium vel irregulare;* mais ce pécule nous semble compris dans le pécule adventice, et nous en dirons quelques mots à cette occasion. Nous traiterons successivement de chacune de ces quatre sortes de pécules en portant principalement notre étude sur le *peculium castrense* qui forme un titre complet au Digeste, et soulève un certain nombre de sérieuses difficultés.

I. *Du pécule proprement dit, ou pécule profectice.*

Nous avons signalé l'usage comme ayant apporté la première restriction aux règles égoïstes de la puissance paternelle quant aux biens. Il arrivait souvent en effet que le chef de famille confiait à son fils de même qu'à son esclave une portion de biens dont il avait, au nom de son père, l'administration et la jouissance ; c'est ce qu'on appelle un *pécule : peculium dictum est,* nous dit Ulpien (1), *quasi pusilla pecunia, sive patrimonium pusillum,* et Tubéron, au rapport

---

(1) L. 8, § 5, de peculio, xv, 1, D.

de Celse, en donne en ces termes une définition plus juridique : *quid servus (aut filius)*, car, à l'égard de ce pécule, il est assimilé à l'esclave ; *permissu separatum ex rationibus dominicis habet; deducto inde si quid dominō debetur* (1). »

Remarquons-le, cette constitution d'un pécule au profit du fils n'est qu'une dérogation apparente, qu'une restriction de fait, mais non de droit, aux règles qui attribuent au père la propriété exclusive de tous les biens de la famille. En effet, cette portion de biens donnée au fils à titre de pécule ne cesse pas d'appartenir au père; le fils n'en est qu'un administrateur provisoire, dont le mandat prend fin au gré du père, et alors les biens momentanément déta-

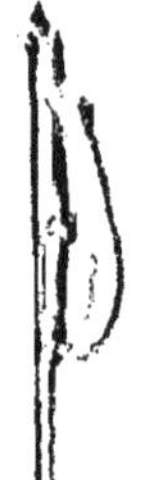

---

(1) D. 1. 5, § 4, ibid. — Joseph Fernandez de Retes (Novus thesaurus de Meerman vi, p. 240 et suiv.), nous donne l'étymologie du mot *peculium*, étymologie trop curieuse pour ne pas être rapportée :

« Peculium et pecunia dicta sunt a *pecudibus*. Etymologiæ ratio est (M. Varro, lib. iv, de ling. Latin.), quod in pecore tunc omne patrimonium, omnis pecunia Romanis consistebat, plerumque pastoribus et ex pecuariis quæstum facientibus. De corio enim pecudum nummi incidebantur et signabantur. (Isid., lib. 16, origin , cap. 17.).... Vox peculii. pro toto patrimonio usurpata est (Virgile, églogue 1)..... dum me Galatea tenebat. Nec spes libertatis erat nec cura, *peculii*. .... Postea hoc nomine appellata est pars patrimonii pretiosior, ut Alciatus, Pinellus et Roewardus notaverunt. »

chés du patrimoine paternel s'y confondent de nouveau sans que le fils puisse élever aucune réclamation.

La définition du pécule que nous avons donnée plus haut nous apprend à quelles conditions le pécule existe; il ne suffit pas, pour qu'il prenne naissance, que l'esclave ou le fils possède séparément des objets qu'il aurait détournés de la masse appartenant au maître, il faut encore que la possession séparée ait lieu avec la permission du maître, *domini permissu*, nous dit le texte précité (1), et Pomponius (2) nous explique le sens que nous devons donner à ces derniers mots. *Peculii est*, nous dit ce jurisconsule, *non id, cujus servus seorsum a domino rationem habuerit, sed quid separaverit ipse, summa servi rationem discernens.* Pour qu'il y ait pécule, c'est-à-dire patrimoine distinct de celui du maître, il faut donc une séparation effective accomplie par le maître lui-même, une tradition ou un constitut possessoire intervenus entre lui et le fils de famille ou l'esclave (3); et Paul le déclare en ces termes : *non statim quod dominus voluit ex re*

---

(1) L. 8, § 4, de peculio.
(2) Pomponius, l. 4, de peculio, xv, 1., D.
(3) Paul, l 8, de pecul., xv. I. D.

sua peculii esse, peculium facil, sed si tradidit, aut cum apud eum esset, pro tradito habuit : desiderat enim res naturalem dationem , argument qui n'est que la répétition conforme de cet autre motif de décision donné par Pomponius dans la loi 4, § 1 : *re enim, non verbis, peculium augendum est.* Du reste, cette condition de séparation effective émanant du maître observée, il est permis de faire entrer dans le pécule toutes espèces de choses : meubles, immeubles et même créances. Tel est du moins le principe posé par Ulpien (1) ; mais nous devons en restreindre l'étendue par une distinction empruntée aux anciens jurisconsultes et rapportée par Marcien (2). Ne feraient point partie du pécule, en effet, tous les objets de première nécessité que le maître est obligé, à raison de ce titre, de fournir au fils ou à l'esclave ; ainsi les vêtements et choses analogues.

Pour que le pécule profite, il est nécessaire de donner des garanties suffisantes à ceux qui traitent avec le fils, personne *alieni juris,* investie du pécule ; le préteur leur accorde contre le père une action à face double dite *de in rem verso et de peculio.* Le juge examine d'abord si le père a profité, et

(1) Ulpien, l. 7, § 4, de pecul., ibid.
(2) Marcien, l. 40, § 1, de pecul., ibid..

dans ce cas le déclare tenu de tout ce qui a été employé à ses affaires. Subsidiairement, s'il reconnaît que le père n'a profité de rien, ou n'a pas profité du tout, il le condamne encore, mais jusqu'à concurrence seulement du pécule (Inst., iv, vii). Par ce moyen, l'équilibre n'est pas exactement rétabli ; car tandis que le père profite de la totalité des gains du fils, quelque considérables qu'ils soient, les pertes provenant d'une administration imprudente et malheureuse n'affectent que la portion de biens, minime peut-être, dont il a fait un pécule. Nous laisserons de côté tout ce qui a rapport à cette action *de in rem verso et de peculio*, concernant les droits des tiers et créanciers, et dès lors ne rentrant pas dans les limites où nous nous sommes renfermés.

II. *Du peculium castrense.*

La concession du pécule profectice, dont nous venons d'exposer les règles, ne portait aucune atteinte au droit de propriété exclusive attribué au père, et pendant toute la république ce droit se maintint dans toute sa rigueur primitive. Mais dès les premiers jours de l'empire, l'institution nouvelle du *peculium castrense* vint modifier profondément, sur ce point, l'ancienne législation et porter un rude coup au pouvoir sans bornes du père sur les biens de ses enfants. Ce n'est plus là une simple dérogation aux lois primitives; c'est une dérogation de droit à laquelle la volonté du père reste entièrement étrangère et ne saurait échapper.

Cette innovation consistait à attribuer aux fils de famille, à l'exclusion du père, sous le nom de *peculium castrense*, la pleine propriété de ce qu'ils auraient acquis au service, et par suite le pouvoir d'en disposer, soit entre vifs, soit par testament. Dès lors, comme le remarque M. Ortolan (1), la personnalité civile des fils de famille s'élève distincte et nettement dessinée à côté de celle du père qui l'avait jusqu'alors despotiquement absorbée. Mais nous devons le constater, une réforme aussi juste ne devait point son origine aux progrès des lumières et des mœurs. Les empereurs romains, peu jaloux de faire triompher certaines considérations plus ou moins utiles de morale et d'équité, ne songeaient qu'à leur sécurité personnelle, et n'avaient qu'un but, celui d'enchaîner par des priviléges et des bienfaits l'inconstance des soldats et les dangers des révolutions militaires.

Jules-César fut le premier créateur du *pe-*

____

(1) Inst., liv. II, tit. IX, §8.

culium castrense, mais la concession ne fut que temporaire, *ea concessio temporalis erat* (1) ; Titus, et après lui Domitien, affermirent la nouvelle institution (2) ; Nerva et Trajan s'en occupèrent dans le même sens et se montrèrent d'une libéralité excessive à l'égard des soldats. *Postea divus Nerva plenissimam indulgentiam in milites contulit : eamque et Trajanus secutus est* (3). Enfin Adrien permit la libre disposition testamentaire des biens du *peculium castrense* aux fils de famille vétérans, pourvu toutefois que le congé qu'ils avaient reçu eût des motifs honorables, *ignominiæ causa non missi* (4).

Tel est en peu de mots l'historique de l'origine commune du *peculium castrense* et du testament militaire, tel qu'il nous est tracé par Ulpien dans la loi 1, pr., *de testamento militis*, dont nous avons reproduit les expressions les plus saillantes.

Demandons-nous maintenant, en suivant à cet égard la marche indiquée par Pothier :

----

(1) L. 1, pr., de testamento militis, D.

(2) Ibid.

(3) Ibid. Auguste n'est pas mentionné dans la l. 1, de notre titre, et cependant il est désigné par le même Ulpien (Regulæ, tit. 20, § 10) comme ayant le premier accordé aux fils de famille militaires le droit de tester sur leur *peculium castrense.*

(4) L. 26, § 1, de testam. militis, 29, 1.

1° de quels biens se compose le *peculium castrense*; 2° quels sont les droits, soit du père, soit du fils, sur le *peculium castrense.*

1° De quels biens se compose le *peculium castrense.*

Paul définit le *peculium castrense* en ces termes : *quod in castris adquiritur vel quod proficiscenti ad militiam datur* (1); et Maeer complète cette définition en ajoutant : *quod nisi militaret adquisiturus fuisset* (2).

Ces deux textes combinés, l'un avec l'autre, nous donnent le principe régulateur qui doit nous servir à déterminer l'étendue exacte, les limites précises du *peculium castrense.* Le pécule étant d'origine essentiellement et exclusivement militaire, nous devrons y comprendre tout ce qui advient au fils en vertu de son titre d'homme de guerre, en rejeter au contraire tout ce qu'il ne devrait pas à cette profession.

Et d'abord entreront dans le *peculium castrense* du fils de famille par application de cette règle les récompenses ordinaires ou extraordinaires accordées aux militaires (Pothier, liv. 49, *Pand.*, titre XVI), c'est-à-dire :

Sa paye, dont l'importance s'accrut depuis la

____

(1) Paul, sent. III, IV, § 3.
(2) L. 2, D., de castr. pecul.

première guerre Punique jusqu'à Domitien (1) (Tacite, *Annal.*, liv. 2, chap. 16; Suetone, *in Domit.*);

Les dons des généraux, qui pour récompense d'une valeur signalée, donnaient quelquefois aux soldats des colliers, des bracelets, des piques, des panaches, des aigrettes, des couronnes (*torques, armillas, hastas, phaleras, cornicula, coronas*);

Les distributions d'argent, faites par les généraux qui devaient avoir les honneurs du triomphe, distributions, qui, d'abord minimes, devinrent bientôt considérables, et furent même sous l'empire prodiguées pendant la paix;

Les largesses d'abord volontaires, puis obligatoires de chaque empereur à son avénement, sous le nom de *donativum munus*;

La part de butin qui revenait à chaque soldat dans le partage commun;

---

(1) Au rapport de Tite-Live, IV, 50, ce fut à dater de la prise d'Anxur, c'est-à-dire vers la 347e année de Rome, qu'elle fut décrétée par le Sénat. D'après Sigonius, elle n'aurait été accordée en 347 de R. qu'à l'infanterie, et n'aurait été étendue à la cavalerie que l'an 350 de la fondation de Rome.

Polybe rapporte que, de son temps, la paye du fantassin était de deux oboles par jour ou du tiers de la drachme, celle du centurion double, et celle du cavalier le triple de ce chiffre. Sous Auguste, elle fut élevée à un denier (Tac., annal., I, 17.)

Enfin certaines parties de *l'ager publicus* quelquefois assignées aux vétérans, point de départ de la colonie militaire.

Entreront encore dans le *peculium castrense*, par application de la même règle, les choses mobilières que le père donne à son fils partant pour l'armée, ou servant déjà sous les drapeaux (1). Les biens de cette nature sont, en effet, comme le démontrent les circonstances, destinés dans l'intention du père à subvenir aux besoins du fils militaire, et à adoucir pour lui les fatigues de la vie des camps. Mais il en serait autrement des immeubles donnés par le père au fils dans les mêmes conditions ; leur nature, en effet, est exclusive de toute idée de même destination. Il ne faudrait pas conclure de là cependant que tous immeubles ne puissent nécessairement faire partie du *peculium castrense*. L'empereur Alexandre, à la fin du rescrit que nous citons, nous prémunit contre une décision qui serait trop absolue, en ajoutant que les immeubles advenus au fils *ex occasione militiæ*, seraient au contraire compris dans son *peculium castrense*, ce qui arriverait, par exemple, comme il le dit dans un autre rescrit, dans le cas où le fils serait appelé à recueillir la succession testamentaire d'un de ses compagnons

_____

(1) L. 4, C., fam. ercisc., III, 36.

d'armes, et où cette succession serait composée de fonds immobiliers (1).

Ce que le père donne à son fils revenu de l'armée ne va pas se joindre au *peculium castrense*, mais enrichit au contraire l'autre pécule, c'est-à-dire le pécule profectice, comme si le fils n'avait jamais été sous les drapeaux. Il est impossible, en effet, de voir dans cette donation une libéralité due à la circonstance du service militaire, puisque cette circonstance ne se rencontre plus dans l'espèce (2).

La règle, dont nous avons fait usage jusqu'à présent, doit encore nous servir à résoudre la question suivante : une femme a donné à son mari, fils de famille et militaire, un esclave pour qu'il l'affranchît ; les droits de patronage résultant de cet affranchissement feront-ils partie du *peculium castrense?*

Remarquons d'abord, avant d'indiquer la solution du jurisconsulte Ulpien, qu'une pareille donation, bien que faite par une femme à son mari, était exceptée de la règle expresse qui prohibait les donations entre époux, et Paul justifie cette dérogation par deux motifs. Le premier est tiré de ce que les droits de patronage sont plutôt honorifiques que lucratifs, et dès lors, on

---

(1) L. 1, C., de castrensi pecul., XII, XXXVII.
(2) L. 15, D., de cast. peculio, XLIX, XVII.

a dû cesser de craindre que le patrimoine de l'un des époux ne s'augmentât au détriment de celui de son conjoint : *nemo ex hac fit locupletior*, nous dit le jurisconsulte (1), mais ce motif n'est pas décisif, car le titre de patron n'est pas purement honorifique ; il procure certains avantages pécuniaires, et notamment des droits de succession ; aussi Paul ajoute-t-il à cette raison un second motif, la faveur accordée aux affranchissements (2).

Reprenons maintenant l'espèce exposée plus haut. A la question de savoir si les droits de patronage feront dans ce cas partie du *peculium castrense*, Ulpien, dans la loi 6, répond négativement ; et la raison en est simple : le service militaire, évidemment, n'est pas ici la cause de la libéralité, puisque ce n'est pas à son occasion que le mari a fait connaissance de sa femme, *quia uxor ei non propter militiam nota esset* (3). Mais il en serait différemment, dit Ulpien, si l'esclave affranchi peut rester à l'armée et y rendre des services au fils ; si, par exemple, suivant la remarque de Pothier, il peut être utile au fils de famille comme médecin.

---

(1) Sentent. Paul, II, 23, § 2.
(2) Ibid.
(3) D., de cas r., pecul., l. 6.

Les distinctions dont nous venons de faire l'application doivent être observées, quand il s'agit de donations faites par les pères et mères, par les autres parents ou alliés ; mais elles cessent de l'être toutes les fois que le donateur n'est entré en relation avec le donataire qu'à l'occasion du service militaire.

Ainsi le fils est-il institué héritier par son compagnon d'armes, l'hérédité sera comprise dans le *peculium castrense* (1) ; l'hérédité de sa mère, au contraire, en serait exclue (2), car l'affection maternelle seule, et non la circonstance du service militaire, a dû motiver cette libéralité testamentaire.

Nous venons de supposer que le compagnon d'armes testateur ou donateur n'était entré en relation avec le fils militaire qu'à l'occasion du service dans les mêmes camps ; mais il pouvait se faire qu'antérieurement à cette époque il connût déjà le fils de famille. On décidait facilement alors que la profession militaire avait été la cause efficiente de cette libéralité, et que par suite elle accroissait le *peculium castrense*.

Mais que résoudre si le compagnon d'armes était en même temps un agnat ? Ce cas, au rapport de Tryphoninus, avait jeté des doutes dans

---

(1) L. 15, D., de castr. pecul.
(2) L. 1, C., de castr. pecul.

l'esprit de Scœvola ; car si cet agnat avait pu donner ou léguer ses biens au fils de famille parce qu'il était son parent, il aurait pu aussi ne pas en faire son donataire ou son héritier, si la vie commune sous les mêmes drapeaux n'avait pas encore resserré les liens d'affection qui les unissaient déjà. Tryphoninus, moins scrupuleux, tranche la difficulté par une distinction : la donation ou le testament ont-ils été faits avant l'époque où les deux parents se sont trouvés ensemble au service, la donation ou l'hérédité né tombent pas dans le *peculium castrense ;* sont-ils postérieurs, les biens qui en sont l'objet seront compris dans le *peculium castrense.* L'opinion de Tryphoninus est d'ailleurs confirmée par un rescrit de Gordien (1).

Tout ce que nous venons de dire n'est vrai, bien entendu, qu'au cas où les deux parents ont servi dans le même camp et non au cas où ils auraient servi dans des provinces différentes (2).

Lorsqu'il est question de savoir si la donation ou l'institution ont été faites *in contemplatione militiæ,* on doit s'attacher moins aux termes qui expriment la volonté du testateur, qu'à ce que les circonstances lui ont permis réellement de vouloir. D'où la conséquence que si une

---

(1) C., XII. XXXVII, l. 4, de castr. pecul.
(2) L. 16, § 1, hoc tit.

femme, un agnat du fils de famille ou toute autre personne dont il ne devait pas la connaissance à l'état militaire, a inséré dans la donation ou le testament la déclaration formelle que son intention était de voir cette libéralité comprise dans le pécule, cette déclaration ne produira aucun effet à cet égard, car, nous dit Ulpien (1) : *Veritatem spectamus an vero castrensis notitia vel affectio fuit, non quod quis finxit.*

En ce qui touche la femme, la décision donnée par Ulpien dans cette loi 8, paraît en contradiction flagrante avec celle émise par Papinien dans la loi 13 de notre titre. Dans ce dernier texte, le jurisconsulte rapporte un rescrit d'Adrien, qui aurait déclaré que dans le cas où une femme aurait institué son mari, fils de famille et militaire, héritier, cette hérédité resterait le patrimoine propre du fils, et les droits de patronage lui seraient acquis à l'égard des esclaves qu'il affranchirait. Et cette constitution est de nouveau mentionnée dans la loi 16, où le même jurisconsulte prend bien soin de faire remarquer que la solution qu'il y propose ne forme pas antinomie avec le rescrit d'Adrien : *Nec ea res contraria videtur ei quod divi*

---

(1) L. 8, hoc. tit.

Hadriani temporibus filiumfamilias militem uxori heredem extitisse placuit, et hereditatem in castrense peculium habuisse. Peut-on faire disparaître d'une manière satisfaisante la contradiction que nous venons de signaler? Cujas et Pothier l'ont essayé de la manière qui suit : La loi Papia Poppæa, qui ne fut définitivement abolie, sur le point qui nous occupe, qu'en l'an 410, sous Théodose II (1), entre autres dispositions rigoureuses et exorbitantes, ne permettait aux femmes qui n'avaient pas ou d'enfants, de tester valablement en faveur de leur mari, que pour la dixième partie de leur fortune (2). Or, d'après Cujas et Pothier, il s'agirait, dans la loi 13, d'une femme stérile testant en faveur de son mari. Cette libéralité ne peut avoir pour cause, dit Cujas, l'affection conjugale dont la loi Papia Poppæa réprime les élans; il faut donc présumer qu'elle a été faite *occasione militiæ*, sinon elle ne pourrait être valable. Au contraire, dans la loi 8, la femme dont parle Ulpien serait une personne qui ne tomberait pas sous le coup de la loi Papia Poppæa, c'est-à-dire une femme, par exemple, ayant des enfants, et comme dans ce cas elle a pu valablement instituer son mari héritier, dès lors la cause de la

---

(1) L. 2, C., de infirm. pœn.
(2) Ulp. regul., tit. xv et xvi.

libéralité se trouve dans l'affection conjugale ; elle n'est point faite à l'occasion du service militaire, et comme conséquence n'est point comprise dans le *peculium castrense*.

Quelle que soit l'autorité justement méritée qui s'attache en général aux noms des deux éminents jurisconsultes que nous citons, il faut convenir que leur explication est tant soit peu divinatoire. Rien en effet dans la loi 13 ni dans la loi 16 ne fait allusion au cas d'une femme stérile, et comme telle exposant son mari aux déchéances des lois caducaires. D'ailleurs le rescrit d'Adrien s'occupe de l'hérédité entière comme l'indique son texte ; or s'il y était question d'une femme stérile, les neuf dixièmes seuls de cette hérédité devraient tomber dans le *peculium castrense*, puisque le legs du dernier dixième, dont la loi Papia Poppæa permet de disposer valablement, a pour cause déterminante l'affection conjugale. Enfin la loi 13, et la loi 16 qui s'y réfère, trancheraient, d'après Cujas et Pothier, une question de validité d'institution ; or l'examen du texte prouve que Papinien ne s'occupe nullement d'une question de validité d'institution, mais bien de composition du *peculium castrense* (1).

---

(1) Nous devons ajouter, contre l'explication de Cujas et Pothier, un argument décisif puisé dans Fernandez de Retes, et ainsi conçu :

Aut ego vehementer fallor, aut non fuit necessarium Ha-

Une seconde conciliation nous est indiqué par Fernandez de Retes (1) dans son Traité de *castrensi peculio*. Elle serait due à un jurisconsulte qu'il ne désigne que par ces qualifications assez vagues : *Alter commagister et amicus valde meus, jam pro meritis auditor regius*. Quel que soit d'ailleurs le nom de l'auteur de cette conciliation, voici en quoi elle consiste :

Le jurisconsulte posait d'abord en principe qu'au temps d'Adrien il n'était pas permis aux soldats de se marier pendant qu'ils étaient au service, bien que, cependant, ils pussent garder comme épouses les femmes auxquelles ils s'étaient unis avant leur départ pour l'armée. Ceci admis, lorsque l'épouse laisait sa succession à son mari alors au service, elle paraissait agir ainsi, *eo voto et animo ut commodius diutiusque militaret et sic alteram non superinduceret maneretque viduus;* la libéralité était donc faite à l'occasion du service militaire, et, par conséquent, tombait dans le

driani rescriptum, ut miles ab uxore institutus solidum ex testamento ejus capere posset; quoniam lex decimaria locum non habebat inter eos qui reipublicæ causa aberant (Ulp., tit, xvi, de solid. capacitate). Nemini autem dubium est, quin miles reipublicæ causa absit (L. 7, l. 17, § 1, l. 34, D., ex quibus causis majores).

(1) Novus thesaurus de Meerman, de castrens. pecul., t. vi, p. 240 et suiv.

peculium castrense. Cette opinion est sans doute ingénieuse, mais ne résiste pas à l'examen. La proposition qui lui sert de base n'est pas exacte, car aucune loi ne défendait aux soldats de se marier pendant qu'ils étaient au service (1), et s'ils restaient célibataires, c'était, comme le dit Fernandez de Retes, par respect pour les usages reçus et par amour pour la liberté, *ex usu communi et militantium libertate*. D'ailleurs, si l'hérédité de l'épouse était censée avoir été laissée au mari pour qu'il restât sous les drapeaux et s'abstînt ainsi d'une nouvelle union, pourquoi le legs dont il est question dans la L. 8 n'aurait-il pas été regardé comme inspiré par le même désir? Aussi, Fernandez de Retes, qui rapporte cette explication, se refuse à l'admettre, et ne voit dans la loi 13 qu'une dérogation aux règles ordinaires dont la L. 8, au contraire, serait la fidèle expression; ce serait là un privilége nouveau accordé à la profession militaire : *denique ego nullam rationem quæro nisi militum favorem et imperatoris in eos propensionem*. Et de Retes se justifie, de donner un motif aussi vague en

____

(1) Seulement il ne leur était pas permis d'emmener leurs femmes au camp, et c'est même de cette circonstance que le célèbre étymologiste Isidore tire, avec beaucoup de gravité, le mot *castra* : et ideo castra dicebantur quia casta (lib. ix, origin. cap. 3).

ajoutant d'après la L. 20, *de legibus : nec omnium quœ a majoribus nostris constituta sunt ratio reddi potest.*

Nous sommes donc réduits à chercher une autre conciliation. On pourrait en proposer deux qui, peut-être, ne sont pas pleinement irréprochables. La première consisterait à dire que Papinien, prévoyant le cas où il y aurait eu institution d'héritier faite par la femme en faveur du mari, décide alors que l'hérédité fera partie du patrimoine propre du fils de famille, parce que le rescrit d'Adrien l'a, dans cette hypothèse, formellement déclaré. Ulpien, au contraire, examinant la question de savoir quel sera le sort d'une donation ou d'un legs, ne se trouve plus dans les termes mêmes du rescrit qui ne concerne qu'une institution d'héritier; et dès lors, il n'y a pas à s'étonner que le jurisconsulte recule devant l'extension de ses termes, et ne veuille pas donner pour la donation ou le legs la même solution que celle de Papinien quant à l'institution d'héritier. On peut objecter, il est vrai, que cette distinction entre la donation ou le legs et l'institution d'héritier ne repose sur aucune base rationnelle, et qu'elle n'est pas en rapport avec la hardiesse ordinaire d'Ulpien qui se montre souvent intrépide novateur. A défaut de cette première conciliation, une seconde consisterait à dire que la décision d'Adrien est un rescrit rendu dans des circonstances spéciales, où certains motifs avaient pu faire fléchir la rigueur des principes en faveur du fils de famille; plus tard, la mention de ces circonstances spéciales a été effacée par les compilateurs de Justinien qui ont ainsi généralisé une décision primitivement exceptionnelle; l'une de ces circonstances nous paraît cependant avoir survécu et se trouver dans les expressions *militem militantem* : soldat en activité de service, qui ne se rencontrent pas dans la L. 8; Ulpien statuerait donc, dans cette dernière loi, d'une manière générale, sans se préoccuper d'une exception particulière, et, par conséquent, sans déroger aux règles ordinaires.

Quant à la dot donnée ou promise au fils de famille, il est évident qu'elle ne tombe pas dans le *peculium castrense*. Son but, en effet, est de subvenir aux charges du mariage, à l'éducation et à l'entretien des enfants communs; dès lors, c'est à celui à qui incombent ces charges, c'est-à-dire au père ou à l'aïeul, que la jouissance en revient, par application de cette maxime : *ubi et onus ibi et emolumentum*. Et ceci, nous dit Papinien, n'a rien qui soit en contradiction avec le rescrit d'Adrien dont il est question plus haut : *nam hæreditas adventitio jure quæritur; dos autem matrimonio cohœrens oneribus ejus, ac liberis communibus qui sunt in avi familia, confertur.*

Fait partie du pécule, au contraire, tout ce qui vient s'y joindre par accession ou par l'effet de la consolidation. Si donc le père vient à perdre l'usufruit d'une chose dont le fils avait la nue propriété, ce dernier en acquerra pour son compte personnel la pleine propriété (1).

A plus forte raison entre encore dans le *peculium castrense* tout ce qui est acquis *ex rebus castrensibus* (2), et par exemple, ce qu'un esclave de ce pécule acquiert d'un étranger par stipulation ou par tradition (3). Cette acquisition a lieu, nous dit Papinien, au profit du fils *sine distinctione causarum*, c'est-à-dire sans qu'il y ait à se demander si elle provient *ex causa castrensi* ou *ex causa paganica*. Si, en effet, le fils de famille joue deux rôles, celui de *paterfamilias* en face de son *peculium castrense*, celui de *filiusfamilias* pour tout le reste, l'esclave, lui au contraire, ne représente qu'un seul et même personnage, complétement étranger au père, pendant toute la durée de la vie du fils; d'où la conséquence que tout ce qu'il acquiert

------

(1) L. 15, § 4, hoc tit.
(2) L. 3. hoc tit.
(3) L. 15, § 8, hoc tit.

par tradition ou stipulation, est acquis à son maître, c'est-à-dire au fils. Ceci posé, le jurisconsulte se demande ce qui arriverait si l'esclave avait stipulé du père. Cette stipulation serait valable comme si la promesse venait d'un étranger, *quemadmodum si exter promisisset*. Si au contraire, le fils au lieu de l'esclave avait stipulé du père, il faudrait mettre en usage la *distinctio causarum*; la stipulation faite *ex causa castrensi* obligerait le père civilement, faite *ex causa paganica*, elle n'engendrerait contre lui qu'une obligation naturelle (1). Dans l'hypothèse inverse on appliquerait la même distinction : *si pater a filio stipulatur, eadem distinctio servabitur* (2).

La même solution doit être donnée au cas où il s'agit d'une institution d'héritier. Remarquons que si cette institution émane du père, l'esclave qui en sera l'objet ne deviendra pas libre et héritier, comme il l'eût été s'il eût fait partie du pécule profectice; mais il rendra son maître héritier et héritier nécessaire (3).

Nous terminerons enfin, en faisant observer avec Pothier, que le *peculium castrense* peut se former rétroactivement. Tertullien le déclare

---

(1) L. 18, § 1, hoc tit.
(2) L. 18, § 2, hoc tit.
(3) L. 18, pr., hoc tit.

formellement. Un père de famille a acquis des biens qui eussent formé son *peculium castrense*, s'il eût été *alieni juris*; il se donne en adrogation pendant qu'il est au service ou même après son congé. Selon Tertullien, bien que les constitutions impériales se réfèrent aux citoyens qui étaient fils de famille à l'époque où ils servaient sous les drapeaux, le père de famille adrogé conservera cependant en propre les biens dont il doit l'acquisition à la profession militaire et qui, ne formant pas de masse distincte, auraient dû passer avec les autres entre les mains de l'adrogateur (1).

2° *Droits du fils et du père sur le* peculium castrense.

1° Droits du fils sur le *peculium castrense.*

Le principe dominant en cette matière, c'est que le fils de famille est traité, quant à son *peculium castrense*, comme un véritable *paterfamilias*. Les droits les plus étendus, les plus contradictoires avec sa position ordinaire dans la famille, lui sont donc conférés.

C'est le fils qui a la possession légale du *peculium castrense*, cette possession qui peut

____

(1) L. 4, § 2, hoc tit.

seule être un acheminement à l'usucapion (1). La propriété lui en appartient sans limites, et le père ne peut la lui faire perdre en le donnant en adoption ou en l'émancipant. Comment en effet lui serait-il permis, par l'adoption et l'émancipation, d'enlever au fils une propriété qu'il est obligé de respecter, alors qu'il est investi de tous les droits de la puissance paternelle (2)?

Quand le fils de famille est institué héritier par un compagnon d'armes ou par une personne avec laquelle il est entré en relation à l'occasion du service militaire, il peut de sa propre volonté et sans le *jussus* de son père faire adition de l'hérédité (3).

C'est à lui qu'appartient encore l'exercice des droits de poursuite et de revendication relatifs aux choses qui composent son *peculium castrense*, et il pourrait les exercer même malgré la résistance de son père (4). A l'inverse, c'est contre le fils que ses créanciers poursuivront le payement de ce qui leur est dû, mais le mari débiteur jouira, à l'égard de sa femme

---

(1) L. 4, § 1, D., de usurp. et act.
(2) L. 12, de castr. pecul.
(3) L. 8, de castr. pecul.
(4) L. 4, § 1, de castr. pecul.

répétant sa dot, d'un privilége exceptionnel : le bénéfice de compétence (1).

Le père ne sera jamais forcé de répondre aux poursuites des créanciers du fils ; mais s'il consent à accepter en son lieu et place le rôle de défendeur, il sera contraint, comme tout *defensor*, de donner caution, caution pour le tout, et non pas seulement *peculio tenus* (2). S'il se présentait comme demandeur, il serait également comme tout demandeur soumis à la caution *de rato* (3). Si le fils détient dans son pécule des objets appartenant à autrui qu'il possède de bonne foi, c'est contre lui et non contre le père que seront dirigées l'*actio in rem* et l'*actio ad exhibendum* (4). Des obligations civiles peuvent intervenir entre le père et le fils (5), et par suite un procès relatif aux choses du *peculium castrense* pourrait valablement s'engager entre eux (6).

Enfin, le fils pourra tester sur son *peculium castrense*; cette faculté, que n'entraînait pas avec soi le droit de propriété du *peculium cas-*

---

(1) L. 7 de castr. pecul
(2) L. 18, § 5, hoc tit.
(3) Ibid.
(4) L. 18, § 4.
(5) L. 18, § 1 et 2, hoc tit.
(6) L. 4, D., de judic.

trense, lui a été formellement concédée, et elle a été même étendue aux vétérans. Il pourra tester *jure communi* et *jure militari ; jure militari* s'il est encore militaire ; et même s'il a cessé de l'être seulement depuis un an à l'époque où il décède, son testament fait dans les formes exceptionnelles permises aux soldats n'en sera pas moins valable et exécuté comme tel (1). Nous n'avons point du reste à entrer dans le détail des nombreux priviléges attachés par des faveurs impériales successives à ce testament militaire (2).

2° Droits du père sur le peculium castrense.

Nous venons de le constater avec les textes, le fils de famille est propriétaire de son *peculium castrense*, et libre d'en disposer par testament; mais s'il meurt sans avoir usé de la faculté qui lui était accordée, les droits de puissance paternelle, pour ainsi dire assoupis pendant toute sa vie, se réveillent alors avec leur première énergie, et le père reprendra le pécule jusqu'alors soustrait à son pouvoir,

---

(1) Inst. II, XI, de milit.test., § 3.

(2) L. 22, de test. milit.; — l. 6, ibid.; — l. 10, ibid.; — l. 36, pr. ibid.; — l. 12, C., de test. milit.; — l. 7, C., ad. lex. Falc.; — l. 0 et 37, de inoff. test.

non à titre d'héritier *ab intestat*, mais *jure pristino, jure peculii*, c'est-à-dire en vertu de sa *patria potestas* (1). En d'autres termes, si nous voulions suivre le langage du droit français, nous dirions que le fils n'a sur les biens qui entrent dans son *peculium castrense* qu'un droit de propriété sous condition résolutoire, droit de propriété restreint et borné par un droit parallèle, mais sous condition suspensive, attribué au père sur ces mêmes biens. Le fils meurt-il *intestat*, la condition résolutoire à l'égard du fils, suspensive à l'égard du père, s'est réalisée et de là un double résultat; le droit du premier est rétroactivement anéanti, le droit du second est ouvert même pour le passé et réputé n'avoir jamais cessé d'exister. Le fils, au contraire, meurt-il *testat*, la condition à laquelle était subordonnée le droit du père ne s'est pas accomplie : le père n'a donc jamais été propriétaire du *peculium castrense*, et le fils n'a pas cessé de l'être un seul instant.

Si ce principe de rétroactivité, tel que nous venons de l'exprimer, avait été franchement admis par les jurisconsultes romains, nous ne rencontrerions aucune difficulté dans l'explication de leurs textes, mais leur répugnance à considérer la propriété, le *dominium*, comme pou-

---

(1) L. 8, de castr. pecul.

vant être en suspens, fait surgir de sérieures controverses que nous aurons rapidement à examiner.

Occupons-nous d'abord d'un point sur lequel les jurisconsultes romains sont pleinement d'accord, c'est lorsqu'il s'agit de déterminer quels sont du vivant du fils, les droits du père sur le *pecu ium castrense.*

Le fils étant propriétaire de ce pécule, le père ne peut, durant la vie de son fils, prétendre aucun droit sur la disposition du pécule ; par conséquent, s'il intente l'action *communi dividundo,* à propos d'un objet indivis faisant partie du pécule, le fils pourra demander la nullité du premier partage et en provoquer un nouveau. Et remarquons que décider autrement, c'était accorder au père un droit de disposition du pécule, le partage n'étant pas à Rome comme chez nous, simplement déclaratif, mais bien attributif de propriété (1). De même, le père ne peut grever d'usufruit les esclaves du *peculium castrense,* ni soumettre à aucunes servitudes, les fonds de terre qui y sont compris (2). Mais d'un autre côté, comme il peut se faire que par la mort du fils, le père devienne propriétaire du pécule, cette éventualité suffit

---

(1) L. 18, § 2, de castr. pecul.
(2) L. 18, § 3, ibid.

pour qu'on ne le traite pas absolument comme un étranger. Aussi Mæcien compare sa situation juridique à l'égard du pécule à celle d'un interdit vis-à-vis de ses propres biens, et lui permet, par conséquent, tous les actes qui rendent sa condition meilleure; il pourra, par exemple, acquérir des servitudes actives, libérer les fonds des servitudes passives (1). Mais le jurisconsulte va encore plus loin; on accordera même au père le droit de faire des actes de disposition, faculté toutefois essentiellement limitée à ceux qui ne doivent produire leurs effets que dans l'avenir. La validité de ces actes restera en suspens jusqu'à la mort du fils; s'il meurt *intestat*, ils auront été valables, s'ils meurt *testat*, ils auront été nuls *ab initio* (2). Comme conséquences directes de ce principe, nous dirons que si le père fait un payement avec l'objet compris dans le pécule, il paye avec la chose d'autrui, et n'opère à son profit aucune libération (3). Que si, au contraire, il lègue un objet du pécule, ce legs ne sera pas frappé de nullité, mais pourra valoir, en cas de prédécès du fils sans testament (4). Toujours en vertu de la même règle, l'affranchissement

---

(1) L. 18, § 2, ibid.
(2) L. 18, § 1, ibid.
(3) L. 90, § 9, de solut. et liber., D.
(4) L. 44, D., de legatis 1°.

par la *vindicte* d'un esclave du pécule sera nul *a priori*(1), tandis que celui fait par testament sera susceptible de produire un effet, si le père reprend le pécule *jure pristino*, c'est-à-dire *jure peculii*.

On avait douté de l'exactitude juridique de cette dernière solution, et Tryphoninus lui opposait deux objections : la première, c'est que la propriété d'une chose ou d'un esclave ne saurait appartenir en même temps et pour le tout à deux personnes différentes (2), et que dès lors, l'affranchissement émané du père devait être placé sur la même ligne que celui fait par une personne étrangère de l'esclave d'autrui ; or, dans ce cas, la loi 20 (*qui et a quib. manum.*) décide formellement qu'alors même que cette personne serait devenue postérieurement propriétaire de l'esclave, l'affranchissement qu'elle en aurait fait quand elle n'avait aucun droit sur lui, serait radicalement atteint de nullité : *Si servo alieno libertas, non consentiente domino data est, valere ex auctoritate juris non potest, quamvis postea manumissor domino heres extitit ; nam licet ejus jure cognationis qui manumisit heres extitit, non ideo aditione hereditatis*

---

(1) L. 20, D., qui et a quib. manum.

(2) Occurrebat enim, non posse dominium apud duos pro solido fuisse. (L. 19, § 3, de castr. pecul.)

libertatis datio confirmatur. A cette première objection, Tryphoninus en ajoute une seconde; personne ne doute, dit-il, que si le père et le fils avaient l'un et l'autre affranchi un esclave, ce dernier ne tiendrait la liberté du fils, et non du père; donc encore, l'affranchissement émanant du père ne produit aucun effet. Quel que soit le mérite sérieux de ces deux arguments, le jurisconsulte résout cependant la question en sens contraire, se fondant sur la faveur toute exceptionnelle due à la liberté, et sur les effets énergiques du principe de la rétroactivité : *numquid quoad utatur jure concesso filius in castrensi peculio, eousque jus patris cessaverit : quod si intestatus decesserit filius, postliminii cujusdam similitudine, pater antiquo jure habeat peculium, retroque videatur rerum, habuisse dominia* (1).

La question que nous venons d'examiner se réfère au cas où le fils serait mort *intestat*; voyons maintenant ce qui se passerait s'il avait laissé un testament avant de mourir. Ici deux cas peuvent se présenter : ou le père est lui-même l'héritier institué dans ce testament, ou le fils a choisi un étranger pour lui succéder. Occupons-nous d'abord de la première hypo-

---

(1) L. 19, § 3, de castr. pecul.

thèse : le père est institué héritier. Sa situation juridique sera-t-elle alors la même que lorsque le fils est mort *intestat ?*

Évidemment non, et de profondes différences viendront séparer les deux cas.

Dans le premier, en effet, le père recueille un pécule; dans le second, il est appelé à une hérédité testamentaire, et de là les conséquences suivantes : pour se faire mettre en possession du pécule, dans le premier cas, le père intentera la *rei vindicatio;* dans le second, il agira par l'*hereditatis petitio.* Si une chose est soustraite au pécule, le père reprenant le pécule *jure peculii,* aura contre le coupable l'*actio furti;* s'il vient *jure hereditario,* il devra intenter la *persecutio expilatæ hæreditatis* (1). Enfin, ce qui est le plus important, dans la première hypothèse, le père ne pourra être poursuivi par les créanciers du fils que *intra vires peculii,* et leur poursuite n'aura d'effet qu'autant qu'elle sera exercée dans l'année utile; dans la seconde hypothèse, le père, au contraire, sera tenu même *ultra vires,* et sans qu'aucun délai vienne limiter l'action des créanciers. Cette différence fondamentale est clairement exprimée par Papinien dans notre titre : *Pater qui*

---

(1) L. 33, § 1, de adq. rer. dom., D., 11, 1.

castrense peculium, intestati filii retinabit, æs alienum intra modum ejus et annum utilem jure prætorio solvere cogitur. Idem si testamento scriptus heres extiterit perpetuo civiliter, ut heres, conveniatur (1).

Mais le père pourrait, afin de ne pas être soumis aux rigueurs qui l'atteignent comme tout héritier testamentaire, lorsqu'il vient *jure hereditario*, répudier l'hérédité, pour reprendre *jure peculii* les biens vacants. Cette fraude est prévue par Papinien dans le même texte; il décide que le père, s'il veut agir ainsi, tombera sous le coup de l'édit du préteur, *si quis omissa causa testamenti*, édit qui a justement eu pour but d'empêcher les calculs frauduleux des héritiers testamentaires refusant de faire adition pour se contenter de leur qualité d'héritier *ab intestat* et se soustraire ainsi aux charges et volontés imposées par le défunt. Toutefois, si le père n'a point fait adition *quia peculium creditoribus solvendo non est*, on ne peut alors lui reprocher aucun dol, bien qu'en agissant de la sorte il abrège le temps au-delà duquel il cessera d'être responsable à l'égard des créanciers (2).

Nous plaçant dans l'hypothèse où nous nous

---

(1) L. 17, pr. de castr. pecul., D.
(2) L. 17, § 1, de castr. pecul., D.

trouvons en ce moment, c'est-à-dire dans celle où le fils est mort laissant un testament qui institue son père héritier, demandons-nous maintenant quel sera le sort d'un affranchissement antérieur par lequel le père aurait donné la liberté à un esclave du *peculium castrense*.

Remarquons que cette question de validité est ici plus difficile à résoudre que dans l'espèce citée plus haut, où nous supposions le fils mort *intestat ;* en effet, dans ce dernier cas, le père est censé avoir toujours été propriétaire du *peculium castrense*, tandis qu'il n'en est plus de même si le fils a fait un testament, ce testament fût-il d'ailleurs, comme dans l'espèce, en faveur de son père ; il n'y a plus alors qu'une hérédité soumise aux règles ordinaires, et l'affranchissement devrait être regardé comme nul. Mais le jurisconsulte Paul recule devant cette rigoureuse application des principes, et s'appuyant sur des motifs d'équité, déclare l'affranchissement valable : puisqu'en définitive le père est devenu propriétaire de l'esclave, il sera censé l'avoir toujours été (1).

Prenons maintenant notre seconde hypothèse : le fils est mort laissant un testament, et ce tes-

---

(1) L. 20, de castr. pecul , D.

tament institue un étranger. Aucune difficulté ne se présente si l'étranger institué accepte la succession ; le père n'a plus aucun droit sur le *peculium castrense*, il n'en a jamais eu. Mais si l'institué ne fait pas adition, que se passera-t-il? Plusieurs graves questions surgissent, et nous allons successivement les examiner. D'abord l'affranchissement d'un esclave du *peculium castrense* par le père sera-t-il encore valable? Une objection sérieuse milite en faveur de la négative; en effet, pendant que les héritiers délibèrent, le pécule doit être considéré comme une hérédité jacente; d'où il suit qu'on ne saurait dire avec raison que la propriété, durant cet intervalle, ait résidé sur la tête du père, car s'il en était ainsi, il faudrait également dire qu'en cas d'adition, la propriété a passé du père aux héritiers, ce qui est absurde, puisqu'il est bien évident qu'ils tiennent leurs droits de la volonté du fils. Cependant le jurisconsulte Tryphoninus finit par adopter, mais avec une certaine hésitation, l'opinion contraire, qui favorise la liberté : *Favorabilem tamen sententiam contrariam in utroque casu non negamus* (1). »

Si le père est mort pendant que les institués

---

(1) L. 19, § 5, hoc titul.

délibèrent, et qu'ensuite ces derniers ne fassent pas adition, que deviendra le pécule? Cette espèce est proposée par Ulpien dans la loi 9, et il décide que le pécule ira se joindre aux biens laissés par le père (*retro peculium bonis patris accessise*), dont le patrimoine se trouverait ainsi rétroactivement augmenté par la répudiation des héritiers institués : *unde posse dici etiam aucta patris bona per hanc repudiationem.* Et, ajoute le jurisconsulte, cette rétroactivité n'offre rien d'étrange : *Nec est novum ut ex post facto aliquis successorem habuisse videatur.* Et, en effet, il cite un exemple où le même résultat se produirait : le fils d'un homme qui est prisonnier chez l'ennemi meurt pendant que son père est encore captif; au moment de cette mort rien n'est encore fixé : il sera mort *alieni juris*, et par conséquent avec un pécule, si son père revient; *sui juris*, et par conséquent avec une hérédité, si celui-ci meurt chez l'ennemi, et tout ce qu'il aura acquis dans le temps intermédiaire, c'est-à-dire depuis la captivité de son père jusqu'à son décès personnel, sera acquis à son propre successeur (1).

---

(1) L. 9, hoc titul. — Cette décision avait fait naître des doutes du temps de Gaius (1, § 129). Si vero illic mortuus sit, erunt quidem liberi sui juris, sed utrum ex hac tempore quo

Une troisième question, la plus grave de toutes, s'élève enfin dans l'hypothèse sur laquelle nous raisonnons : quel sera le sort des stipulations faites par les esclaves du pécule, pendant que les héritiers institués délibèrent? Si ces héritiers font adition, pas de difficulté; on appliquera la maxime : *Hereditas jacens sustinet personam defuncti*, et les stipulations seront pleinement valables. Mais si les héritiers répudient, il n'y plus d'hérédité, il n'y a qu'un pécule; or, si l'hérédité peut continuer la personne du défunt, cette fiction n'a pas été étendue aux autres universalités et notamment au pécule. La stipulation sera donc nulle dans ce cas, puisqu'entre la mort du fils et le refus des institués, il s'est écoulé un temps intermédiaire pendant lequel il n'y a eu ni une personne physique, ni une personne juridique auxquelles les esclaves aient pu emprunter l'individualité civile qui leur manque. Telle est l'opinion de Papinien formellement exprimée dans la loi 18,

---

mortuus est apud hostes parens, an ex illo quo ab hostibus captus est, dubitari potest. » Le doute venait probablement, dit M. Ortolan, de ce que les enfants, puisque dans l'intervalle leur état avait été en suspens, n'avaient réellement pas agi comme des personnes sui juris. Du reste Tryphoninus, Julien, et les Institutes de Justinien, consacrent l'opinion formulée par Ulpien (l. 12, § 1 et 22, § 2, Dig., de capt.; — Inst. 1, xii, § 5.

de stipulatione servorum, et dans la première partie de la loi 14 de notre titre; mais Ulpien énonce un avis contraire. Cédant plus facilement au progrès des idées sur la propriété conditionnelle, il déclare la stipulation valable dans les deux cas : si les héritiers constitués font adition, en vertu de la maxime *hereditas sustinet personam defuncti;* s'ils ne font pas adition par suite de cette rétroactivité qui affecte nécessairement le droit du père. De même que ce droit rétroagissait pendant toute la vie du fils, s'il mourait *intestat,* de même, d'après Ulpien, il doit encore rétroagir pendant tout l'invalle écoulé entre la mort du fils et la répudiation de ses héritiers. Ce principe admis, la stipulation sera valable, l'esclave ayant eu un maître qui lui a conféré la personnalité suffisante au moment où la stipulation est intervenue (1). Ainsi, contradiction entre la L. 33, *de adq. rer. dem.,* et la première partie de la L. 14, *de castr. peculio;* mais tout d'un coup Papinien termine par ces mots qui renversent toute sa théorie : *Sed paterna verecundia nos movet, quatenus et in illa specie, ubi jure pristino apud patrem peculium remanet, etiam adquisitio stipulationis vel rei traditæ per servum fiat.* Cette fin de la loi 14 est

---

(1) L. 33, de adq. rer. dom.

si directement contraire à la loi 18, *de stipul. servor.* du même jurisconsulte, elle est si peu en harmonie avec la distinction judicieuse qu'il fait dans le paragraphe suivant de cette même loi 14, que tous les commentateurs n'ont pas hésité à reconnaître que les derniers mots que nous avons cités n'appartenaient pas à Papinien lui-même. Mais ils ne sont pas d'accord sur le point de savoir à qui ce passage doit être attribué. Est-ce une note d'Ulpien ? C'est l'avis de Cujas et de Pothier (1). M. Pellat pense, au contraire, et nous sommes pleinement de son avis, qu'on doit voir là une des nombreuses interpolations dues aux rédacteurs des Pandectes. En effet, il est facile au premier coup d'œil d'y reconnaître le latin du Bas-Empire, et le style très-incorrect des compilateurs de Justinien : *qualenus* signifie toujours, dans le langage des jurisconsultes : *après que* ; tandis que dans la loi 14 il est employé dans le sens de : *à tel point que* ; ces deux mots : *adquisitio stipulationis* trahissent la même origine étrangère à Papinien ; et de plus, cette expression

---

(1) Cujacius (oper. pothum., i, quæstiones Papin., lib. xxvii): quod subjicitur in tertia parte est nota Ulpiani ad Papinianum, ut apparet ex l. In eo quod, de adq. rerum domin., 33. Supprimitur nomen Ulpiani, nomen ejus qui notat Papinianum.

paterna verecundia, qu'on chercherait inutilement dans les notes d'Ulpien, n'est-elle pas une des expressions favorites de Tribonien ? Il y a donc là évidemment une interpolation, et dans la pensée de Papinien le bénéfice de la stipulation n'était nullement acquis au père. En sera-t-il de même du legs fait à l'esclave? Non, il profitera au père, nous dit le jurisconsulte dans le § 2 de la L. 14. Ces deux décisions opposées n'ont rien de contradictoire entre elles ; en effet, l'efficacité de la stipulation, même conditionnelle, se détermine d'après l'époque où elle a lieu : *ex præsenti vires accipit.* Au contraire, le legs est susceptible de rester en suspens (1).

Nous avons dit que lorsque le fils de famille n'usait pas du droit de tester sur son *peculium castrense*, ce pécule revenait au père *jure peculii*, et lui était attribué à l'exclusion de tous autres. Justinien fit subir à cet état de choses une importante innovation. Il étendit au *peculium castrense* l'ordre de succession adopté pour le pécule adventice ; le fils eut alors une véritable hérédité *ab intestat*, qui s'ouvrait au profit de ses enfants en première

---

(1) L. 26, de stipul. serv., l. 18 et 144, de div. reg. juris, et l. 7, de verb. obligat, D. : In stipulationibus id tempus spectatur quo contrahimus.

ligne ; ses frères et sœurs étaient admis au second rang, et le père relegué à la troisième place.

Sous l'empire de cette innovation, le père vint-il comme auparavant *jure peculii*, ou ne fût-il dès lors appelé que *jure hæreditario ?* Les commentateurs sont divisés sur ce point, et voici le texte qui fait l'objet de la controverse : *Si vero intestati decesserint, nullis liberis vel fratribus superstitibus , ad parentem eorum peculium jure communi pertinebit.* Les mots *jure communi* sont diversement interprétés ; Cujas et M. Ortolan veulent qu'ils signifient : *jure peculii,* par droit de pecule. Cujas, en effet, dans ses notes sur les Institutes de Justinien (liv. 22, tit. XII, note 5), s'exprime ainsi : *jure communi, id est quasi peculium paganum ; atque ita filiusfamilias in castrensi peculio non omnino sustinet jus patrisfamilias* (D. , 1. ult. ad S.-C. Tertull.). M. Ortolan développe cette doctrine avec beaucoup plus de force. Si l'on se reporte à la paraphrase de Théophile, l'un des rédacteurs de Justinien, dit-il, on y trouve ces mots : *jure communi, id est tanquam peculium paganum ;* or, en présence d'une assertion aussi formelle, émanant d'une aussi grave autorité, le doute est-il possible ? D'ailleurs le droit commun n'était-il pas ici le droit de pécule et non l'ordre successif tout exceptionnel établi sur les biens maternels ? Enfin il ressort de l'étude des textes qu'ici le droit est attribué à celui des ascendants qui est investi de la puissance paternelle, tandis que les biens maternels appartiennent au contraire à l'ascendant le plus proche, c'est-à-dire au père (1). Mais Vinnius, Fernandez de Retes dans son Traité de *castrensi peculio*, et M. Ducaurroy, professent une opinion contraire et font des expressions : *jure communi*, les synonymes de celles-ci : *jure hæreditario, id est tanquam hæreditas legitima.* Voici ce que dit Vinnius dans son commentaire des Institutes sur le passage qui nous occupe : *jure communi, id est jure hæreditario, ut est in textu, D. 3, de bonis quæ liberis* (2). *Explodendum igitur quod Cujacius et Pac. Fabrot. in margine notant : jure patrio, jure peculii a veteri et abrogato in l. 2 de cast. pecul.* Fernandez de Retes fait remarquer de plus que si l'on admettait la paraphrase de Théophile, si par conséquent le père succédait au fils *tanquam in peculio pagano*, il devrait exclure tous autres parents, comme il le faisait autrefois, et le fait encore au temps

----

(1) M. Ortolan, Inst. de Just., t. 2, p. 20.

(2) Cette loi effectivement est formelle; le pécule est une véritable hérédité pour les enfants du fils de famille..... Ad liberos eorum cædem res juro hereditatis, non ad patres, juro peculii transmittuntur.

de Justinien à l'égard des biens profectices. Enfin M. Ducaurroy reproduit les mêmes raisonnements, ajoutant qu'on repousserait en vain l'argument qui précède, en disant que les droits du père, assoupis en cas de survie des enfants, des frères et sœurs du défunt, se réveillent dès que ceux-ci font défaut ; les textes sont précis, et emploient des termes qui ne laissent pas de doute sur les droits du père : *jus ordo successionis.*

Sous le nouveau système successoral introduit par les Novelles CXVIII et CXXVII, cette controverse d'ailleurs perdit son intérêt ; le père devint alors très-certainement un héritier ordinaire ; il s'éleva du troisième degré au second, et concourut avec les frères et sœurs germains (1).

Jusqu'à présent nous avons supposé le prédécès du fils ; admettant au contraire le prédécès du père, Tryphoninus, dans la l. 13, § 2, de notre titre, résout une question qui lui semble présenter quelque difficulté. Voici l'espèce : Un fils de famille, d'abord militaire mais redevenu *paganus*, a testé sur son *peculium castrense*, puis il est mort, ignorant qu'il était, dans l'intervalle, devenu l'héritier de son père. Si ce

---

(1) Nov. cxviii, cap. 2.

fils était encore militaire, la question serait résolue par là même, car les militaires sont affranchis de la règle : *pro parte testatus, pro parte intestatus nemo mori potest.* Mais le fils était redevenu *paganus*, et par conséquent replacé sous l'empire de cette règle ? Tryphoninus décide dans ce cas que l'institution faite par le fils ne pouvant plus porter seulement sur le *peculium castrense*, comprendra l'universalité des biens, dont le fils est actuellement propriétaire, par suite du décès de son père. Le même résultat se produira que si une personne très-pauvre mourait, laissant un testament, et ignorant que ses esclaves, par des spéculations faites dans un autre lieu, avaient enrichi son patrimoine de valeurs importantes : *perinde ac si pauperrimus facto testamento decessisset, ignorans se locupletatum per servos alio loco agentes* (1).

III. *Du peculium quasi-castrense.*

Le principe constitutif de la famille romaine, ébranlé par la concession du *peculium castrense* dont nous venons de nous occuper, reçut une nouvelle atteinte par la création du *peculium*

______

(1) L. 19, § 2, de castr. pecul.

quasi-castrense. La révolution juridique qui devait dégager peu à peu la personnalité du fils de celle du père poursuivait son cours. Les militaires seuls jouirent longtemps du privilége de posséder un patrimoine distinct du patrimoine paternel. Le travail, l'intelligence et le talent prodigués au service de l'État méritaient cependant les mêmes faveurs que le courage et le dévouement du soldat. On le comprit enfin, et à l'imitation du *peculium castrense, ad imitationem peculii castrensis* (1), comme disent les textes, certains biens furent réservés au profit de certains fonctionnaires désignés, dont le nombre tendit à s'accroître de plus en plus, soustraits au pouvoir des pères et attribués aux fils, en pleine propriété, sous le nom de *peculium quasi-castrense*.

A quelle époque ce pécule prit-il naissance? Son nom se rencontre souvent dans les Pandectes (2) et toujours à côté des mots *castrense peculium;* devons-nous en conclure qu'il est

---

(1) L. 37, C. de inoff. test.

(2) L. 16, § 2, ad S.-C. Trebell.; — l. 3, § 5, D., de honor. possess.;—l. 1, § 18, D., de coll.;—l.7, § ult., D., de donat.; — l. 52, § 8., D., pro socio. — Aussi Vinnius fait-il remarquer avec raison que ces expressions sont assez fréquentes dans le Digeste : Non semel tantum, aut ad summum iterum, ut falso Mynsingerus existimat, sed sæpius hujus quasi castrensis peculii mentio fit.

contemporain du *peculium castrense* et existait déjà au temps classique de la jurisprudence romaine; devons-nous voir au contraire dans les passages des jurisconsultes qui en font mention des interpolations dues à la manière d'agir ordinaire de Tribonien. Pothier (1), Heineccius(2), et presque tous les commentateurs adoptent cette dernière opinion. En effet, peut-on dire, la constitution de Constantin au Code (3) semble bien créer un privilége tout nouveau, et non pas étendre une faveur déjà admise et répandue; d'ailleurs comment se ferait-il que les divers fragments qui citent le *peculium quasi castrense* soient d'Ulpien, et que cependant dans ses *regulæ juris,* il n'y soit fait aucune allusion. Enfin si ce pécule eût été connu du temps de ce jurisconsulte, comment ne trouverions-nous pas au Digeste des passages qui lui fussent spécialement applicables, puisque originairement il n'était pas assimilé d'une manière complète au *pécule castrense.* Cujas et Vinnius, il est vrai, soutiennent la doctrine opposée ; ils se fondent sur les mots *anteriores leges* par

---

(1) Pothier énumérant les textes cités dans la note précédente, ajoute : Verum hi textus a Triboniano interpolati esse potuerunt (Dig., liv. XLIX, titre XVII).

(2) Heineccius, notes sur le comment. des Instit. de Vinnius.

(3) L. unic. au C. de castr. omn. palat.

lesquels Justinien dans ses Institutes aurait justement voulu faire allusion aux citations que nous trouvons suspectes. Nous lisons, en effet, dans Cujas, note 12, Inst., liv. 2, XI, § 6 : *cum ait* leges, *Pandectas intelligit*; et dans Vinnius commentant les mêmes mots : « Leges Pandectas intelligo cum Cujacio. Etenim ea, quæ legibus continentur de hoc quasi castrensi peculio, non esse ex lege aliqua ad populum lata, sed ex constitutionibus argumento est, quod ipse peculium castrense, cujus exemplo comparatur quasi-castrense peculium, ex constitutionibus est. » Heineccius, dans ses notes sur le commentaire de Vinnius, n'admet pas cette opinion, et cherche une autre explication des mots *anteriores leges* : « Recte negat Vinnius quasi-castrense peculium esse ex lege libera rep. condita, si de vocabulo quæstio sit. Id enim omnino inventum ad exemplum peculii castrensis. Res ipsa tamen locum habuit in virginibus vestalibus, Flaminibus Dialibus, aliisque sacerdotibus qui veteri ritu capiebantur (Gellius, lib. 1, cap. 12). Hi enim, licet patriæ potestati subessent, tamen poterant de peculiis suis testamentum condere. Dicuntur quidem patria potestate exiisse (Ulp., reg., tit. 10, § 5); sed Gellius addit : sine capitis deminutione, ne eos jura familiæ perdidisse existimes. Quorum itaque hoc privilegium sacerdotum, fuerit admodum simile ei, quod posterio-

ribus constitutionibus principum filiisfamilias
in peculio quasi-castrensi datum novimus, non
absurde existimari poterit has anteriores leges
hæc scribenti vel Triboniano, vel Cajo, vel alio
cui cumque veteri jurisconsulto antiquitatis
ignaro in animo fuisse.

Suivant de Retes, les mots *anteriores leges*
se référeraient aux *rescripti principum* et aux
prudentum responsa antérieurs à Constantin,
et les mots *constitutiones principales* aux constitutions des empereurs postérieurs. Il pense
d'ailleurs qu'avant Constantin, la faculté d'a-
voir un *peculium quasi-castrense* avait été exceptionnellement accordée à certains fils de
famille (*sed non æquo jure quo castrense milili-
bus erat concessum*). Il se fonde surtout sur la
loi dernière au Code *de inoff. testam.*, qui fait
mention d'une concession semblable faite autrefois en faveur des proconsuls, des présidents
de province, des légats des proconsuls et des présidents (telle est du moins la leçon de Contius,
de Cujas et de Godefroi). Or, on ne trouve
aucune constitution de Constantin ni de ses
successeurs qui accorde le privilége dont il
s'agit aux personnes que nous venons de désigner. C'est donc qu'il leur avait été antérieurement concédé. Par qui? On l'ignore,
mais le fait en lui-même est certain.

En 321, Constantin décida que les palatins,

c'est-à-dire les différents officiers du palais auraient la pleine propriété de ce qu'ils gagneraient dans l'exercice de leurs fonctions, soit par leurs économies, soit par les dons de l'empereur (1). Un semblable privilége fut progressivement étendu : par Théodose et Valentinien aux avocats prétoriens et à divers fonctionnaires du prétoire préfectoral, notamment aux *scrinarii* et aux *excerptores* (2); par Honorius et Théodose, aux assesseurs et aux avocats de toutes les juridictions (3); par Léon Anthemius, aux évêques, aux chefs de presbytères et aux diacres orthodoxes (4); par Anastase, enfin, aux *silentiarii*, c'est-à-dire aux huissiers du palais impérial (5). Justinien lui donna encore une plus vaste portée, et les médecins du prince, les professeurs d'arts libéraux, tous ceux, en un mot, qui reçoivent des dons de l'empereur ou de l'impératrice, ou sont rému-

______

(1) L. unique au C. 12, 34, de castr. omni palat.... vel parcimonia propria quæsierint, vel donis nostris fuerint consecuti.

(2) L. 8, C., de advocatis divers. judic.; — l. 0, C., de castr. pecul. milit.

(3) L. C., de assessorib.; — l. 4, C., de adv. divers. judic.

(4) L. 34, C., de episcop. et cleric. Cette loi leur permet en même temps de tester sur le pécule créé à leur profit.

(5) L. ult., C., de silentier., lib. xii, III. 16.

nérés par l'État, *qui salaria vel stipendia perci-piunt publica*, purent avoir un patrimoine dis-tinct de celui du chef de famille (1).

Le droit de tester sur le *peculium quasi-cas-trense* n'avait été accordé avant Justinien qu'à certaines classes privilégiées : tels étaient les consuls, les proconsuls, les préfets de légion, les présidents de provinces, les évêques; Jus-tinien, le premier, donne la *factio testamenti* à tous ceux auxquels appartient le droit d'avoir un *peculium quasi-castrense;* mais le testateur devra user de ce privilége dans les formes or-dinaires, et ne jouira que d'une seule faveur : celle de voir son testament à l'abri de toute *querela inofficiosi testamenti* (2).

Les règles que nous avons exposées quant aux droits du père ou du fils sur le *peculium castrense,* seront applicables au *peculium quasi-castrense* dont l'assimilation avec le premier devient entière et complète sous Justinien.

---

(1) L. 7, C., de bon. quæ liber. — Enfin, dans la Nov. 123, cap. 19, d'où est tirée l'authent. : presbyteros, C., de episc. et cleric., Justinien étendit la constitution de Léon et d'An-themius aux subdiaconi, aux lectores, au cantores, et à toutes les personnes désignées sous le nom de clerici. — D., l. 37, C., de inoff. testam.

(2) L. 37, C. de inoff. test.

IV. *Du pécule adventice.*

Jusqu'ici la politique seule a été le mobile des réformes importantes introduites dans les principes pécuniaires constitutifs de la famille romaine. Le *peculium castrense* reste propre aux soldats, le *peculium quasi-castrense* aux fonctionnaires laïques ou ecclésiastiques, et, dès lors, les autres fils de famille se trouvent injustement déshérités d'un privilége que la nature des choses devrait également leur faire accorder. Constantin, ce prince auquel la législation romaine est redevable de tant de sages améliorations, voulut réparer cette injustice ; et, à peu près à la même époque où il fondait le pécule quasi-castrens, il créait au profit de tous les fils de famille indistinctement, un patrimoine distinct de celui du chef de famille, que les commentateurs ont appelé pécule adventice ; d'ailleurs, avant Constantin, nous trouvons au Digeste deux lois, les lois 50, *ad S.-C. Trebellianum,* et 52, *de adquir. vel omitt. hered.,* qui nous démontrent que la jurisprudence classique avait, dans certains cas exceptionnels en dehors du *peculium castrense,* admis déjà une dérogation à la rigueur du principe romain, qui défend au fils de rien acquérir pour lui-même (1).

____

(1) Voici le texte des lois 50 et 52, il énonce les circons-

Ces cas exceptionnels devinrent la règle sous Constantin, qui décida que les biens recueillis par le fils dans la succession de sa mère *sive ex testamento, sive ab intestat*, lui appartiendraient en nue propriété, l'usufruit seul en étant réservé au père pendant sa vie (1). Cette première innovation prit bientôt de plus larges proportions. Arcadius et Honorius étendirent le même privilége à tous les biens qui arriveraient au fils, d'un ascendant maternel, quel que fût d'ailleurs le titre qui appartînt à cette libéralité, succession testamentaire, legs, donation, fidéicommis ou succession *ab intestat* (2). Sous Théodose et Valentinien, tout ce qu'un époux donne à son conjoint, également à quelque titre que ce soit, devint aussi

---

lances toutes spéciales qui avaient motivé cette dérogation : L. 80, ad S.-C. Trebell : Imperator Hadrianus cum Vivius Cerealis filio suo Vivio Simonidi, si in potestate esse desisset, hereditatem restituere rogatus esset, ac multa in fraudem fieri probaretur; restitui hereditatem filio jussit, ita ne quid in ea pecunia, quandiu filius ejus viveret, juris haberet, etc.

L. 82, de adq. vel omitt. heredit. «Cum heres institutus erat filius et habebat patrem furiosum, in cujus erat potestate; interponere se suam benevolentiam, D. Pius rescripsit, ut si filiusfamilias adierit, perinde habeatur, atque si paterfamilias adisset; permisitque ei et servos hereditatis manumittere.

(1) L. 1, de bonis mater., C., VI, LX.

(2) L. 2, de bon. mater., C., ibid.

la nue propriété de l'époux donataire (1). Léon et Anthemius, se fondant sur l'avis de Julien, qui, parlant du fonds dotal, assimile à cet égard la fiancée à l'épouse (avis du reste confirmé par l'opinion de Gaius (2)), étendit la constitution de Théodose et de Valentinien à tous les dons faits par l'un des fiancés à l'autre fiancé (3). Enfin Justinien, généralisant d'une manière complète le principe introduit par Constantin, décida que le fils conserverait la nue propriété exclusive de tous les biens qui lui adviendraient par un fait quelconque, *vel ex liberalitate fortunæ, vel ex laboribus suis, vel ex aliis quibuscumque causis*, à moins toutefois que ces biens ne provinssent *ex substantia patris* ou ne fussent donnés au fils que *ex contemplatione patris* (4). Tel fut le pécule adventice dans sa plus large extension.

§ 2. *Droits du père et du fils sur le pécule adventice.*

Le père qui est investi de l'usufruit du pécule adventice, trouve dans la qualité paternelle,

---

(1) L. 1, de bon. quæ liberis, cvi, lxi.
(2) L. 4, de fundo dotali, D.
(3) L. 5, de bon. quæ lib., C., vi, lxi.
(4) L. 6, C., de bon. quæ lib. v, lxi.

qui le lui confère, certaines prérogatives re-
fusées aux usufruitiers ordinaires. Ainsi d'a-
bord le père a les pouvoirs les plus étendus,
et son droit d'administration ne souffre aucun
contrôle : *Rerum habeat parens plenissimam
potestatem... et gubernatio sit penitus impu-
nita* (1). Ainsi encore il est dispensé de donner caution, de fournir hypothèque, de rendre
compte à la fin de l'usufruit, toutes obligations
imposées à un usufruitier ordinaire, et Justinien nous donne le motif de cette faveur : *Paterna verecundia eum excusante* (2). Serait-il
tenu de faire inventaire? D'après ce qui précède, il paraît difficile de le conclure ; cependant Doneau l'assujettit à cette nécessité. D'ailleurs, en dehors de ces priviléges exceptionnels, le père est traité comme un usufruitier
ordinaire, et l'hypothèque et l'aliénation lui
sont également interdites. L'acheteur de bonne
foi ne pourrait même opposer au fils la prescription (3). Mais cette règle générale (4) souffre

---

(1) L. 6, § 2., C., de bon. quæ liber.

(2) L. 8, § 4. C., ibid.

(3) Quod autem de præscriptione dictum est, id temperatur
in auth. seq ex nov. 22, cap. 23, ut præscriptio currat quidem, sed ab eo demum tempore, quo filiusfamilias agere po-
tuit, scilicet quo sui juris factus est (Bruneman, Comment.
in Cod , de bon. quæ liber., l. 1.)

(4) Le fils pourrait-il faire révoquer avant d'être sui juris,

encore des exceptions favorables au père, et les textes nous en indiquent quatre :

1° Lorsque la succession qui tombe dans le pécule adventice est grevée de dettes, le père peut alors vendre *filii nomine* la partie des biens de l'hérédité nécessaire pour acquitter les dettes. En ce cas, ce n'est pas seulement une faculté accordée au père, c'est encore un devoir rigoureux auquel il doit se conformer; faute de le remplir, il serait soumis lui-même au payement des intérêts des dettes qu'il aurait négligé d'éteindre sur les revenus annuels de son usufruit ou même sur ses propres biens, *ex reditibus vel ex substantia sua* (1).

2° Lorsque le testament qui institue le fils contient des fidéicommis et des legs annuels ou non, le père devra vendre également ce qui sera nécessaire pour les acquitter, en commençant par les meubles, et une fois arrivé aux immeubles, en se débarrassant de préférence de

---

l'aliénation faite par le père au mépris de ses droits; selon Bruneman, la question est controversée. On tire argument en faveur de l'opinion affirmative de la l. 50, ad S.-C. Trebell. (sic. Pinell. ad hanc leg. 1, p. 3, n° 74; Covan., lib. 1, resp., l. 8, n° 7; Perezius, in hoc tit., n° 5; Kloch, conf., 65, n° 3). Suivant d'autres auteurs, parmi lesquels Valerius (consult. 69, n° 16), le fils n'aurait pas ce pouvoir, et cela parce que, du vivant de son père, la prescription ne court pas contre lui.

(1) L. 8, § 4, C., de bon. quæ liber.

ceux qui n'offrent que peu ou point de rapport (1).

3° Lorsque le père serait dans une profonde
misère qui ne lui permettrait pas, sans recourir
à cette extrémité, de pouvoir satisfaire à ses besoins et à ceux de sa famille, il pourrait encore
vendre les biens héréditaires, et, s'il ne trouvait pas d'acheteur, les hypothéquer (2).

4° Lorsque certains objets de l'hérédité sont
plus onéreux qu'utiles à conserver, l'argent
provenant de leur vente sera employé à l'amélioration des autres biens ou réservé dans tous
les cas au fils de famille (3).

C'est le père qui a qualité pour intenter en
justice les actions relatives au pécule adventice;
mais comme l'intérêt du père n'est pas seul en
jeu, et que le fils à raison de son titre de nu propriétaire, doit au moins être consulté; le père,
pour agir, devra obtenir le consentement du
fils, si ce dernier est présent ou majeur (4).

Les obligations imposées au père usufruitier
sont en général l'acquittement des charges qui
pèsent sur les revenus, et incombent, par conséquent, à l'usufruitier ordinaire. Quant à

(1) L. 8, 8½, C., de bon. quæ liber.
(2) L. 8, § 5, hoc titulo.
(3) Ibid.
(4) L. 8, § 3, hoc titulo.

l'obligation d'entretenir et de nourrir les enfants, le père en est tenu *non propter hereditatem, sed propter naturam ipsam et lege* (1).

L'usufruit du pécule adventice semblerait devoir cesser avec sa cause efficiente la puissance paternelle; il devrait s'éteindre par l'émancipation de l'enfant qui le libère de cette puissance. Il n'en est pas ainsi cependant, et l'émancipation n'a d'autre effet que de restreindre cet usufruit paternel à la moitié des biens sur lesquels il portait. Dans la crainte que des considérations pécuniaires ne viennent mettre obstacle dans l'esprit égoïste des ascendants au désir d'émanciper leurs enfants, on a jugé à propos de leur accorder cette indemnité, ce dédommagement du sacrifice auquel ils se résignaient, *pretio quodammodo emancipationis*. Du reste, cette attribution de la moitié des biens adventices en usufruit doit son origine à Justinien (2) qui remplace ainsi la pleine propriété du tiers des biens que Constantin avait, pour les mêmes motifs, adjugé au père émancipateur (3).

III. — *Droits du fils sur le pécule adventice.*

Il ne peut ni aliéner, ni hypothéquer les

____

(1) L. 8, § 5, hoc tit.
(2) Inst., lib. II, tit. 9, § 2.
(3) L. 6, § 3, de bonis quæ liber., C.

biens qui le composent saus le consentement de son père; il ne peut faire aucune donation à cause de mort, et se trouve incapable de soutenir un procès relatif à son pécule.

Mais si les droits du fils sont paralysés au profit du père, ils se retrouvent intacts à sa mort; aussi, ne rapporte-t-il point à la succession de son père, les biens dont ce dernier avait l'usufruit (1).

Toutefois, il peut arriver, même pendant la vie du père, que l'usufruit paternel se trouve réuni avec la nue propriété entre les mains du fils, et, dans ce cas, à l'attitude à peu près passive que nous venons de signaler, succèdent chez le fils une liberté moins restreinte et une plus grande indépendance d'administration. Les biens qui, par cette consolidation, appartiennent désormais au fils en pleine propriété, forment une masse distincte, régie par des règles spéciales, et que, pour ce motif, Heineccius, Mackeldey, M. de Savigny et M. de Fresquet appellent *peculium extrcordinarium vel irregulare,* pour le distinguer du pécule adventice proprement dit. Ce pécule extraordinaire se présente au profit du fils :

1° A sa majorité, si son père s'est remarié (2);

---

(1) L. 6. § 2, in fine, de bon. quæ liber., C.
(2) L. 2, C., Theod de bon. maternis.

2° Lorsque le donateur ou testateur a apposé expressément à sa libéralité la condition que le père n'aurait pas l'usufruit des biens qui sont l'objet de sa disposition (1) ;

3° Lorsque le père abandonne son droit de jouissance (2);

4° Lorsqu'il refuse de faire adition d'une hérédité que le fils veut accepter (3);

5° Lorsqu'il se montre mauvais administrateur (4);

6° Lorsque les parents du fils ont divorcé sans cause légitime (5). Dans ce cas, leurs biens sont dévolus à leurs enfants, sauf une petite partie de leur fortune réservée aux couvents où doivent être renfermés la femme et le mari coupables;

7° Font encore partie du pécule extraordinaire les biens que les enfants ont recueillis en concours avec leur père dans la succession d'un de leurs frères ou sœurs prédécédé (6);

8° Enfin, selon quelques auteurs, il faudrait y comprendre en dernier lieu ce que les textes

---

(1) Nov, cxvii., cap. 1.
(2) L. 6, § 2, de bon. quæ liber. C.
(3) L. 8, in princ, C., de bon. quæ libær.
(4) L. 50, D., ad s. c. Trebellianum.
(5) Nov. cxxxii, cap. xi.
(6) Nov. cxvii, cap. ii.

du Digeste et des Novelles (1) appellent le *lega-
tum militiæ*, le *jus militiæ*, c'est-à-dire le legs,
l'investiture d'une fonction publique. Déjà,
dans l'Empire romain, et même à une époque
où, sauf l'exception du *peculium castrense*, les
principes primitifs du droit romain étaient encore appliqués avec toute leur rigueur, on aurait reconnu à certains fonctionnaires le droit
de vendre ou de léguer les charges qu'ils occu-
paient ; et sur une pareille acquisition faite par
le fils de famille, le père n'aurait eu aucun
droit, d'abord parce que la puissance paternelle ne s'applique plus dans l'ordre politique,
et que d'ailleurs cette acquisition est essentiellement personnelle au fils, *personæ coherens.*

Quels sont les pouvoirs du fils sur ce pécule
extraordinaire ?

Il semblerait que le fils doit jouir à son égard
d'une entière liberté d'action, car ces biens
étant dégrevés de l'usufruit paternel, le fils
en est devenu plein propriétaire, et devrait,
par conséquent, réunir en sa personne tous les
pouvoirs qui résultent du droit de propriété.
Il n'en est pas ainsi cependant, et la répugnance du droit romain à reconnaître au fils

____

(1) L. 3, § 7. D., de minor. — l. 55, § 2, D., de act.
empti ; — l. 22, D., de legat., 2, — Nov. LIII, cap. v.

une personnalité indépendante de celle du père se manifeste encore sur le point qui nous occupe.

Le fils peut aliéner les choses qui composent ce pécule, soit à titre onéreux, soit à titre gratuit. Mais pour intenter toute action relative à ce pécule, il est tenu de requérir le consentement de son père par une sorte d'acte respectueux (1). D'ailleurs, de cette incapacité d'ester en justice à laquelle il est soumis découle une faveur protectrice pour lui ; la prescription ne commence à courir contre lui qu'à sa sortie de la puissance paternelle (2).

Les aliénations à titre onéreux ou à titre gratuit sont permises au fils, mais en est-il de même des dispositions testamentaires? La question est controversée parmi les commentateurs.

Les partisans de la solution affirmative se fondent sur le § 5 de la loi 8 au C. *de bon. quæ liberis*, qui n'enlève expressément au fils le droit de tester qu'à l'égard des biens dont le père a l'usufruit; et ils en concluent par *a contrario* que le fils doit avoir le droit de tester sur les biens dont l'usufruit n'appartient pas au père, par conséquent sur les biens qui

______

(1) L. 8, in pr., C., de bon. quæ liber.
(2 L. 4 in fine, de bon. quæ liber.

composent le *peculium extraordinarium*. Sans doute la loi 11 au Code, *qui testam. fac.*, rappelle en termes formels l'ancienne législation, *antiqua lex*, qui défendait au fils tout testament ; mais elle ajoute que des exceptions ont été introduites à cette règle : *nisi in certis casibus*, ce qui comprendrait le cas dont nous parlons, car cette *antiqua lex* à laquelle Justinien fait allusion dans la l. 2, est justement le § précité au Code *de bon. quæ lib.*, dont l'interprétation par *a contrario* que nous avons donnée, autoriserait au profit du fils la disposition testamentaire du *peculium extraordinarium vel irregulare*. Enfin si le fils est plein propriétaire de ce pécule, si d'un autre côté, il peut l'aliéner entre vifs soit à titre onéreux, soit à titre gratuit, il doit en avoir *a fortiori* la disposition testamentaire.

Mais Vinnius (1) repousse la doctrine que nous venons d'exposer et la réfute victorieusement. En effet, l'argument *a contrario* qu'on pouvait tirer de la l. 8, au Code, § 5, avait frappé Justinien lui-même ; aussi rend-il une nouvelle constitution, la l. 11, au Code, *qui testam. facere*, par laquelle il tranche tous les doutes, et déclare que la loi précédemment promulguée

---

(1) Commentaire sur les Inst., liv. 12, titre XII, aux mots : Præter hoc igitur, qui castrense, etc.

n'accorde pas le moins du monde au fils de famille la permission de tester sur son pécule adventice. L'intention que nous attribuons à Justinien ressort clairement de la comparaison des deux textes dont il s'agit. D'ailleurs, lorsque Justinien ordonne qu'à l'égard des testaments des fils de famille on se conformera à l'*antiqua lex*, il serait ridicule de voir dans ces mots *antiqua lex* une allusion à la constitution 8, § 5, *de bon. quæ liber.*, constitution que l'empereur reconnaît, dès le commencement de la l. 11, avoir récemment promulguée, et qu'il ne pourrait d'ailleurs, sans absurdité, qualifier d'*antiqua lex*, puisqu'elle n'est antérieure que d'un an ou deux à cette même l. 11. Quant au dernier argument des partisans de la solution affirmative, il n'est pas nécessaire d'avoir une profonde connaissance du droit romain pour en prouver la fausseté; de ce qu'on est propriétaire, il n'est pas juste, en effet, de conclure qu'on ait la *factio testamenti;* pour qu'elle existe, il faut qu'une loi expresse l'ait nommément accordée.

Le fils de famille peut-il donner *mortis causa*, sans le consentement de son père, les biens qui composent son pécule adventice extraordinaire?

De nouvelles controverses surgissent à cet égard.

Godefroi (1), Bartole (2), Perezius (3), Romanus (4), Fochinée (5), Jason (6), le président Fabre (7), Ricard (8), et enfin Furgole (9), soutiennent l'affirmative. Ils se fondent principalement sur la l. 7, § 4, D., *de donat.*, qui déclare formellement qu'il est défendu au fils de famille de donner entre vifs par le même motif qu'il lui est défendu de disposer par testament; et ce motif, c'est le défaut de propriété chez le fils. Or ce motif n'existe pas dans l'espèce du pécule extraordinaire, le fils étant, au contraire, investi de la pleine propriété. D'ailleurs, ajoutent-ils, la donation à cause de mort est considérée comme un contrat, *quoad ejus initium et ordinationem,* suivant les docteurs cités par Grassus (10). Le fils de famille peut faire toutes sortes de contrats sans le consentement de son père (L. 6, *D., de jur.* (11), et l. 39, D., *de obl. et art.*). Il peut donc donner

---

(1) Sur la l. 3, au C., qui testam fac. possunt.
(2) Sur la l. 8, au Code, de bon. quæ liber.
(3) In Codic., tit. de mortis causa donat., nº 18.
(4) Dans son Conseil, 512.
(5) Liv. 5, ch. 25.
(6) Sur la loi : nemo qui test. fac., C.
(7) Jurisprud. Papin scient., tit. v, princ. 8, illat. 4.
(8) Des donations, part. 1, nᵒˢ 277 et 279.
(9) Quest. 22, sur la matière des donat.
(10) Cap. de don. mort. caus., nº 18.
(11) L. 67, D., de jud., et l. 37, D., de oblig. et act.

à cause de mort. La Novelle 117, chap. 1, § 1, a levé toutes les difficultés sur cette matière, car elle a permis aux fils de famille de disposer à leur gré des biens qui leur appartiennent en propriété et en usufruit : *licentiam habent quo velent modo disponere*, sans que le consentement du père soit requis en aucune façon : c'est donc une formalité qui n'est plus exigée. Mais Merlin qui rapporte cette discussion (1) et quelques autres auteurs, et notamment Bany (*de success.*) (2), le président Fabre qui avait dans son ouvrage *de erroribus pragmatic.* (3) abandonné sa première opinion, et le président Bouhier, soutiennent la négative, et assez faiblement à notre avis, en prétendant que le mot *disponere* de la Nov. 117, C. 1, § 1, sur lequel se fondent leurs adversaires, ne doit pas être entendu dans un sens aussi large que celui qu'ils lui prêtent. Un interprète maladroit aurait effectivement substitué ce mot *disponere* au mot grec διοικειν, qui ne s'applique qu'à une simple administration dont les pouvoirs seraient très-étendus, mais s'opposeraient à toute faculté d'aliéner.

Nous avons dit que le fils de famille ne pou-

---

(1) Répert. de Jurispr., v. puiss. pater., sect. III, § 4.
(2) De success., liv. 1, tit. 7.
(3) Décad. 33. in par.

vait disposer par testament du pécule extraordinaire.

Mais en retour, des héritiers ab intestat lui sont accordés. Ce sont en premier lieu ses descendants, comme le décident Théodose et Valentinien ; après ses descendants, Léon et Anthemius donnent vocation à ses frères et sœurs germains, consanguins ou utérins : c'est seulement à leur défaut que le père est appelé. D'ailleurs, dans les cas où il est exclu, il n'en reste pas moins en possession des biens héréditaires qu'il conserve en vertu de son droit d'usufruit (1).

Les Novelles changent cet ordre de succession en donnant au père le droit de concourir avec les frères et sœurs germains, mais il ne peut alors réclamer aucun droit de jouissance sur les biens auquel il ne succède pas en pleine propriété.

CHAPITRE IV.

CAUSES D'EXTINCTION DE LA PUISSANCE PATERNELLE.

Le droit de puissance paternelle s'éteint, avec les conséquences juridiques que nous ve-

---

(1) L. 3 et 4, C., de bon. quæ matern.

nons d'y voir attachées, de deux manières : par suite de certains événements ou par suite d'un acte solennel (*actu solemni vel casu*, nous disent les empereurs Dioclétien et Maximien) (1). Il faut ajouter à ces deux modes généraux d'extinction un troisième mode particulier, l'élévation à certaines dignités. Certains événements d'abord mettent fin à la puissance paternelle : ce sont la mort, la perte de la liberté, la perte des droits de cité, qu'elles atteignent indifféremment le père ou le fils. Remarquons cependant avec les Institutes (2) que, dans le cas de mort du chef de famille, la libération de la puissance paternelle n'a lieu qu'au profit de ceux qui y étaient soumis sans aucun intermédiaire. Ainsi, la mort de l'aïeul amènera toujours la cessation de la puissance paternelle à l'égard du fils ; mais ses petits-fils n'en seront libérés qu'autant qu'ils ne devront pas, à la mort de l'aïeul, retomber sous la puissance de leur père, ce qui arrivera toutes les fois que leur père sera sorti de la famille d'une manière quelconque.

Quant au point de savoir quels événements eux-mêmes entraînaient la perte de la liberté

---

(1) C., viii, 47, 3.
(2) Inst., i, xii, pr.

et celle des droits de cité, nous nous bornerons à dire que les seuls reconnus au temps des Institutes, comme faisant perdre la liberté, étaient : 1° la captivité chez l'ennemi, sauf les cas d'application du *jus postliminii* (1) ; 2° les condamnations *ad bestias, ad metalla et in opus metalli* (2) ; 3° l'ingratitude témoignée au patron par celui qu'il avait affranchi (3) ; 4° la vente qu'un homme libre et majeur de vingt ans faisait de sa personne pour prendre part au prix (4) ; et que la perte des droits de cité résultait, à la même époque, de la déportation.

L'émancipation est l'acte solennel auquel font allusion Dioclétien et Maximien, comme seconde manière de dissoudre la puissance paternelle.

La loi des Douze-Tables ne reconnaissait pas au père le droit de faire sortir les enfants de sa puissance, mais elle déclarait formellement que le fils vendu trois fois était libéré de cette puissance : *Si pater filium ter venumduit, filius a pater liber esto.* Ce texte fournit le moyen d'arriver indirectement, par ventes fic-

---

(1) Inst., I, XII, § 3

(2) D., XLVIII, 19, 1ᵉ, § 3 et 20 ; — D., XLVIII, 19. 17.

(3) D., XXV, III, 6, § 1 ; — C., VI, 7.

(4) Inst., I, III., § 4 ; — D., 40, 13, 5.

tives et affranchissements intermédiaires, à cette dissolution de la puissance paternelle non autorisée par la loi des Douze-Tables, ou plutôt implicitement défendue par la disposition même sur laquelle on s'appuyait. Bientôt ces détours parurent longs, gênants et inutiles; et l'empereur Anastase permit, par une constitution, d'émanciper désormais ses enfants en obtenant de l'empereur un rescrit autorisant l'émancipation, et en faisant insinuer ce rescrit par un magistrat aux mains duquel il était déposé. Justinien simplifia encore les formes de l'émancipation. A partir de ce prince, il suffit aux ascendants qui veulent libérer leurs enfants de la puissance paternelle d'aller devant les juges et les magistrats compétents pour y déclarer leur volonté. La formule consacrée aurait été, d'après le *promptuarium* d'Harménopule, conçue en ces termes : *hunc sui juris esse patior, meaque manu mitto* (1). L'ascendant émancipateur obtient d'ailleurs, dans tous les cas, tous les droits accordés à un patron sur les biens de l'affranchi.

----

(1) M. Ortolan, Inst., liv. 1, t. xii, § 6.

DROIT ANCIEN.

※

Généralités.

Lorsque les Francs s'établirent dans la Gaule, Rome victorieuse, fidèle à sa politique d'assimilation à l'égard des peuples vaincus, avait depuis longtemps substitué son droit national aux traditions Gauloises. Cette tâche lui avait été d'autant plus facile, en ce qui concerne la puissance paternelle, que d'après le double témoignage de César (1) et de Gaius (2), l'organisation de la famille gauloise se rapprochait intimement de celle de la famille Romaine. Comme à Rome, le père avait en Gaule droit

______

(1) Comment., de Bell. Gallic., l. VI, cap. 19 : ....viros in uxores pariter ac liberos vitæ necisque habuisse potestatem.
(2) Gaius, 1, § 55.

de vie et de mort sur ses enfants. Mais les principes importés par les Francs, à leur tour vainqueurs des Romains, différaient essentiellement des doctrines professées par leurs ennemis. Chez les Germains, en effet, ce peuple idolâtre et barbare, dont les Francs n'étaient qu'une tribu, régnait l'application de cette théorie généreuse, toute civilisée et toute chrétienne : la protection du faible et de l'incapable. C'est là, en effet, comme le remarque M. Pardessus (1), le caractère éminemment distinctif des Codes germaniques, et la noble origine du *mundium* (2) ou de *la mainbour*. « Le *mundium* ou *la mainbour* n'est autre chose que la

------

(1) M. Pardessus, L. saliq., p. 451, 3ᵉ dissert

(2) Heineccius (Antiq. germ., liv. ii, § 132) nous donne en ces termes l'étymologie du mot *mundium* : *Mund* Germanis est *os*. Quum vero ad eorum, qui alios in potestate habent, officium pertinat eis præcipere ore eosque verbis, quoties opus est, defendere : usu inaluit ut *mund* pro potestate ac tuitione acciperetur. Id vero vel inde patet quod veteres in mundio esse, latine exprimerent : *in verbo, sermone, vel ore esse*. (Lex salica, t. 14, § 5 : si pupilla quæ trahitur in *verbis* regis fuerit; et t. 59, § 1 : rex eum *extra sermonem* ponet.) Add. Marculf, lib. i, formul. 24; Gregor. Turron., lib. viii, cap. 42. Qua notione et græcum λογος apud scriptores Byzantinos observavit Carol. du Fresne (gloss. lat.) P. 1280, t. iii. Nihil ergo est frigidius etymologia, quam ex Guillermi, Britonis vocabulario profert idem (t. ii, p. 695) : mundus muliebris dicitur adparatus ad ornatum mulieris, unde et ministros talium *mundiburdos* vocamus.

mise en œuvre de ce principe général de défense et de tutelle, appliqué dans des mesures différentes par le *roi* envers les faibles et les *antrustions* placés à divers degrés sous sa parole et sa sauvegarde, *par le chef de bande* envers les compagnons d'armes unis sous son patronage, *par le père de famille,* ou à son défaut par les *parents paternels à l'égard des enfants mineurs,* et enfin par le *mari à l'égard de sa femme* (1) ». Tels sont les aspects variés sous lesquels peut se présenter l'institution du *mundium,* institution propre aux mœurs des Germains, et dont nous venons dire quelques mots, au moins en ce qui concerne les enfants, parce que l'autorité paternelle en Germanie participait de sa nature et reposait sur les mêmes sentiments et le même devoir de généreuse protection.

Le *mundium* avait pour but de défendre le faible contre les attaques du fort qu'il ne pouvait lui-même repousser; aussi le *mundium* était-il un droit exclusivement viril (2). Il n'appartenait par conséquent jamais à la mère, qui restait au contraire toujours soumise au *mundium* de quelqu'un. Exercé par le père du-

---

(1) M. Laferrière, Hist. du droit franç , t. iii, p. 152.
(2) M. Pardessus, loi salique, p. 484.

rant sa vie, le *mundium* à sa mort passait aux plus proches parents paternels ; à leur défaut, il passait au roi.

Les enfants soumis au *mundium* du père étaient tous les enfants nés pendant le mariage. Notre maxime : « *Pater is est quem nuptiæ demonstrant,* » n'était pas formulée dans les lois franques, mais elle y était certainement admise. La loi des Allemands nous en offre une application remarquable : quand un homme a enlevé la femme d'un autre, et que cette femme revient chez son mari avec un enfant du ravisseur, le *mundium* de cet enfant appartient au mari (1). »

Le *mundium* n'étant qu'une protection instituée au profit de l'enfant devait cesser dès que l'enfant n'en avait plus besoin. C'est pour ce motif que l'enfant mâle qui avait atteint l'*ætas perfecta*, c'est-à-dire l'âge de douze ans selon la loi Salique, et de quinze ans selon la loi Ripuaire (2), était affranchi du *mundium*. C'était

----

(1) M. Pardessus, Loi saliq., dissert. 13e, p. 672.

(2) L'espace pendant lequel dure la minorité générale de l'enfant n'est nulle part soit dans la loi Salique, soit dans la loi Ripuaire, déterminé d'une manière bien formelle ; mais comme d'un côté, il n'est aucune législation qui n'ait établi avec plus ou moins d'exactitude, par la force même des choses, une distinction entre les personnes d'après leur âge, et que d'ailleurs plusieurs textes où se trouvent les mots

encore par une conséquence de ce même principe, que la femme, réputée être faible à perpétuité, chez laquelle le développement physique ne pouvait, comme chez l'homme, amener
la force de résistance nécessaire pour repousser
toutes attaques, demeurait abritée toute sa vie
sous un *mundium* perpétuel. Du *mundium* de
son père elle passait sous celui de ses plus

---

infantes, parvuli, attestent la présence de cette distinction
dans les lois Germaines; on a conclu du chap. v du 3ᵉ capitul. de 819, qui nous apprend qu'une action *de hereditate
paterna vel materna*, ne pourrait être intentée contre un enfant avant qu'il ait atteint l'âge de 12 ans, que cette décision
particulière devait être généralisée, et que l'âge de 12 ans
était dans tous les cas celui qui déterminait la majorité, ou
l'*œtas perfecta*. La même disposition se trouve dans la loi
Ripuaire, tit. LXXXI, où l'âge de 15 ans est substitué à celui
de 12; et la loi Ripuaire est bien plus formelle que la loi Salique pour trancher la question, car elle ajoute que cet âge
atteint, l'enfant : *aut ipse respondeat, aut defensorem eligat.*
On est donc conduit avec M. Pardessus (L. saliq., 3ᵉ dissert.,
p. 452), à admettre que la majorité était fixée à 12 ans chez
les Francs, à 15 chez les Ripuaires, et même chez les Bourguignons (lex burg., tit LXXXVIII). La même règle de majorité
était observée pour les hommes et les femmes; il est impossible d'en douter d'après la généralité des termes du tit. XXVI
de la loi saliq. et du capit. de 819, où on lit : *puer infans*, expressions qui comprennent les deux sexes, surtout d'après le
titre LXXXI de la loi Ripuaire qui, après avoir employé dans
sa rédaction le mot : *filius*, est terminé par les mots: *similiter
et filia* (M. Pardessus, loc. citat).

proches parents paternels, et, à leur défaut, sous celui du roi. Quand elle se mariait elle passait sous celui de son mari qui, pour acquérir ce *mundium*, devait l'acheter de ceux qui l'exerçaient (1). Mais, bien que les femmes fussent soumises uniformément au *mundium*, quel que fût leur âge, l'arrivée de l'*œtas perfecta* ne laissait pas que d'avoir au moins une influence sur l'étendue de ce *mundium*. Ainsi les filles majeures de douze ans suivant la loi Salique, de quinze ans selon la loi Ripuaire, pouvaient, avec l'autorisation du magistrat, se marier sans le consentement de leurs *manbours;* au dessous de cet âge, cette faculté leur était refusée (2). Ainsi encore, quand une in-

(1) (*Vetus lex Saxonum*, édition Du Tillet, art. 36.)—D'ailleurs cet achat, sérieux peut être dans l'origine, ne tarda pas à devenir uniquement symbolique. Le prix fut fixé à un sou et un denier (Frédégaire, cap. xviii; — Formul. Lindenbr., lxx, *libellus dotis*). Les Germains voyaient avec défaveur les seconds mariages (et cette défaveur a passé dans notre Code); aussi le nouvel époux d'une veuve, qui convolait en secondes noces, était-il obligé de payer le *mundium* le triple de sa valeur ordinaire, trois sous et un denier (l. Saliq. au titre *de Reipus.*). Voy. M. Laferrière, *Hist. du droit*, t. iii, p. 183.

(2) Nous en trouvons la preuve dans la ixᵉ des formules Lombardes d'après la loi Salique, publiées par Canciani, t. ii, p. 467: on y voit une fille majeure dont le tuteur refusait d'autoriser le mariage, s'adresser au magistrat qui, après avoir vérifié le fait, lui donne l'autorisation de se marier.

jure leur était faite, l'amende qui en est la réparation appartenait à leurs *manbours*, si elles étaient mineures ; elle leur était au contraire attribuée si elles étaient majeures (1).

Telle est, à grands traits, en ce qui touche les enfants, la physionomie spéciale du *mundium* germain. Passant maintenant à l'autorité paternelle qui, en Germanie, s'inspire des mêmes idées généreuses, nous examinerons d'abord ce qu'elle a été chez les Germains et dans les coutumes Franques, sous les deux premières races de nos rois. Puis nous l'étudierons à la fois dans les deux législations parallèlement existantes des pays coutumiers et des pays de droit écrit, et, après un appendice consacré à la garde noble et bourgeoise, institution dont l'origine est toute féodale, mais à laquelle les législateurs du Code actuel ont emprunté plusieurs dispositions de notre usufruit légal, nous terminerons cet historique par un tableau rapide des changements apportés à la puissance paternelle depuis 1789 jusqu'au moment de la rédaction des principes qui nous régissent aujourd'hui.

---

(1) Le ch. 21 du 1er capitul. de 819, suppose en effet qu'on a donné par violence le voile à une jeune fille, et décide que la composition est due à celui sous le mundium duquel elle se trouve, si elle est mineure, mais qu'elle doit au contraire être payée à la jeune fille elle-même, si elle est majeure.

CHAPITRE Ier.

DE LA PUISSANCE PATERNELLE CHEZ LES GERMAINS ET SOUS LES DEUX PREMIÈRES RACES DES ROIS FRANCS.

La puissance paternelle des Germains a été souvent confondue avec le *mundium* sur les enfants, dont nous venons de parler, et désignée sous la même qualification.

Deux motifs ont amené cette confusion : d'abord les principes sur lesquels repose l'autorité paternelle en Germanie sont les mêmes que ceux qui ont donné naissance au *mundium*; et de plus ces deux pouvoirs, l'un et l'autre également tutélaires, se trouvent ordinairement réunis dans les mêmes mains, celles du père. Il existe cependant entre les deux institutions une différence fondamentale. Le *mundium* est, en effet, comme nous l'avons dit, un droit exclusivement viril, tandis que la puissance paternelle appartient, comme nous allons le voir, aux auteurs des jours de l'enfant sans distinction de sexe.

§ 1. *A quelles personnes les lois Germaines accordent la puissance paternelle.*

La puissance paternelle n'était pas commo

à Rome exclusivement dévolue au père. La
mère y prenait part concurremment avec son
mari, même pendant la durée du mariage.
Ainsi les lois Germaines, dès l'époque la plus
reculée, exigeaient pour le mariage des enfants
le consentement de la mère aussi bien que
celui du père. Tacite constate, dans sa monographie sur les Germains, cette obligation en
ces termes : *dotem non uxor marito, sed uxori
maritus offert. Intersunt parentes (non ut apud
Romanos soli patres) et munera probant* (1).
Des témoignages plus récents viennent se joindre à l'autorité de Tacite pour attester la participation de la mère à l'autorité paternelle;
c'est ce que décide formellement la loi des
Visigoths : *patre mortuo, utriusque sexus filio-
rum conjunctio in matris potestate consistat, et
quod si, marito superstite, uxor forsitan morie-
tur, filii qui sunt de eodem matrimoni procreati,
in patris potestate consistant* (2). La loi des
Bourguignons reproduit la même décision : *si
mater nubere, electa castitate distulerit, filii cum
omni facultate in ejus solatio et potestate consis-*

____

(1) Tacit., de morib. German.

(2) Lex Visigoth., l. iii, tit. 2, § 13. On le voit, cette loi LIII
place le père et la mère *identiquement* sur la même ligne,
quant à la puissance paternelle.

tant (1). Enfin la loi des Saxons (2), celle des Boiens (3), et la loi Salique (4) elle-même, consacrent le même principe.

Il faut donc reconnaître entre le droit Romain et le droit Germain une première différence sur le point qui nous occupe. La puissance paternelle qui, à Rome, n'appartient jamais à la mère, lui est commune avec le père en Germanie. Mais nous devons signaler une autre différence : à Rome, la puissance paternelle peut s'étendre sur le père lui-même et sur les enfants, et résider aux mains de l'aïeul; il n'en est pas ainsi en Germanie, ou le père seul, à l'exclusion de l'aïeul, est investi de la puissance paternelle sur ses propres enfants.

§ 2. *Causes d'acquisition de la puissance paternelle.*

Nous avons reconnu en droit romain trois modes d'acquérir la puissance paternelle, le mariage, la légitimation et l'adoption. Ces trois modes se retrouvent-ils en Germanie?

---

(1) Lex Burgund., titre LIX.
(2) Lex Saxon., titre VI.
(3) Lex Boioarica, ch. III, p. 14.
(4) Lex Salica, LXX, § 1.

I. *Du mariage.* — Le mariage d'abord y était, comme à Rome et chez tous les peuples, un mode d'acquisition de la puissance paternelle sur les enfants à naître de ce mariage. Mais les mœurs Germaines, à cet égard, nous apparaissent, sous la plume de l'historien immortel, qui en traçait l'éloquente peinture, bien différentes de celles qui régnaient à Rome dégénérée; « *Severa illic matrimonia,* nous dit Tacite en parlant de la Germanie, *nec ullam morum partem magis laudaveris;* tandis que la loi Romaine reconnaissait, nous l'avons dit, deux sortes d'unions également licites, le concubinat et les justes noces, les Germains pratiquaient la monogamie dans toute sa pureté : *a nulla re quam polygamia abhorrebant.* Dans certaines tribus même, cette répugnance instinctive était poussée jusqu'aux dernières limites, et s'étendait à ce qu'Heineccius appelle la polygamie *successive,* c'est-à-dire, aux seconds mariages qui étaient absolument interdits, comme Tacite nous l'apprend en ces termes : melius quidem eæ civitates, in quibus *tantum virgines nubunt,* et cum spe votoque uxoris *semel transigitur* (1); belle pensée

____

(1) Tacite, il est vrai, ne nomme pas dans ce passage les *civitates* auxquelles il s'applique, mais les Hérules en faisaient

d'unité dans l'union conjugale, que l'historien caractérise par ces énergiques paroles :
*sic unum accipiunt maritum, quo modo unum
corpus, unamque vitam.* Si les Francs ne se montrèrent pas aussi rigoureux à l'égard des seconds mariages, du moins nous trouvons encore
dans la loi Salique des traces de la répugnance
avec laquelle ils les toléraient (2).

Toutefois, ces principes austères recevaient
une exception, dès le temps de Tacite, en
faveur des chefs de la tribu : *singulis uxoribus
contenti sunt, exceptis paucissimis qui non libi-
dine sed ob nobilitatem plurimis nuptiis ambiun-
tur.* Ce droit d'avoir plusieurs épouses à la fois,
fut exercé en diverses occasions par les rois
Francs des deux premières races (3).

Trois conditions à Rome étaient indispensa-

---

certainement partie, car Procope (Bell. goth., lib. II) rapporte que leurs épouses, à la mort de leurs maris, se pen-
daient près du lieu de leur sépulture, à moins qu'elle ne
préférassent vivre entourées de la haine et du mépris général. La même coutume, sauf le genre de mort, subsiste encore de nos jours chez les Hindous.

(2) Loi Salique, au titre *de reipus.*

(3) Notamment par Charibert, l'aîné des fils de Clothaire,
qui eut à la fois pour épouses Ingoberge, Merosiède et Théu-
dechilde (Grég. de Tours, liv. II, ch. 26, p. 215).

bles pour qu'il y eût justes noces : 1° la puberté; 2° le consentement des parents sous la puissance desquels l'enfant se trouvait; 3° le *jus connubii*.

A l'égard de la première de ces conditions, la puberté, Tacite nous apprend que chez les Germains les mariages étaient tardifs, et qu'ils n'avaient pas lieu ordinairement avant l'âge de vingt ans. Il n'y avait donc pas d'âge fixe au-dessous duquel on ne pouvait se marier, et cette indétermination n'offrait aucun inconvénient, d'une part à raison de l'âge peu avancé auquel la majorité était acquise, et d'autre part, à raison de l'habitude des mariages tardifs que nous venons de signaler.

Le consentement des parents est en Germanie, comme à Rome, une condition exigée pour le mariage; mais l'organisation différente de la puissance paternelle amène sur ce point des divergences; ainsi, en Germanie, on a besoin du consentement de la mère comme du père; celui de l'aïeul n'est jamais nécessaire, à moins qu'il ne s'agisse du mariage d'une fille dont il aurait le *mundium* (voir p. 115). Les filles ont, en effet, de plus besoin du consentement de leurs *manbours*, avec la distinction toutefois que nous avons établie plus haut entre les filles qui avaient atteint et celles qui n'avaient pas atteint l'*œtas perfecta*.

Nous trouvons chez les Germains quelque chose d'analogue au *jus connubii* des Romains. Les Germains voulaient en effet que les mariages ne fussent contractés qu'entre personnes de la même condition sociale, et cette règle était devenue, comme le rapporte Adam de Brême, d'après Eginhard, une disposition expresse de la loi des Saxons : *Legibus apud eos firmatum esse, ut nulla pars in computandis conjugiis propriæ sortis terminos transferret, sed nobilis nobilem duceret uxorem et liber liberam, libertus conjungeretur libertæ, et servus ancillæ; si vero quisquam eorum sibi non congruentem, et genere præstantiorem duxisset uxorem, cum vitæ suæ damno componeret* (1). La loi Lombarde (2) et la loi Bourguignonne (3) prononçaient la même peine contre les coupables. Quant aux Francs, la loi Salique et les Capitulaires s'accordent à prouver qu'ils avaient la même répugnance pour les mariages entre personnes de rangs inégaux, et surtout pour ceux contractés avec des personnes de condi-

---

(1) Adam Brem., Hist. ecclés., lib. ɪ, cap. 8.

(2) Lex Longobard., lib. ɪɪ, tit. 9, § 2 et s.

(3) Lex Burg., tit. 28, § 2, 3. Si ingenua puella voluntarie se servo conjunxerit, *utrumque jubemus occidi;* quod si parentes puellæ parentem suam punire fortasse noluerint, puella libertate careat, et in servitutem regiam redigatur.

dition servile (1). Mais, de même qu'il y avait à l'égard des rois dérogation à la loi qui proscrivait autrefois les seconds mariages, de même il y avait également à leur profit dérogation à cette dernière règle (2).

Sous un autre rapport, le *jus connubii* était, selon toutes probabilités, inconnu aux Germains, même à l'époque de la rédaction de la loi salique ; nous voulons parler de ce qui concerne les prohibitions de mariage entre proches parents ; elles furent la conséquence de l'adoption de la religion chrétienne (3).

(1) Une personne libre ne peut épouser un esclave sans le devenir (L. salic., emendata, tit. 14, § 2 ; — Capitul. Ludov., anno 819, cap. 2.)

(2) Grégoire de Tours en cite à cette occasion deux exemples : celui de Gontran qui épousa une servante, fille d'un certain Lanarius, nommée Mérostède, et celui de Charibert, qui épousa Marcovèse, la propre sœur de cette même Mérostède.

(3) Le titre 19 de la loi salique est terminé, il est vrai, par une disposition qui énumère ces prohibitions, mais M. Pardessus n'y voit qu'une interpolation. Si, en effet, elles eussent été insérées dans la loi Salique dès sa rédaction première, il n'eût pas été nécessaire qu'un édit, attribué par les savants à Childebert II, en 596, eût été rendu pour les consacrer. De plus, le concile d'Orléans (511), d'Auvergne (525), d'Orléans, en 538 et 541, de Tours, en 567, n'auraient pas seulement prononcé des peines canoniques contre les coupables et auraient invoqué les dispositions de la loi civile, si elles eussent déjà existé.

II. *De la légitimation.* Ce second mode d'acquérir la puissance paternelle à Rome existe aussi chez les Germains.

Selon Heneccius, ce furent les Francs qui les premiers reçurent des Romains la légitimation par mariage subséquent, et l'appliquèrent exclusivement aux enfants naturels. Les autres peuples Germains, au contraire, à l'exception toutefois des Saxons (1), se conformaient aux principes du droit canonique, et légitimaient ainsi même les enfants adultérins et incestueux (2).

La légitimation par oblation à la curie, qui était propre au système administratif des Romains, dut être et fut effectivement inconnue aux Germains. Quant à celle par rescrit du prince, c'est-à-dire par l'intervention de l'autorité souveraine, elle dut se présenter quelquefois. Mais un mode de légitimation parti-

----

(1) Jus prov. Saxon., lib. i, cap. 37.

(2) Heineccius (Antiq. Germanicæ, lib. ii, cap. 17, p. 386). « Illud notatu dignum, consuetudinem obtinuisse apud veteres, ut pueri per matrimonium legitimandi, sub matris ἱερολογίᾳ percepturæ pallio, laterent, atque transacto hoc sacro ritu, inde *liberi ex pallio* dicti sunt. — Char. du Fresne (Gloss., lat. voce : pallio cooperire), cite des cas où la même cérémonie était observée à l'égard des enfants naturels.

culier aux Francs, après leur établissement
en Gaule, et signalé par Heineccius, est le suivant : Le père fait un écrit dans lequel il dis-
pose en faveur de son enfant naturel de partie
de ses biens, ou de toute sa fortune, et lui confère
le titre d'enfant légitime, puis il donne mandat
à un de ses amis d'avoir à se présenter devant
le défenseur de la cité pour obtenir l'insi-
nuation de cet écrit *ad acta municipalia*. Ce
mode de légitimation, fréquemment mis en
usage sous les rois Mérovingiens, n'est, en réalité, comme le remarque le même jurisconsulte
Heineccius, ni Germain, ni Romain, il tient à la
fois des deux législations, sans appartenir à
proprement parler à aucune.

III. *De l'adoption.* — L'adoption, avec les
effets que la loi romaine y attachait et notamment l'acquisition du droit de puissance paternelle, était inconnue des Germains. Le
silence de César et de Tacite à cet égard
ne nous permet pas d'en douter. D'ailleurs,
les motifs qui avaient donné naissance à
Rome, à l'adoption, et l'y rendaient fréquente,
ne se rencontrent pas en Germanie. A Rome,
l'obligation sacrée de perpétuer les *sacra do-
mestica*, le désir d'arriver aux honneurs plé-
béiens, dont les patriciens étaient impitoyable-

ment exclus (1), les récompenses accordées au citoyen père d'un grand nombre d'enfants, récompenses que Aulu-Gelle nomme des prix de πτλυπαιδιας (2), les avantages enfin si étendus que conférait la puissance paternelle, entretenaient l'adoption en honneur. Aucune de ces considérations ne pouvait s'appliquer en Germanie. Nous y rencontrons, il est vrai, des formes variées portant le nom d'adoption, mais il n'en est point qui mérite véritablement ce nom dans le sens romain. Ni l'*adoptio per arma* qui n'était au fond, comme le dit Heineccius, que le : *ritus vetustissimus juvenes gladio accingendi* (3), ni l'*adoptio per hastam*, comme celle de Gontran à l'égard de Childebert, qui doit être regardée comme équivalent à une donation à cause de mort (4); ni l'*adoptio per barbam et capillum* (5), ni l'*adoptio per*

---

(1) Cic., oratio pro domo, cap. 13.

(2) Aulu-Gelle, noct. Attic., liv. v, cap. 19.

(3) Elle fut pratiquée par Justinien à l'égard d'Athalaric (Cassiod, iv, cap. 11) et par Théodoric envers le roi des Hérules.

(4) Gontran, remettant à Childebert une *hasta*, symbole du pouvoir suprême, lui dit ces paroles : Hoc est indicium quod omne regnum meum tibi tradidi (Grég. Turron., lib. vii, cap. 73).

(5) Nous ne trouvons dans l'histoire aucun exemple de

baptismum (2), ni enfin l'adoption Franque *ob alimenta percipienda a filio* (3); ne sauraient constituer de véritables adoptions. Elles étaient, en
effet, plus ou moins dénuées des effets que la
loi romaine faisait produire à l'adoption, et
pour nous borner au point qui nous occupe, ne
donnaient pas naissance au droit de puissance
paternelle.

§ III. *Effets de la puissance paternelle.*

La puissance paternelle des Germains était
régie par les mêmes principes qui régissent le
mundium dont nous avons déjà parlé. Elle était
conçue dans l'intérêt de l'enfant, qu'elle devait

---

l'adoptio per barbam, mais Dietherrus (ad Besold. Thesaur.)
en fait mention. Quant à *l'adoptio per capillum*, le diacre
Paul (lib. vi, cap. 43) cite celle de Pépin par Luitprand :
Circa hæc tempora Carolus Martellus, princeps Francorum,
Pipinum suum filium ad Luitprandum direxit ut ejus juxta
morem capillum susciperet. qui ejus cæsariem incidens, ejus
pater effectus est.

(2) Car. du Fresne. gloss. lat., p. 66.

(3) Formule de Marculf, lib. ii, cap. 13... Consuevisse, eos
qui vel ob ætatem provectam, vel ob rem angustam, domi
seipsi exhibere haud poterant, aliis sua bona ea lege tradere,
ut illi alimenta ipsis præstarent, et, tanquàm filii, eorum
egestati subvenirent.

nourrir, élever et protéger. Le pouvoir paternel était quelque chose d'analogue à celui qui appartient aux tuteurs sur les pupilles confiés à leurs soins.

§ 4. *Effets sur la personne des enfants.*

La puissance paternelle des Romains était absolue, et portée jusqu'aux extrémités les plus violentes ; elle permettait au père de mettre à mort, d'exposer et de vendre son enfant. Les lois Germaines qui se rapprochaient en principe des règles rationnelles que nous avons exposées sur la puissance paternelle, n'avaient pu, en ce qui concerne ses effets sur la personne des enfants, échapper à l'influence fatale des temps de ténèbres et de barbarie dont elles étaient contemporaines.

Toutefois, le droit de vie et de mort sur la personne des enfants est trop opposé aux idées germaines pour qu'il ait été probablement jamais appliqué. Les témoignages de Tacite et de César nous confirment dans cette opinion (1).

---

(1) « Numerum liberorum finire, aut quemquam a gnatis necare flagitium habetur, » nous dit Tacite dans sa Monographie ; et César, qui a soin de nous apprendre que les Gaulois avaient sur leurs enfants *necis vitæque potestatem*, semble,

Mais, en est-il de même du droit de vente ? Selon Thomas (1), les Germains n'en auraient jamais fait usage; mais Heineccius, tout enthousiaste qu'il soit en général de la supériorité des Germains, ne partage pas cette opinion. Tacite constate, en effet, dans ses Annales (2), au sujet des Frisons, l'exercice de ce droit, au moins dans les graves nécessités, et sous l'oppression d'une profonde misère. Le chap. IV, livre VI, de la compilation des Capitulaires, atteste le même fait (3). Et les preuves même n'en sont pas rares dans les historiens; ainsi le père Labbe, auteur de la vie de Saint-Junien, nous apprend qu'une mère veuve même pouvait vendre son enfant (4). L'introduction du christianisme vint d'ailleurs modifier ce régime barbare.

Quant au droit d'exposition, l'histoire ne nous en offre nommément aucunes traces, mais

---

par son silence à l'égard des Germains sur ce point, nous indiquer que ce pouvoir inhumain n'existait pas chez eux.

(1) Dig., de usu pract. doctrinæ, Inst., cap. 2, § 8.

(2) (Annal., lib. IV, cap. 72)..., eos tributis ingentibus exhaustos, primo boves, mox equos, postremo corpora conjugum *ac liberorum* servitio tradidisse.

(3) A Carolo Magno cautum fuit : ut si quis vendidisset filiam suam in famulam, non egrederetur, sicut ancillæ exire consueverint.

(4) Biblioth. manuscript., II, p. 873.

il n'est pas douteux qu'il fût d'une application fréquente sous les rois des deux premières races. Il en est parlé, en effet, dans les Capitulaires (Capitul., anni 744, cap. 1; Capitul., lib. vi, cap. 144), et dans un synode auquel Boniface assista, il fut décidé que celui qui avait exposé l'enfant pourrait le réclamer pendant dix jours, mais qu'au bout de ce délai, la personne qui l'avait recueillie, *le collector*, serait à l'abri de toutes réclamations postérieures.

§ 5. *Pouvoir du père sur les biens des enfants.*

La législation romaine se résumait à ce sujet dans la maxime suivante : *quidquid adquirit filius, non sibi sed patri adquirit.* La maxime germaine est littéralement le contrepied de celle-ci. Ainsi, tout ce qui est acquis par le fils ou à cause de lui lui appartient, et dès lors le principe romain n'étant pas applicable, les exceptions qu'on y avait introduites pour divers motifs, les pécules *castrense, quasi castrense, adventice* ne sauraient être non plus susceptibles d'application. Seulement le père avait sur les biens de l'enfant jusqu'à l'*œtas perfecta*, une administration et une jouissance à peu près analogues à l'usufruit que lui attribue aujourd'hui notre loi civile. Voici en effet ce qu'on lit au titre VIII des *capita extravagantia*. On y prévoit

qu'un homme veuf qui a des enfants se remarie. Sa première femme avait laissé des biens
ou que ses parents lui avaient donné, comme
il est dit dans les titres VII et XIV de ces mêmes
capita extravagantia, ou dont elle avait hérité;
de plus, elle avait laissé la dot constituée par
son mari à son profit qui, ainsi que l'atteste la
formule IX du livre II de Marculf, passait à titre
de succession à ses enfants. Cette hypothèse
étant donnée, on décide dans ce cas que le
père, quoique remarié, aura la jouissance de
ces biens. *Si tamen filii parvuli sunt, usque
ad perfe...am ætatem, res anterioris uxoris vel
dotis causa liceat patri judicare (C. a d. disponere*, d'après Du Cange), *sic vero de his ne
tradere nec donare præsumat*. Il est évident que
cette décision, concernant ici l'homme veuf
qui se remarie, doit, à plus forte raison, de-
meurer vraie à l'égard de celui qui est veuf
sans être remarié, ou de celui qui est encore
marié avec la mère de l'enfant (1).

Cette attribution au père de l'usufruit des
biens des enfants ne provenait pas d'une distinction bien tranchée entre l'usufruit et la nue
propriété. Une pareille distinction, si bien établie dans notre droit moderne, était ignorée

____

(1) M. Pardessus, Loi saliq., p. 487, dissertation 3e.

des Germains qui ne connaissaient que la propriété. Aussi la jouissance dont nous parlons n'était à leurs.yeux qu'une conséquence forcée de l'administration du père au lieu et place de l'enfant, et cessait tout naturellement avec cette administration; c'était pendant l'incapacité momentanée de l'enfant propriétaire, l'exercice du droit de propriété par le père, sauf certaines limites, certaines restrictions, notamment la défense de vendre ou de donner apposée dans l'intérêt de l'enfant.

Le père venant à mourir, entre les mains de qui passait l'administration des biens de l'enfant? La loi salique est muette à cet égard. La *lex Burgundionum* (1) accordait à la mère veuve, mais *non remariée*, la tutelle de ses enfants mineurs et la jouissance de leurs biens. A la mort de la mère, la jouissance prenait fin, et il y avait lieu à une tutelle exercée par les plus proches parents paternels. La loi saxonne se prononce dans le même sens (2).

§ 6. — *Causes d'extinction de la puissance paternelle.*

Les causes d'extinction de la puissance pa-

---

(1) Titres 85 et 89, lex Burgund.
(2) Jus pr. sax., lib. i, art. 23.

ternelle sont différentes en Germanie de celles reconnues à Rome.

La mort, en premier lieu, y met fin, comme à Rome et partout, à la puissance paternelle ; mais tandis qu'à Rome la mort du père suffit, si toutefois il est *sui juris*, la mort de la mère est aussi nécessaire en Germanie pour produire cette libération (1).

La *maxima* et la *media capitis deminutiones* entraînaient à Rome la perte de la puissance paternelle. Il n'en est pas de même en Germanie, où les esclaves et les proscrits ne sont pas, à raison de ce titre, dépouillés de leur qualité de père.

Certaines dignités libéraient l'enfant à Rome ; elles n'ont jamais eu cet effet en Germanie (2), à moins qu'il n'y ait eu en même temps ce

---

(1) Lib. iv, tit. 12, § 13. Hinc lege Wisigothica cavetur : ut patre mortuo filii in matris potestate subsistant; et lege Burgund., tit. 40, nepos amisso patre cum omni facultate non in avi sed in *matris* est solatio et *potestate*. Apud Francos idem mos observatur (Fredeg., chron., cap. 10 et 37 ; — Heineccius, Antiq. german., lib. ii, cap. 18, § 2).

(2) Quelques auteurs, et notamment Hertius (Notit. vet. german. populi, part. 1, cap. 3, § 3), ont considéré le *solemnis ritus juvenes armis accingendi*, comme un mode de libération. Selon Heineccius, cette opinion n'est pas fondée, car Tacite compare cette cérémonie à la *sumptio togæ virilis* des Romains, qui n'émancipait pas l'enfant du pouvoir paternel. (Heinecc., loc. cit., § 5.)

que les auteurs appellent : *separata œconomia*.
A l'inverse, le mariage, cette même condition
de *separata œconomia* remplie, faisait cesser
la puissance paternelle des Germains; tandis
qu'à Rome, dans tous les cas, il la laissait subsister. La *separatio œconomiæ* dont il s'agit
avait lieu de deux manières : soit par l'arrivée de
l'âge auquel les enfants pouvaient se suffire à eux
mêmes, et ne plus avoir besoin de recevoir de
leurs parents la nourriture et le vêtement, soit
par l'assignation que faisait le père aux enfants
qui n'avaient pas encore cet âge de quelques-
uns de ses biens. Ces partages étaient très-fré-
quents. La *lex Burgundionum* (1) en fait mention.
La *lex Ripuaria* (2) contient à cet égard une
curieuse disposition : *ut super duodecim soli-
dos cui plusquam altero condonare vel scribere
nefas haberetur.* Un grand nombre de formules attestent la même coutume, mais sans
reproduire la disposition d'équitable égalité
particulière à la loi ripuaire (3).

Ces deux modes de *separatio* constituent
ce qui sera plus tard l'émancipation *taisible*
des pays coutumiers. Mais trouvons-nous chez
les Germains un mode solennel d'émancipa-

____

(1) Lex Burgund., tit. 1, § 2.
(2) Lex Ripuar., tit. 59, § 0.
(3) Marculf., Formul., lib. 2, cap. 11; — Formul. Sir-
mond., cap. 21; — Andegav., cap. 36.

tion? Aucunes traces n'en apparaissent dans les vieux monuments juridiques (1).

Tel est l'ensemble de la législation germaine et plus particulièrement des coutumes franques sur la puissance paternelle, autant du moins que la distance qui nous en sépare, et l'absence de documents précis, suivis et authentiques, nous permettent de l'apprécier. Ces principes nouveaux, importés par les Francs, ne devinrent pas dès le succès de l'invasion la loi des vaincus. Pour affermir leur conquête encore incertaine et ôter tous motifs de haine et de révolte, les Francs eurent la sagesse de permettre à chacun de vivre suivant sa loi d'origine. Ils en ont fait la déclaration solennelle; il faut juger les Romains suivant la loi romaine, dit Gondebaud dans le préambule de la *lex Burgundionum* (1). Clothaire, roi des Francs, ordonne la même

---

(1) Il y avait toutefois, chez les Germains, un mode solennel de sortir complétement de la famille dont on faisait partie, mais ce mode n'a aucun rapport, à raison de ses effets, avec l'émancipation. La loi salique (titre 58) le décrit en ces termes: « si quis de parentela se tollere voluerit, in mallo ante tunginum aut centenarium ambulet, et ibi quatuor fustes alninos super caput suum frangat, et illas quatuor partes in mallo jactare debet, et ibi dicere ut et de *juramento*, et de hereditate ex tota illorum ratione se tollat. » Tous liens de parenté avec la famille entière étaient alors dissous à jamais.

(2) Voy. Lindenbrog, p. 207.

chose (1). La promiscuité des législations a donc été non-seulement un fait, mais un droit. Pendant cette première période, les familles franques et les familles gallo-romaines, plus ou moins confondues sur tout le territoire restèrent fidèles sur le point qui nous occupe, les unes à la puissance germanique, les autres à la puissance paternelle romaine, dont nous avons exposé les règles. Mais vers le ixe siècle, une fois que les Francs se furent incorporés aux peuples conquis, le droit, de personnel qu'il était, devint territorial, et alors, commença à se dessiner la ligne de démarcation, assez mal tranchée d'ailleurs, qui partagea la France en pays coutumiers et en pays de droit écrit. Au midi de la Gaule, les Francs ne s'étaient établis qu'en petit nombre, et l'occupation romaine, moins tardive et plus complète, avait laissé des traces profondes et des germes indélébiles; au nord, au contraire, l'élément germanique était beaucoup plus considérable, et sans cesse entretenu par des migrations nouvelles. De là vint que les provinces du midi, sous le nom de pays de droit écrit, conservèrent l'organisation Justinienne, modifiée par des usages locaux, tandis que dans les provinces du nord,

---

(1) Baluze, capitul., tit. 2.

sous la désignation de pays de droit coutumier, les coutumes franques prévalurent, sans toutefois rester entièrement pures de tous éléments étrangers. Pendant cette seconde période, la puissance paternelle, partageant le sort commun de toutes nos institutions, fut généralement régie d'une part dans les pays de droit écrit par les principes du droit romain, d'autre part, dans les pays de droit coutumier, par les usages de la Germanie. Nous examinerons successivement les règles qui lui sont applicables dans l'une et l'autre de ces deux législations.

Mais avant cet examen, se présente une question pour ainsi dire préjudicielle, que nous devons préalablement résoudre. Dumoulin, sur la coutume de Paris, § 25, n° 13, Loysel et leurs copistes, soutiennent que : *dans les pays de coutume, puissance paternelle n'a lieu,* et ce brocard était même devenu une disposition expresse de la coutume de Senlis, art. 221. Faut-il en conclure qu'effectivement dans les pays de coutume il n'y ait pas de puissance paternelle.

Il semble difficile d'admettre pareille conclusion. D'abord Merlin (1) cite jusqu'à 53 coutumes, notamment celles de Berry (2), de Poi-

_____

(1) Répert. V° puissance paternelle, ecct. 1.
(2) Cout. do Berry, tit. 1, art. 180, 7 et 8.

tou (1), d'Orléans (2), et de Normandie (3), qui font formellement mention de l'autorité paternelle. Quant aux coutumes d'Auvergne et de Bourgogne, non comprises dans l'énumération de Merlin, doivent-elles être mises sur la même ligne? Prohet (4) soutient la négative par rapport à la première; mais, comme le fait remarquer le président Bouhier, il contredit évidemment l'esprit et la lettre de la loi qu'il commente (5). Pour le duché de Bourgogne, il s'est écoulé un long espace de temps sans qu'on doutât que la puissance paternelle y eût lieu, ce que le président Bouhier prouve par les commentaires de Chasseneux (6), de Bouvot, de Villers, de Dépringles, et les Institutes coutumières de Durand (7). Il établit clairement, du reste, que la coutume de Bourgogne

----

(1) Cout. de Poitou, tit. 9.

(2) Cout. d'Orléans, art. 180 et 185.

(3) Cout. de Normandie, art. 421.

(4) Prohet, tit. 2, art. 7, et tit. 14, art 41.

(5) En effet, l'art. 14 de cette loi distingue les enfants en *émancipés ou non;* or privatio præsupponit habitum; et l'article 49 assure au père le plus grand fruit de cette puissance : *Le père*, dit-il, *est fructuaire des biens maternels et adventifs de son enfant, et dure ledit usufruit nonobstant que l'enfant trépasse, le père vivant.*

(6) Chasseneux, tit. 6, art. 3, pr.

(7) Inst. de Durand, liv. 1.

reconnaît la puissance paternelle (1), et lui attribue presque tous les effets que lui accordait le dernier état du droit romain (2). Mais il faut aller plus loin et dire avec le président Bouhier que Dumoulin, Loysel et leurs copistes se sont trompés en avançant que dans la coutume de Paris et dans les autres coutumes qui ne parlent pas de la puissance paternelle, cette puissance n'existait pas. Elle y souffrait seulement un certain nombre de restrictions qui diminuent son étendue, comme le prouve notamment la décision 248 de Jean Desmares : « Quand un parent fait une donation à aucun étant en puissance, le père du donataire n'y a ni propriété *ni usufruit*, » ce qui suppose clairement que la puissance paternelle était reconnue à Paris, et qu'en règle générale, elle y donnait au père l'usufruit sur les biens de ses enfants. Ce sont sans doute ces restrictions qui ont fait dire à Dumoulin et à Loysel qu'elle n'y existait pas, et, dès lors, cette maxime : *dans les pays de coutume, droit de puissance pater-*

____

(1) Art. 82, cou'. de Bourges : « Le fils ou la fille étant hors d'âge de pupillarité, tenant feu et lieu à son chef ou séparément de son père, est réputé *émancipé* de sondit père. » Or, privatio præsupponit habitum.

(2) Notamment le droit absolu du père sur le pécule profectice, son usufruit sur les biens adventifs de ses enfants, le droit de substitution pupillaire, etc.

nelle n'a lieu, doit être entendue, pour être vraie, en ce sens que la puissance des Romains et ses conséquences égoïstes n'étaient pas acceptées dans les pays de droit coutumier qui se conformaient aux règles plus généreuses du *mundium* germanique.

CHAPITRE II.

DE LA PUISSANCE PATERNELLE DANS LES PAYS DE DROIT ÉCRIT ET DANS LES PAYS COUTUMIERS.

§ 1er. — *A qui appartient la puissance paternelle?*

Dans les pays de droit écrit, la puissance paternelle continua, comme en droit romain, d'être attribuée exclusivement au père; elle s'étendait non-seulement sur les descendants au premier degré, mais dans les parlements où le mariage n'émancipait pas, notamment à Toulouse, en Dauphiné, en Provence (1), comme nous le verrons plus tard, sur tous les descendants pas mâles. Le fils de famille qui n'était pas émancipé, n'avait ainsi, pendant la vie de son père, aucune autorité sur ses propres enfants. Lors même qu'un fils était émancipé, il n'acquérait point la puissance sur ceux de ses enfants dont la naissance était anté-

______

(1) Voy. causes d'extinction de la puiss. patern. infr., p. 188.

rieure à son émancipation, et qui, restant soumis à leur aïeul, devenaient pères de famille, lorsque cet aïeul mourait ou les émancipait.

Dans les pays de coutume, la puissance paternelle, suivant les traditions germaines, était commune au père et à la mère. Cette attribution ainsi réglée est d'ailleurs conforme au vœu de la nature ; « nous honorons et respectons également dans notre père comme dans notre mère, » nous dit Catellan (1), « l'image et l'ordre de Dieu, et s'il m'est permis de détourner en ce sens le sens profane d'un poète : *Deus est in utroque parentum.* » Lecamus (2), d'Honlouve et Voët (3) constatent cette participation au pouvoir paternel accordée à la mère. Elle ressort d'ailleurs clairement d'un passage de la vie de saint Junien, publiée par le père Labbe, que nous avons déjà cité plus haut (4). Toutefois, la mère n'exerçait le pouvoir paternel qu'à défaut du père. Les coutumes de Mons (5) et de Liége (6) transféraient même au nouvel époux de la mère remariée, ou marâtre, la puissance qu'elle avait sur les enfants du premier lit.

(1) Catellan, liv. iv, ch. 8.

(2) Lecamus, Comment. sur la cout. de Boulonnais, t. 1, p. 42.

(3) Voët, sur le Dig., liv. i, tit. 6, n° 3.

(4) Voy. note 4, p. 130.

(5) Cout. de Mons, ch. 8, 9, 10 et 36.

(6) Liége, ch. 1, art. 7.

La coutume de Valenciennes décidait la même chose. Selon la coutume de Montargis, au contraire, la puissance paternelle entre roturiers n'appartenait point à la mère. La coutume de Bailleul, en Flandre, contenait la même disposition, mais ne la limitait pas aux roturiers. Les lois du Hainaut offrent sur ce point une singularité contradictoire avec les règles de la coutume de Montargis ; elles n'accordent la puissance paternelle qu'aux roturiers et aux nouveaux nobles. On a prétendu, à tort, comme le fait remarquer Merlin, assimiler à cet égard la coutume d'Angoumois aux chartes du Hainaut, et cela d'après un arrêt de 1612 rapporté par Brodeau dans ses notes sur cette coutume (1).

Cette puissance, dans tous les cas, ne s'étend que sur les descendants au premier degré.

§ 2. — *Causes d'acquisition de la puissance paternelle.*

Les causes d'acquisition de la puissance paternelle sont les mêmes en pays coutumiers et en pays de droit écrit.

---

(1) L'erreur adoptée par l'arrêt de 1612, portait sur le texte même de la coutume, art. 120 : « si le fils d'aucun roturier marié demeure en son ménage hors l'hôtel et domicile de son père par an et jour entiers, il est *eo ipso* émancipé et réputé personne usant de ses droits. » Or, comme le dit Merlin, *privatio præsupponit habitum.*

L'adoption, mode d'acquisition inconnu aux pays coutumiers, avait disparu dans les pays de droit écrit, même les plus fidèlement attachés aux idées romaines, des lois comme des mœurs. La puissance paternelle ne s'acquérait donc plus dans les deux législations que par le mariage, et la légitimation par mariage subséquent. Ce dernier mode aurait dû disparaître également, au moins dans le pays de droit écrit, car le concubinat ne différant plus du *stupre*, les enfants naturels étaient descendus au rang des enfants sans père connu, en faveur desquels, en droit romain, la légitimation n'avait point lieu. Cependant la faveur due au mariage faisait admettre que le mariage subséquent légitimait les enfants nés avant la célébration de l'union conjugale, et les plaçait par conséquent sous la puissance paternelle de leurs auteurs. Nous trouvons dans les institutes coutumières de Loysel l'énonciation formelle de ce principe : Enfants nés avant le mariage mis sous le poèle sont légitimés (1).

---

(1) Cette légitimation rendait les enfants qui en étaient l'objet, aptes à succéder à leurs père et mère. Beaumanoir l'atteste, et la maxime suivante du livre de Justice et de Plet cité par Barbazan (Ord. de chevalerie, p. 72), ne laisse aucun doute à cet égard : « Un ot enfant de sa meschine; il la prit a fame. Quand il fut mors, il cosin volaient tolir as enfaus l'e-

Le mariage demeurait toujours la principale source de la puissance paternelle. Il était régi à la fois par les lois canoniques et les lois civiles. L'Église, qui l'avait élevé à la dignité d'un sacrement, avait étendu jusqu'au quatrième degré canonique, huitième degré civil, les empêchements entre parents, et, par crainte du concubinage, décidait que le consentement des père et mère n'était pas nécessaire au mariage des enfants. Mais l'ordonnance de Blois était venue corriger cette erreur et rendre tous leurs droits aux père et mère, défendant aux curés de passer outre s'il ne leur était justifié de ce consentement. Outre le consentement du père, le droit canonique et le droit civil exigèrent de plus, comme formalités indispensables, la publication des bans, la célébration devant l'église et la présence du propre curé.

§ 3. — *Effets de la puissance paternelle.*

1º Effets sur la personne des enfants.

Les effets rigoureux sur la personne des en-

---

ritage au père comme as bastars et l'en defaut qu'il ne le face. Nota-que enfaus sont amoilleré par le mariage fait emprès. »

fants, attachés provisoirement par la loi romaine à la puissance paternelle, s'était singulièrement adoucis à l'époque où nous sommes arrivés et les pays de droit écrit n'offraient que peu de différence à cet égard avec les pays coutumiers, sauf toutefois que dans les premiers, ces droits sur la personne étaient exercés par le père seul, à l'exclusion de la mère. Les pères étaient chargés d'élever et d'instruire leurs enfants, et, comme moyen de poursuivre ce but, n'étaient plus investis que du droit de correction restreint d'ailleurs dans des limites raisonnables. En cas d'abus évident de l'autorité paternelle, l'enfant qui en était victime pouvait porter plainte auprès des tribunaux, qui intervenaient entre l'opprimé et l'oppresseur. Quelquefois aussi, lorsque la faute de l'enfant intéressait la sécurité et la morale sociale, les tribunaux se montraient plus sévères que le père lui-même; et Basset (t. ii, l. 4, section 12), fait mention d'une sentence rendue par un père lui-même contre son fils qu'il avait condamné à vingt ans de galères, sentence qui, sur l'appel *a minima* interjeté par le procureur général au parlement de Grenoble, fut cassée et changée en une condamnation aux galères perpétuelles. De droit commun, le père, du reste, n'avait que la faculté de faire enfermer l'enfant dans une maison de force de sa propre autorité (1), encore fallait-il qu'il ne fût pas remarié. Les père et mère remariés n'avaient que le droit de requérir une ordonnance, à cet effet, du lieutenant civil de la province qu'ils habitaient.

2° Effets de la puissance paternelle sur les biens des enfants.

I. Les effets de la puissance paternelle sur les biens des enfants, dans le pays de droit écrit, sont déterminés par le dernier état du droit romain, dont ils suivent à cet égard scrupuleusement les règles. Nous y trouvons mise en usage la distinction des différents pécules : pécule profectice, *peculium castrense*, *peculium quasi-castrense*, pécule adventice. En principe, le père qui a ses enfants sous sa puissance, jouit pendant toute sa vie de l'usufruit des biens qui leur appartiennent, qu'ils proviennent de la succession de leur mère ou de toute autre circonstance (2). Bretonnier sur Henrys nous signale à cette règle les exceptions suivantes : ce sont celles admises : 1° pour

----

(1) Arrêt du parlement de Provence du 15 octobre 1644, rapporté par Boniface, t. 5, l. v, titre 3, ch. 1.
(2) L. 1, C., de bon. mat., et l. 6, de bon. quæ liber.

les biens du *peculium castrense* et du *pecu-lium quasi-castrense*, c'est-à-dire pour les gains et profits que le fils de famille peut faire dans les emplois, charges et dignités de la guerre, de la robe ou de l'église, pourvu que ce ne soient pas des emplois vils ou peu relevés, tels que ceux des huissiers, sergents, greffiers, etc. (1); 2° pour les biens advenus aux enfants par succession, legs, fidéicommis ou donation, quand le père refuse d'autoriser ses enfants à les accepter (2); 3° le père n'a pas non plus l'usufruit des parts et portions pour lesquelles ses enfants ont succédé à leurs frères et sœurs conjointement avec lui (3); 4° le père chargé de rendre à ses enfants ne jouit pas des fruits quand le testateur l'a ainsi ordonné

(1) (Serrès, Institutions de dr. fr., liv. ii, tit. 9, § exceptis videlicet.) On peut voir à cet égard, dans Merlin, les nombreuses discussions qui s'élevaient sur le plus ou moins d'extension à donner au peculium quasi-castrense (v. Poiss. patern., sect. 1, § 3). Quant aux huissiers, Cujas, sur la loi 2, C., de apparitoribus, leur refuse formellement un peculium quasi-castrense.

(2) L. 8, de bon. quæ liber.

(3) Nov. 118, ch. 2, versi si vero... arrêt du parlement de Grenoble, 5 février 1661 (Basset, t. 2, liv. iv, tit. 10, ch. 5). En sens contraire, un arrêt de notoriété du parlement d'Aix, du 16 juin 1635, mais démenti par un *comparant* formel du 16 juillet même année (La Touloubre, recueil des actes de du parl. d'Aix, p. 20-22.

expressément, et même, quoiqu'il ne l'ait pas fait, s'il paraît que telle ait été sa volonté (1); 5° il n'a pas enfin l'usufruit des biens donnés ou légués à ses enfants, soit par lui-même ou par leurs autres parents, même par des étrangers, à condition que le père n'en aura pas l'usufruit (2). Et Merlin complète cette énumération en ajoutant que l'usufruit paternel ne s'étendra pas non plus; 6° sur les biens donnés par un étranger à une fille pour lui servir de dot; c'est ce qu'a décidé un arrêt de Toulouse, du 10 octobre 1582 (3); et 7° sur les biens que la fille acquiert après le mariage, lorsqu'avec le consentement de son père et en sa présence elle s'est constitué en dot tous ses biens présents et à venir (4).

Le père, usufruitier, doit faire inventaire (5),

- - -

(1) L. 18, ad S.-C. Trebell., et l. 32, Code titul.

(2) Nov. 117, ch. 1. Cette prohibition peut-elle comprendre même l'usufruit de la légitime? Cette question, que nous retrouverons en droit français, par rapport à la réserve, était déjà discutée dans l'ancien droit, ou l'affirmative comptait déjà des partisans, notamment Accurse et Lebrun, malgré le texte bien formel en sens contraire de la Novelle 117.

(3) Arrêt de décembre 1582 rapporté par Maynaud, liv. III, ch. 74.

(4) La Touloubre, loc. cit.

(5) Du moins c'est l'opinion de Pinellus sur la loi 1, C., de bon. matern., part. 2, n° 3, et de Voët, ad Pandectas, lib. VII, tit. 9, n° 7.

mais il est dispensé de donner caution. Toutefois, les lois de Hainaut (1) exigent expressément cette caution ; et si le père n'en trouve pas, il est déchu de son droit d'usufruit.

Le père conserve son usufruit, même après son second mariage (2), et après la mort du fils en puissance (3).

Le père a-t-il quelques droits sur les biens qui adviennent aux enfants après leur émancipation?

La loi 3, C. *de bon. maternis*, lui accorde l'usufruit d'une portion virile, mais est-ce seulement quand aux biens maternels. Accurse le soutient, *sed numquid idem in cæteris adventitiis hodie ? Respondeo non, quia hæc lex ideo hoc admittit quia decessit uxor hujus viri, qui unum corpus erat cum ea et ejus fruebatur bonis ea vivente.* Paul de Castres, Balde et le président Fabre, se rangent à l'opinion de la glose ; mais Cujas et Godefroi accordent au contraire au père l'usufruit d'une portion virile, de quelque côté que procèdent les biens *a matre vel materno genere.* Ils se fondent sur ce que la loi 3 est sous le titre *de bonis maternis et materni*

---

(1) Art. 5, ch. 32, des chartres générales.
(2) L. 4, C., de bon. quæ liber., Nov. 22, ch. 4.
(3) L. 7, § 12, de bon. quæ liber.

generis: or, ces derniers mots comprennent les biens procédant des parents maternels. De plus, la loi donne le même droit à l'aïeul paternel dans les biens de l'aïeule : *habeat igitur avus veniens cum in potestate durantibus usumfructum bonorum quæ ex defunctæ aviæ successione delata sunt.* Bretonnier sur Henrys adopte cette dernière opinion (t. II, liv. 1er, CXXVII *in fine*).

II. Dans les pays de droit coutumier, les effets pécuniaires de la puissance paternelle étaient généralement inconnus (1). C'est ce qui a donné occasion à Pontanus sur l'art. 1er de la coutume de Blois, à Dumoulin sur l'art. 3 de celle de Paris, gl. 2, à Ricard sur l'art. 22 de celle de Senlis, à Coquille dans ses Institutions, de dire que les Français n'ont retenu qu'une faible image de la puissance paternelle, et qu'ils ont retranché du nombre de ses attributs l'usufruit du pecule adventice des enfants. Aussi Ferrière assure-t-il que « dans les coutumes muettes le père ne gagne point les fruits des héritages donnés à son fils ou qui lui appartiennent, de quelque côté que ce soit, si ce n'est en vertu de la garde (2). » Merlin (3) cite un arrêt du parle-

---

(1) Accurse, § 1, de patr. potest.
(2) Ferrière, art. 239 de la cout. de Paris.
(3) Répert., v° usufr. patern., § 1, n° 2.

mont de Paris, de l'an 1528, rapporté par Papon (1) et conforme à cette doctrine. Mais il ne faudrait pas accepter comme vraies à la lettre les paroles de Pontanus, de Dumoulin, de Ricard et de Coquille. La législation des pays coutumiers est loin d'être uniforme sur le point qui nous occupe, elle présente au contraire les divergences les plus contradictoires. La disposition du droit romain à l'égard de l'usufruit de pecule adventice a été en effet adoptée par plusieurs coutumes, entre autres par celles de Reims (2), Vermandois (3), Montargis (4), Châlons (5), Sedan (6), Bourbonnais (7), Poitou (8), Berry (9), Auvergne (10), Bretagne (11). Des coutumes que nous venons de citer, les dernières qualifient, il est vrai, de légitime administration, le pouvoir qu'elles accordent au père sur les biens des enfants; mais ce pouvoir ne lui en confère pas moins

---

(1) Liv. xiv, tit. 2, n° 10, Papon.
(2) Cóut. de Reims, art. 8.
(3) Cóut. de Vermandois, art. 56.
(4) Cout. de Montargis, ch. 7, art. 2.
(5) Cout. de Châlons, art. 8.
(6) Cout. de Sedan, art. 2.
(7) Cout. de Bourbonnais, art. 174.
(8) Cout. de Poitou, art. 310.
(9) Cout. de Berry, tit. 1, art. 22.
(10) Cout. d'Auvergne, tit. 11, art. 2.
(11) Cout. de Bretagne, art. 501, V. d'Argentré.

un usufruit analogue à celui du droit romain, sauf certaines modifications de durée (1). D'autres coutumes ne donnaient au père qu'une administration sans profit, ce qui n'est en réalité que le constituer tuteur légitime, comme l'établit clairement Coquille, à l'égard de la coutume de Nivernais, art. 2, dans son commentaire sur cette même coutume. Un certain nombre d'entre elles accordaient bien au père et à la mère l'usufruit des biens de leurs enfants jusqu'à ce que ces derniers eussent atteint un certain âge ; mais ce n'était pas à titre de puissance paternelle, c'est à titre de bail ou de garde, institution que nous étudierons bientôt ; Merlin cite notamment comme exemples les coutumes de Paris, art. 267, de Blois,

____

(1) Cout. de Bourbonnais, art. 174. Le père est administrateur légitime des biens maternels adventifs de ses enfants étant en puissance, et fait les fruits siens si bon lui semble, jusqu'à 14 ans quant aux filles et 18 ans quant aux mâles, etc.

Cout. de Berry, art. 22. Le père est légitime administrateur des biens maternels et autres adventifs appartenant à ses enfants étant en sa puissance.

Cout. d'Auvergne, tit. 2, art. 2. Le père est administrateur légitime des biens adventifs de ses enfants et fait les fruits siens, etc.

Cout. de Poitou, art. 310. Le père, soit noble, soit roturier, n'est tuteur ou curateur de ses enfants ; ains est appelé loyal administrateur d'iceux, car il a l'administration de la personne et des biens de ses enfants, etc.

tit. 2, art. 4, de Melun, art. 305, d'Orléans, art. 26
et 27. Les lois du Hainaut offrent à cet égard
une curieuse singularité : les biens des enfants
y sont distingués en trois classes: les francs-
alleux qui sont exempts de tout usufruit (1), les
fiefs qui sont assujettis au droit de garde ou
de bail (2), les meubles et main-fermes qui
tombent dans l'usufruit paternel proprement
dit (3). Dans certaines coutumes, la mère n'é-
tait pas investie du droit d'usufruit, qui appartenait exclusivement au père, par exemple dans
la coutume du Bourbonnais (4), d'Auvergne (5).
Dans celles où cet usufruit était la conséquence
de la garde, il était au contraire commun au
père et à la mère. Le père est soumis à l'obligation de faire inventaire, comme le serait un
étranger, des biens sur lesquels porte l'usufruit (6); c'est ce que décidait expressément la
coutume du chef-lieu de Mons, chap. 38. Mais
les lois du Hainaut et de Mons se montraient

---

(1) Art. 1 et 8 combinés, ch. 57, chartres générales.
(2) Art. 1, chap. 37, ibid.
(3) Art. 8, chap. 33, ibid.
(4) Cout. de Bourbonn., 175.
(5) Cout. d'Auvergne, tit. 2, art. 4.
(6) Pinellus, l. 1, C., de bon. matern., part. 2, n° 3; — de
Carpsovius definit, forens., part. 2, const. 10, définit. 9; —
Groenewegen ad Grotium, lib. ii, cap. 39, n° 2; — Voët, ad
Pandec., lib. vii, tit. 9, n° 7.

plus sévères que le droit romain, et exigeaient
expressément que le père donnât caution
avant de se mettre en possession (1). La coutume de Valenciennes (2) allait encore plus loin,
et n'admettait les père ou mère à l'usufruit
des objets mobiliers, qu'autant qu'ils avaient
été préalablement *vendus et employés en achats
de rentes ou d'héritages*. En Hainaut, un arrêt
du 17 octobre 1710 a jugé à l'unanimité des juges
appelés à le rendre que, lorsque l'usufruit paternel prenait fin, le père ne pouvait prétendre
réclamer les arrérages échus pendant qu'il
était usufruitier, mais dont il n'avait point
alors fait le recouvrement (3).

L'usufruit paternel s'éteint par la mort du
père à qui il est déféré, par la perte des biens,
par la prescription, par la mauvaise administration du père et par la réunion de la propriété dans sa main. La coutume de Valenciennes en outre prescrit aux pères et mères
qui se remarient de faire auparavant inventaire, les punissant en cas de désobéissance de la
perte de leur usufruit (4). En général, la mort du

---

(1) Chartres générales du Hainaut, chap. 32, art 5 ;— cout.
de Mons, chap. 36.
(2) Cout. de Valenciennes, art. 14.
(3) Merlin, v° usufr. patern., § 4.
(4) Cout. de Valenciennes, art. 15. La cout. d'Auvergne, lil. II,

fils (1) et sa majorité mettaient aussi fin à l'usufruit paternel. Sur ce dernier mode d'extinction, les coutumes n'avaient d'ailleurs rien d'uniforme et de régulier. Les lois du Hainaut offraient sur ce point cette singularité que l'usufruit s'éteignait sur les successions collatérales quand les enfants avaient atteint l'âge de vingt-cinq ans, avaient pris un état honorable ou s'étaient mariés (2) ; tandis que le père conservait toute sa vie, sans limitation de temps, la jouissance des biens échus à son enfant étant en son pain du chef de son aïeul ou de tout autre ascendant maternel (3). L'émancipation en thèse générale ne faisait pas cesser l'usufruit paternel.

§ 4. — *Causes d'extinction de la puissance paternelle.*

Dans les pays de droit écrit, la puissance pa-

---

art. 2, contient la même disposition à l'égard du père qui se remarie.

(1) Chartres génér. du Hainaut, ch. 98, art, 8. — Cout. du Bourbonnais, art. 174. — Au parlement de Dijon, où l'on suivait à l'égard du pouvoir paternel sur les biens les règles romaines, on s'en écartait dans l'usage en faisant cesser l'usufruit à la mort du fils (Bannelier, note 82 sur Danol). — En sens contraire, V. cout. d'Auvergne, tit. 14, art. 49, qui appliquait la loi romaine.

(2) Chartres générales, art. 5, ch. 32.

(3) Dumées, jurisprud. du Hainaut, page 15.

ternelle s'éteint, selon Bretonnier sur Henrys (1) ; 1° par la mort naturelle du père ou du fils ; 2° par la mort civile de l'un et de l'autre ; 3° par la profession religieuse de l'un ou de l'autre qui est une sorte de mort civile (2) ; 4° par une émancipation expresse ; 5° par une habitation séparée pendant dix ans (3) ; 6° par les grandes dignités. Sous ce mot de grandes dignités, sont comprises celles de présidents des cours souveraines, d'avocats et de procureurs généraux ; tel est du moins l'avis de Barry et de Despeisses (4). Bretonnier croit qu'il faut ajouter à cette énumération celles occupées par les ministres, les secrétaires et conseillers d'État et les maîtres des requêtes. Quant aux dignités ecclésiastiques, les dignités supérieures seules émancipent (6).

---

(1) Bretonnier sur Henrys, liv. iv, quest. 127.

(2) Si après la profession ils réclament contre leur vœux dans les cinq ans et qu'ils soient rétablis, la puissance paternelle reprendra sa force par l'argument du § 2 de la loi 13 de sent. pass. (Bretonnier, sur Henrys, loc. cit.).

(3) Ce temps a paru suffisant à la jurisprudence pour faire présumer que le père a tacitement consenti à l'émancipation, suiv. la loi 1, au C. de pat. potest. et la Nov. 25 de l'empereur Léon, sur la fin, où le mot diù a été interprété comme synonyme de dix ans, interprétation reçue et consacrée par les parlements do droit écrit [d'Olive, liv. iii, ch. 3 ; — Lapeyrère, lett. P., n° 56).

(4) Barry, de success., liv. i, tit. 7, n° 2, in fine.

(5) Despeisses, t. ii, p. 6, n. 18.

(6) Nov. 81, chap. 3 ; — Papon., liv. vii, tit. 1, nomb. 24 ; — Catellan, t. ii, liv. iv, ch. 51, in fine.

Le mariage dans les pays de droit écrit émancipe-t-il? Henrys établit comme maxime générale que dans toute la France, il a cet effet, mais cette doctrine est justement contestée par son annotateur Bretonnier. D'abord au parlement de Toulouse le contraire ne peut faire de doute comme le prouvent les autorités accumulées par le savant jurisconsulte (Maynard, livre 5, chap. 2; d'Olive, liv. 3, chap. 3; Cambolas, liv. 1, chap. 17; Durand, chap. 21; Despeisses, t. II, p. 5, col. 2; Graverol sur la Rocheflavin, lib. 6, tit. 44, et Catellan, 2, liv. 4, chap. 51. La même jurisprudence est observée au parlement de Provence, comme l'atteste Boniface (tome 1, livre 4, tit. 2, chap. 1). En Dauphiné, le mariage n'émancipe pas non plus, et Barry, *de success.*, liv. 1, tit. 7, n° 6, généralisant cette décision, avance que dans tous les parlements de droit écrit elle est rigoureusement suivie.

C'est effectivement la théorie du droit romain (1); mais d'après le témoignage de M. Boyer, premier président au parlement de Bordeaux (2) et celui d'Automne (3), une jurisprudence contraire se serait établie dans ce

---

(1) L. 20, de adult. Dig.; C. l. 7, de nupt., l. 4, de collat., et l. 5 de condit. insert.

(2) Décisions, quest. 197, nomb. 5.

(3) Automne, conf. de droit. sur la loi 6, qui test. facere.

dernier parlement, et M. Boyer soutient à son tour que tel est le droit commun, et que dans toute la France le mariage émancipe. M. Maynard (1) affirme le contraire, même à l'égard du parlement de Bordeaux, dont il rapporte plusieurs arrêts refusant à la fille mariée la capacité de tester. Dans toutes les provinces qui ressortissent au parlement de Paris, le mariage émancipait, comme l'attestent différents arrêts en ce sens, rapportés par Charondas dans ses Pandectes, et par Louet et Brodeau dans leur recueil (lettre M. 518), et il en était de même dans le duché de Bourgogne, comme le prouve un certificat du parlement de Dijon du 13 août 1677.

Dans les pays de droit coutumier, on distinguait deux sortes d'émancipations ; l'une expresse et l'autre tacite. Les coutumes ne sont d'accord ni sur l'une ni sur l'autre. A l'égard de la première, la coutume de Poitou veut qu'elle soit faite devant le juge ordinaire ayant moyenne justice (2). Selon la coutume de Montargis, elle peut se faire en quelque âge que soient les enfants, *tant en jugement que dehors, tant en présence qu'absence desdits en-*

---

(1) Maynard, liv. 9, ch. 9.
(2) Cout. de Poitou, art. 16 et 311.

fants, par-devant notaires et témoins (1). La coutume d'Orléans permet également d'émanciper à quelque âge que ce soit (2). La coutume de Berry ajoute à ce même pouvoir une restriction : *pourvu que la cause pour laquelle on fera ladite émancipation soit au profit de l'enfant* (3). Dans la coutume de Bretagne, l'enfant doit requérir l'émancipation; il ne le peut s'il est mineur (4). Une formalité générale est d'ailleurs prescrite pour tous les actes d'émancipation, qui, en vertu de l'édit des Insinuations, 10 octobre 1703, art. 16, doivent être enregistrés au greffe de la juridiction royale la plus proche du domicile du père.

Quant à l'émancipation tacite, elle a lieu de plusieurs manières : 1° par l'âge; à cet égard, les coutumes sont fort différentes; les unes déterminent cet âge à la puberté (5), d'autres à vingt ans (6), d'autres à vingt-cinq (7); il y en a qui distinguent entre les nobles et les roturiers (8); 2° par le mariage. A cet égard, toutes

---

(1) Cout. de Montargis, ch. 7, art. 8.
(2) Cout. d'Orléans, chap. 8, art. 166.
(3) Cout. de Berry, tit. 1, art. 5.
(4) Cout. de Bretagne, tit. 21, art. 526.
(5) Cout. de Bourg., tit. 6, art. 3; Orléans, ch. 8, art. 163.
(6) Cout. de Châlons et Reims, art. 6 et 9, et art. 17.
(7) C. de Berry et Bretagne, art. 3 et art. 500; d'Angoum., 120.
(8) La cout. de Poitou se contente de vingt-cinq ans pour les

les coutumes disent que le mariage émancipe (1);
3° par l'habitation séparée seule (2), ou con-
courant avec d'autres circonstances; 4° par
le négoce, qui ne produit qu'une émancipation
limitée aux actes de commerce; 5° par la prê-
trise. La coutume de Bourbonnais seule en parle
formellement, mais Coquille, sur la coutume du
Nivernais (3), nous le dit aussi, et Taisand, sur
la coutume de Bourgogne (4), donne la même
décision quand le prêtre possède un bénéfice
qui requiert résidence; 6° par les dignités.
La coutume de Reims (5) seule en fait mention :
*les enfants sont censés émancipés quand, au vu
et su de leur père, ils exercent à part état, ne-
gociations ou charges publiques*, ce qui doit
s'entendre, selon Bretonnier, avec la distinction entre les grandes et petites dignités
observée dans les pays de droit écrit.

---

roturiers; mais à l'égard des nobles elle exige une émancipation
expresse. — La cout. de Saintonge fixe l'âge voulu à vingt-un
ans pour les nobles, et à vingt-cinq ans pour les roturiers.

(1) Cout. de Cambrai, tit. 6, art. 1; de Douai, ch. 7, art. 2; de
Lorraine, tit. 1, art. 15; d'Orléans, art. 180; de Blois, art. 1 et 2,
d'Auvergne, tit. 14, art. 1; etc., etc. — En Bretagne, on exige ;
pour produire émancipation, que le mariage soit contracté avec
le consentement du père.

(2) La cout. de Châlons seule se contente de cette circonstance.

(3) Coquille, chap. 22, art. 2, sur la coutume de Niverna's.

(4) Taisand, tit. 6, art. 3, de la cout. de Bourgogne.

(5) Cout. de Reims, art. 7.

Telles sont les règles générales, souvent variées et contradictoires, qui s'appliquaient à la puissance paternelle dans les provinces de droit écrit et dans les pays coutumiers.

Cette analyse rapide suffit pour nous convaincre combien était imminente et nécessaire une réforme radicale sur ce point comme sur tant d'autres, et qu'elle juste reconnaissance nous devons à la Révolution de 1789, dont un des premiers bienfaits fut l'unité de législation décrétée et réalisée dans toute la France. Mais il nous reste, pour en finir avec les temps qui la précédèrent, à jeter un coup d'œil sur une institution qui dérivait du système féodal, mais se rattache cependant à la puissance paternelle du Code Napoléon, qui lui a emprunté plusieurs dispositions relatives à l'usufruit légal : nous voulons parler du droit de bail ou de garde.

APPENDICE (1).

DU DROIT DE BAIL OU DE GARDE.

Le droit de bail ou de garde a longtemps été régi par une double série de règles distinctes,

---

(1) Nous suivrons principalement pour guide en cette matière une étude historique fort remarquable publiée par M Charles Demangeat, actuellement professeur à cette Faculté, dans la *Revue de droit français et étranger*, t. II et IV.

suivant qu'on le considérait au point de vue du droit féodal ou au point de vue du droit purement privé. Le droit féodal ayant nécessairement exercé une puissante influence sur le droit coutumier privé, nous nous occuperons d'abord de déterminer ce qui, dans le droit de bail ou de garde, dérivait uniquement du système féodal; puis nous indiquerons les règles que l'on suivait communément en dehors de toute idée de suzeraineté et de vassalité.

L'origine du droit de garde ou de bail est évidemment toute germanique; il est en effet dominé par deux principes directement opposés aux règles romaines : 1° la garde fructuaire appartient à la mère survivante aussi bien qu'au père, et elle appartient au père, du vivant de l'aïeul paternel, et préférablement à celui-ci; 2° elle cesse dès que l'enfant a atteint à un certain âge (1).

CHAPITRE Ier.

DE LA GARDE OU DU BAIL DANS LE DROIT FÉODAL.

Une première forme du droit de garde, celle qui se rattache le plus intimement au prin-

***

(1) M. Demangeat, p. 057, t. II, *Revue de Droit français et étranger*.

cipe de l'organisation féodale, est celle que les auteurs coutumiers nous présentent sous les noms de *garde royale ou seigneuriale* et quelquefois *garde noble* dans la coutume de Normandie, et de *bail* dans la coutume de Bretagne (1).

Lorsque les bénéfices devinrent héréditaires il fallut concilier le principe de l'hérédité avec la charge du service militaire, principale obligation dont le vassal était tenu envers son seigneur, en ces temps de guerres incessantes. Si l'héritier du vassal se trouvait incapable de la remplir à raison de son âge ou de son sexe, l'intérêt seigneurial était en souffrance Pour remédier à cet inconvénient, la combinaison la plus naturelle qui se présentait fut de donner au seigneur en dédommagement du service qui n'était pas fourni la jouissance du fief. Telle fut l'origine de la garde seigneuriale.

---

(1) Eusèbe de Laurière, dans ses notes sur les Institutes coutumières de Loysel, règle 176, nous donne les renseignements suivants au sujet de l'étymologie du mot *bail :* Dumoulin, sur l'art. 1 du tit. 33 de la coutume du Loudunois, dit qu'il a vu plusieurs anciens titres où les gardiens sont appelés *bajuli* quasi *portolores* seu *geruli* ; et Mathias Martinius, dans son Glossaire étymologique, a été du même avis. « On les nomme ainsi, » dit-il, « *quia quasi bajulant pueros inspectione et cura ;* » après quoi il ajoute que les termes de bail ou de pédagogue se confondaient, ce qu'il prouve par les paroles suivantes du scholiaste de Sophocle, in Ajace : παιδαγωγὸς καὶ παιδοτριβὴς ὁ λεγόμενος βαιουλος.

Elle s'appliquait exclusivement aux fiefs, et encore il n'y avait en principe que les fiefs nobles, ce que la coutume de Normandie appelle *fiefs de haubert* ou membres de *haubert jusques à un huitième*, qui pussent y être soumis (1).

Le droit du gardien sur l'héritage était à peu près analogue à celui qui appartient de nos jours à un usufruitier ordinaire; il recevait les fruits et les *yssues* mais *sauns faire wast de boys, destruccion de tenemens, exil de villeyns ou vente de terres* (2). Par compensation de ce droit de jouissance, le seigneur était privé d'un autre droit que lui accordaient les usages reçus, celui d'exiger, sous le nom de *rachat* ou de *relief*, une certaine somme à chaque mutation du vassal, notamment au cas de mutation par succession.

Deux obligations principales étaient imposées au seigneur gardien. Il devait : 1° entretenir les choses dans l'état où le vassal les avait laissées à sa mort; 2° payer *les arrérages des rentes seigneuriales et foncières et hypothèques qui eschéent pendant la garde* (3). Mais ces obligations n'avaient trait qu'aux rapports du gardien avec l'héritage; c'est qu'effectivement il

---

(1) Grand-Coutumier du pays de Normandie, chap. 33. — Cout. de Normandie, art. 213.

(2) Grand-Cout. de Normandie, ch. 33.

(3) Cout. de Normandie, art. 215.

n'avait ordinairement aucun droit sur la personne du mineur ou sur ses autres biens, ni
aucune obligation à cet égard (1). Le contraire
avait lieu cependant dans trois cas exceptionnels : 1° quand un mineur succédait à un fief
mouvant directement du prince en sa qualité
de prince; la garde englobait alors, outre ce
fief, et la personne du mineur et tous ses autres
biens, même ceux qui survenaient pendant la
garde (2); 2° quand le fief, ne relevant que
d'un seigneur, les tuteurs et parents du mineur
consentaient à ce que ses droits s'étendissent
comme précédemment: (3) 3° quand le mineur
n'avait recueilli d'autres biens que le fief noble
tenu du seigneur auquel incombait la garde (4).

Nous avons supposé que ce seigneur pouvait
être le prince, le premier des seigneurs féodaux;
il y avait alors non plus *garde seigneuriale*,
mais *garde royale*, ainsi nommée parce qu'elle
passa de bonne heure des mains du duc de
Normandie entre celles du roi de France (5).
Entre la garde royale et la garde seigneuriale,

---

(1) Cout. de Normandie, art. 217.
(2) Grand-Coutumier de Normandie, cb. 33.
(3) Gr.-Cout. de Norm., ibid.
(4) Ibid. et Cout. de Normandie, 218, par a contrario.
(5) Sous Philippe-Auguste, lors de la réunion du duché de
Normandie à la couronne.

il existait deux différences : la première déjà signalée quant au pouvoir exceptionnel accordé au prince ou au roi de comprendre dans la garde tous les biens du mineur ; la seconde, quant à la durée ; la garde royale ne finissait que lorsque le mineur avait atteint vingt-un ans, la garde seigneuriale s'éteignait pour lui à l'âge de vingt ans accomplis.

La garde seigneuriale ou royale paraît en Normandie avoir existé de toute antiquité, dès qu'il y a eu des fiefs. En Bretagne, son existence sous le nom de bail nous est attestée par d'Argentré sur l'art. 74 de l'ancienne coutume de ce pays (1). Mais depuis longtemps déjà ce droit de bail n'existait plus d'une manière générale, et il avait été converti en rachat, suivant une convention aléatoire faite avec ceux qui tenaient des fiefs de lui, par Jean le Roux, dès l'année 1275 (2).

Quant aux autres parties de la France, aucuns documents ne prouvent directement que

---

(1) Nostrates *bail* appellant cum, mortuo vassallo ac baillii lege feudum tenente, relicto herede œtate minore, dominus superioris fundi aperte serviente fundo fruitur, donec heres justam viginti annorum œtatem impleverit.

(2) Art. 78 de l'anc. cout. de Normandie. — Jean le Roux échangea son droit de bail contre le droit de prendre à la mort de chacun de ses vassaux les revenus d'une année de tous ses biens, que l'héritier fût majeur ou mineur.

cette forme du droit de garde y ait été mise en usage ; mais elle était une conséquence si naturelle du système féodal qu'il y a tout lieu de présumer qu'elle a dû régner en même temps que lui dans tout le nord et le centre de notre pays.

Les seigneurs se lassèrent bientôt des charges souvent très onéreuses que la garde leur imposait ; elle les privait d'ailleurs de leur droit habituel de *relief*, comme nous l'avons vu. Ces motifs sont signalés par tous nos anciens auteurs comme ayant amené la suppression de ce droit de garde attribué aux seigneurs et sa remise en d'autres mains, c'est-à-dire à certains parents du mineur (1).

Mais quels étaient précisément les parents du mineur auxquels était déférée la garde ? Ici nous nous trouvons en présence de trois systèmes différents : le premier est celui des Assises de Jérusalem, qui est également exposé dans les Établissements de saint Louis (2). Il accorde la garde du fief, à défaut des père et mère de l'héritier, à son plus proche parent

------

(1) Et quia isto Hugo adhuc puer erat, sed propinquum quemdam Ansellum nomine, moribus et armis egregium habebat, hujus custodiæ puerum cum bono ejus pontifex comisit (Baldric, chroniq. de Cambrai et d'Arras).

(2) Liv. 1, ch. 117. Etablissements de Saint-Louis.

dans la ligne d'où procède le fief, établissant
d'ailleurs une incompatibilité absolue entre la
qualité de bail et celle de gardien de la personne du mineur; et la raison nous en est donnée dans les Établissements de saint Louis : *Cil
qui ont le retor de la terre ne doivent pas avoir
la garde des enfants*, car soupçon est qu'ils ne
*voussissent plus la mort des enfants que la vie
pour la terre qui leur escharrait* (1). Il y a
cependant double modification à ces principes
au cas où l'héritier mineur a son père et sa
mère; d'abord le bail du fief et la garde du
mineur sont confondus dans les mêmes mains,
et de plus le bail du fief appartient à une personne qui ne sera jamais appelée à recueillir
le fief.

Philippe de Beaumanoir, dans ses Coutumes
de Beauvoisis, expose un second système. Le
droit accordé au survivant des père et mère est
le même que celui qu'il exerce ordinairement
en dehors du régime féodal sur les biens du

---

(1) La même défiance se trouve exprimée dans les Assises
de la haute cour, livre de Jean d'Ibelin, chap. 170, *il ce fut
establi por ce que l'eir fut gardé de damage et de périll, e
le bail de honte et de pechié.* Et elle se retrouve encore
naïvement rendue par ces deux vers féodaux :

> Ne doit mie garder l'aguel
> Qui en doit avoir la pel.

(Philippe de Navarre, Assises, chap. 20, éd. de M. Beugnot.)

mineur qui n'a pas recueilli de fief (1). D'un autre côté, le bail appartient bien encore en principe au plus proche parent du mineur *du coste dont li fies muet;* mais la garde de la personne lui appartient également, de droit commun, car en cas de danger pour l'enfant, elle pouvait être séparée du bail (2).

Enfin un dernier système consacré par un autre coutumier du xiiie siècle, *li Droicts et lis Coustumes de Champaigne et de Brie,* n'appelle expressément à la garde que le survivant des père et mère ou l'aîné des enfants qui est majeur. Mais cette vocation restreinte fut bientôt étendue en Champagne à tous les parents, soit en ligne ascendante; soit en ligne collatérale (3).

Ces trois systèmes observaient d'ailleurs à peu près les mêmes règles, quant aux droits et aux obligations du bail, que nous allons succinctement énumérer.

Le bail ou baillistre avait d'abord un droit complet de propriété sur tous les meubles échus ou advenant plus tard au mineur, sauf ceux dont le défunt avait disposé par testa-

---

(1) Cout. de Beauvoisis, ch. 15, n° 10.

(2) Ibid, chap. 21, n° 14.

(3) Procès-verbal de la rédaction de la coutume de Troyes, en 1509.

ment, ou ce qui lui était *donné ou laissié en testament d'autrui* , car ce *lui doit estre gardé jusqu'à tant qu'il soit en aage* (1).

Quant au fief, le bail avait le droit de prendre et faire siens *toz les esplois*, c'est-à-dire tous les fruits. Il pouvait encore engager le fief, mais seulement pour le temps que durerait sa jouissance : *cil qui tient en bail ne peut le fief mefferi ni obliger, fors que le tans que ses baux dure* (2).

Les obligations imposées au bail peuvent se réduire à cinq distinctes :

1° L'accomplissement de toutes les charges imposées à la personne qui tient un fief, c'est-à-dire l'obligation de faire hommage au seigneur, de lui payer un droit de rachat, selon la maxime : *quicumque tenet ballum debet rachatum* (3) , et de lui rendre certains services auxquels cet hommage donnait droit.

2° L'obligation de conserver et d'entretenir en bon état, soit le fief, soit les autres hérita-

---

(1) Cout. de Beauvoisis, ch. 14, n° 30.

(2) Ibid, ch. 15, n° 9.

(3) Assise donnée par saint Louis en 1246 et relative aux gardes du Maine et de l'Anjou. — Cette maxime ne s'appliquait pas au survivant des père et mère, à moins que la mère ne se remariât, auquel cas le bail passe sur la tête du nouveau mari qui doit payer un droit de rachat.

ges du mineur dont le bail avait ordinairement l'administration.

3° Le payement des dettes de l'héritier. C'est en effet une formule proverbiale dans tous nos anciens coutumiers que celle-ci :

> Qui bail prend
> Quitte le rend.

Aussi, à raison de cette charge peut-être exorbitante, nul ne peut être contraint à prendre bail par analogie avec cette autre règle : nul n'est héritier qui ne veut (1).

4° L'entretien de l'héritier qui était essentiellement à la charge du bail sera du moins à la charge du fief, sans avoir à distinguer si la garde de la personne avait ou non été laissée au bail (2).

5° Enfin la nécessité de fournir certaines sûretés garantissant l'exécution des diverses obligations dont nous nous sommes occupé.

Le bail s'éteint d'abord quand arrive la ma-

---

(1) Nul n'est contraint à penre bail s'il ne veut. Beauman., cout. de Beauvoisis, ch. 15, n° 3.

(2) Nous lisons en effet dans les Assises de la haute cour, livre de Jean d'Ibelin, ch. 170, que l'héritier *doit avoir son vivre convenablement de son fié ;* et dans les Établissements de saint Louis, liv. II, ch. 117, que le gardien de la personne *doit avoir de la terre par reson à norrir les enfants et pourvoir.*

jorité de l'enfant ou de l'aîné des enfants (1). Mais l'âge de la majorité n'était pas partout le même ; pour les mâles , c'était en général quinze ans, et douze ans pour les filles, comme nous l'apprend Beaumanoir. Suivant *li droicts et coustumes de Champaigne et de Brie* (2), onze ans suffisaient pour les filles ; d'après les assises de Jérusalem (3), elles devaient être mariées pour que leur bail prît fin. L'ancienne coutume de la prévôté et vicomté de Paris, rédigée en 1510, fixait cet âge à vingt ans pour les hommes, et quinze ans pour les filles. Du reste, le bail pouvait être prolongé au delà de cette majorité, pourvu qu'il n'y eût par là aucunes atteintes frauduleuses portées au droit du seigneur (4).

Le mariage, d'après les Assises de Jérusalem, mettait aussi un terme au bail ; mais dans les pays où un certain âge était fixé comme donnant droit à l'héritier de l'un ou de l'autre sexe qui l'avait atteint de faire hommage du fief, Beaumanoir nous apprend que le mariage contracté avant l'âge n'aurait produit aucun

---

(1) Cout. de Beauv., ch. 15, n° 2.
(2) Coust. de Champ. et de Brie.
(3) Livre de Geoffroi le Tort, 818.
(4) C'est ce que les coutumiers féodaux nomment *apelicier le droit du seigneur.*

effet à cet égard : *mariages n'accource pas le tans que cil doivent avoir qui tienent par reson de bail* (1). Enfin, le bail prenait fin en cas de forfaiture de celui qui l'exerçait pour contraventions graves aux devoirs qui lui étaient prescrits envers les seigneurs du fief.

Le droit de bail que nous venons d'étudier n'eût pas une très-longue existence. Il subit des modifications de plus en plus profondes, à mesure que la féodalité d'où il tirait son origine tombait elle-même en décadence. Un changement radical surtout s'opéra dans son essence même : de réel il devint personnel ; ses règles, dont l'application primitivement supposait avant tout l'existence d'un fief, s'appliquèrent, abstraction faite de la qualité des biens. C'est ainsi, suivant la remarque de M. Demangeat, que la *garde noble*, prérogative accordée à la noblesse du sang, a remplacé le *droit de bail* attaché à la noblesse de la terre (2).

---

(1) Cout. de Beauvoisis, ch. 15, n° 29.

(2) Dans certains pays cependant, la réalité a résisté ; plusieurs coutumes n'admettaient la garde noble qu'à l'égard des fiefs ; dans quelques-unes de celles où la personnalité a triomphé, on en traitait encore au titre des fiefs (Cout. d'Orléans, de Loris, etc.).

CHAPITRE II.

DES PRINCIPES SUIVIS EN DEHORS DU RÉGIME FÉODAL JUSQU'AU XIV° SIÈCLE.

Le droit dont il va être question, par opposition au droit de bail, est appelé généralement droit de garde. Il se rapporte au cas où le mineur n'ayant pas de fief, l'administration de ses biens et habituellement la surveillance de sa personne doivent être confiées à un autre que le bail.

La garde est confiée, comme nous le dit Beaumanoir, au parent le plus proche du mineur (1), sauf toutefois la haute surveillance du seigneur qui a le droit d'écarter tout parent incapable ou indigne (2). Si aucun parent ne pouvait ou ne voulait prendre la garde, elle appartenait au seigneur (3); à son défaut seulement un tuteur était nommé (4). En principe la garde n'est pas fructuaire; le gardien, qui n'est qu'un administrateur comptable, est donc tenu comme le bail, plus encore, de conserver en bon état les héritages du mineur; car, nous dit

---

(1) Cout. de Beauvoisis, ch. 15, n° 7.
(2) Ibid, ch. 15, n° 32.
(3) Ibid., ch. 17, n° 2.
(4) Ibid., ch. 7, n° 2, in fine.

Beaumanoir, *por ce est ele applée garde que ele doit garder en toutes cozes le droit des sous-aagiez* (1). Par compensation, tandis que le bail qui prend les fruits et n'en rend aucun compte, est tenu de rendre l'héritage à l'enfant quitte de toutes dettes, le gardien qui ne gagne pas les fruits est tenu seulement de les acquitter sur les revenus des biens du mineur, sauf à justifier de l'exactitude de ses comptes (2). De plus, il n'est pas obligé comme le bail de pourvoir à l'entretien de l'enfant, en cas d'insuffisance, sur ses biens personnels ; les revenus seuls du mineur doivent fournir à cet entretien (3). D'un autre côté, quand le gardien a aussi la garde de la personne, il peut, à la différence du bail, être responsable des méfaits du mineur (4).

Enfin, le gardien comme le bail est assujetti à certaines garanties répondant de l'inexécution de ses engagements. Bouteillier (Somme rurale, tit. 1, chap. 93) indique ainsi quelles seront ces garanties : *le gardien doit donner seureté et caution spéciale qu'il rendra le pupille au chef de*

---

(1) Cout. de Beauvoisis, ch. 15, n° 12.
(2) Ibid., ch. 14, n° 30 ; ch. 15, n°ˢ 7 et 10.
(3) Ibid., ch. 15, n°ˢ 6 et 7.
(4) Ibid , ch. 21, n°ˢ 20 et 21.

son âge, sans soin et sans dette et sans loien de mariage. Telles sont les obligations du gardien en règle ordinaire; mais elles pouvaient se trouver modifiées dans le cas où *compaignie* se faisait entre lui et le mineur, ce qui a lieu, nous dit Beaumanoir (1), « *par solement manoir ensanlle, un pain et pot, un an et un jor, puisque li meuble de l'un et de l'autre sont mellé ensanlle.* » A l'époque de la sortie de garde, la masse commune se partageait par moitié entre le gardien et le mineur (2).

La garde finit d'abord par la majorité, mais cette majorité n'est pas fixée d'une manière uniforme; en général, la garde se prolongeait moins longtemps que le bail (3). La forfaiture, qui mettait fin au bail, supposant nécessairement un fief, ne fait pas cesser la garde. Mais il n'en est pas de même du mariage, qui a au contraire pour effet d'y mettre fin, tandis que Beaumanoir donnait, en cas de bail, une décision contraire (4).

(1) Cout. de Beauvoisis, ch. 21, nº 5.
(2) Cette institution était du reste propre aux gens de poesté (cout. de Beauvoisis, nºˢ 0 et 23).
(3) Jean Desmares, décis. 249.
(4) Cout. de Beauvoisis, chap. 15, nº 29.

CHAPITRE III.

DE LA GARDE NOBLE ET BOURGEOISE.

La garde noble, reconnue dans la plupart des coutumes, n'est que l'image affaiblie mais parfaitement reconnaissable de l'ancien droit de bail. La garde était devenue une prérogative accordée à la noblesse des personnes; mais dans quelques villes, notamment à Paris et à Calais, elle avait été, sous le nom de *garde bourgeoise*, étendue à la bourgeoisie, qui d'ailleurs y constituait une sorte de noblesse. Dans certaines coutumes enfin, la garde était accordée même aux simples roturiers (1).

Les coutumes étaient loin d'être unanimes sur la détermination des personnes auxquelles la garde pouvait être déférée. Cependant, en règle générale, elle appartenait d'abord au survivant des père et mère (2); puis, d'après quelques coutumes, au plus proche parent du côté d'où était venu l'héritage (3); d'après quelques

______

(1) V. Cout. de Berry, de Montfort-Lamaury, etc.

(2) Quelques coutumes, suivant les principes romains, l'accordent à la mère seule; la coutume de Metz, au contraire, ne l'accorde qu'à la mère, et ne donne au père que la tutelle.

(3) Cout. du Boulonnais, cout. du Hainaut, ch. 37, art. 1, et cout. d'Amiens, art. 226.

autres, soit au plus proche collatéral, sans distinguer d'où provenaient les héritages, soit exclusivement au frère aîné des mineurs. Selon la plupart des coutumes, entre autres celles de Paris et d'Orléans (1), la garde était réservée aux ascendants, et ne passait jamais aux collatéraux (2). Du reste, la garde ne pouvait être déférée qu'une fois; dès qu'elle avait été recueillie par un degré des appelés, elle ne pouvait plus passer au deuxième degré Si le parent appelé à la garde était mineur, cette circonstance n'empêchait pas l'ascendant d'arriver à la garde, mais on exigeait pour le collatéral, dans les coutumes où il y était admis, qu'il fût majeur de vingt-cinq ans (3).

Notre droit n'a jamais admis d'héritiers nécessaires, et de même nul ne peut être contraint à exercer une garde. Seulement dans certaines coutumes, à Paris notamment (article 269), le gardien n'est investi de ce titre que par son acceptation; tandis que les autres coutumes, celle d'Orléans (art. 23), par exemple,

---

(1) L'art. 265 de la cout. de Paris accorde la garde noble aux père, mère, aïeul ou aïeule, et l'art. 266 borne la garde bourgeoise aux père et mère.

(2) Pothier, garde noble et bourgeoise, n° 41.

(3) Cout. de Berry, art. 35.

font acquérir de plein droit la garde, par une espèce de saisine analogue à la saisine hérédi-taire, sauf réserve pour le gardien de la faculté de renoncer.

Droits et obligations du gardien. — Les cou-tumes qui admettent la garde fructuaire dif-fèrent entre elles sous deux rapports : d'abord les unes n'accordent de jouissance que sur les fiefs (1), tandis que les autres la donnent sur tous les biens sans distinguer (2). En second lieu les unes attribuent au gardien les meubles en pleine propriété (3), les autres ne lui en confèrent que la jouissance et l'administra-tion (4).

Le droit de garde s'étend-il aux biens qui adviennent au mineur postérieurement à son ouverture ? Quelques coutumes seulement pré-voient formellement la question et la décident, les unes dans le sens de l'affirmative (5), les au-tres dans le sens de la négative (6). Que résoudre à l'égard des coutumes muettes sur ce point,

(1) Cout. de Beauvoisis, art. 170.
(2) V. Pothier, garde noble et bourg , n° 64.
(3) Cout. d'Orléans, art. 25 ; cout. de Beauvoisis, art. 170 ; mais cet article 170 s'applique exclusivement au gardien noble.
(4) Cout. de Paris, art. 267.
(5) Cout. du Maine, de l'Anjou et de Péronne.
(6) Cout. de Loudun et de Tours.

comme celle de Paris? Renusson et Pothier constatent et approuvent l'usage qui s'était établi de borner les droits du gardien aux biens échus au moment de l'ouverture de la garde, mais cette solution est contestée avec raison par Dumoulin, Bacquet et de Laurière; un argument entre autres produit par M. Demangeat qui adopte l'avis de ces derniers jurisconsultes, nous paraît décisif; l'art. 46 de la coutume de Paris (1580) nous dit que *le gardien doit acquitter les mineurs des droits de relief s'il en est dû du chef desdits mineurs;* or, comme le droit de relief n'est point dû par l'héritier en ligne directe, il est clair que l'art. 46 suppose un fief qui a été recueilli par le mineur autrement que dans la succession de la personne dont la mort a ouvert la garde, fief sur lequel porte cependant le droit du gardien.

Le gardien ne peut plaider soit comme défendeur, soit comme demandeur quand il s'agit de la propriété des biens dont il a la jouissance; il a le libre exercice des actions qui concernent au contraire cette jouissance (cout. de Paris, art. 270).

Au sujet des obligations du gardien, nous n'avons qu'à rappeler ce que nous avons dit en matière de bail.

Le gardien doit acquitter, comme nous l'avons vu, les droits *de relief* ou *relevoisons* qui peuvent être dus par l'héritier ; quant au relief que le bail devait payer pour son propre compte, primitivement imposé au gardien, il fut aboli dans la rédaction de 1580. Le gardien doit encore, comme le bail, conserver et entretenir en bon état les biens du mineur (1), acquitter toutes les charges et dettes mobilières qui péseraient sur le mineur en qualité d'héritier, s'il n'était pas en garde, pourvoir à l'entretien des mineurs, *les nourrir, alimenter et entretenir selon leur état et qualité*, dit la coutume de Paris. Le gardien, comme le bail, est enfin tenu de faire inventaire dans toutes les coutumes, et dans quelques unes, suivant sa qualité ou sa parenté, de fournir caution (2).

Causes d'extinction de la garde noble ou bourgeoise. — La garde noble ou bourgeoise finit :

1° Par la mort ou l'interdiction du gardien ;

2° Par l'âge de l'enfant qui varie suivant les coutumes, et n'est pas le même, comme nous l'avons dit, lorsqu'il s'agit de garde noble ou de garde bourgeoise ;

---

(1) 267. Cout. de Paris

(2) Ainsi caution devait être fournie par le gardien collatéral d'après la coutume de Berry, par le gardien bourgeois d'après la coutume de Paris et quelques autres ; par la gardien ne qui se remarie, et par son nouveau mari d'après la coutume d'Orléans.

3° Par l'inexécution des obligations imposées au gardien;

4° Par le mariage de la mineure et par celui du mineur, dans toutes les coutumes où le mariage émancipe;

5° Par le mariage du gardien, suivant certaines distinctions propres à certaines coutumes (1);

6° Par la perte de la noblesse, cause d'extinction évidemment inapplicable à la garde bourgeoise;

7° Par la mort du mineur.

Tel était le droit de la France par rapport à la puissance paternelle, à la fois dans les pays de coutume et dans les pays de droit écrit, lorsque la grande révolution de 1789 éclata. Sur ce point, elle avait, comme sur les autres,

---

(1) La coutume de Paris faisait perdre la garde par tout convol en secondes noces, sans distinguer entre les ascendants et les ascendantes; d'autres, celle du Grand-Perche, par exemple, ne la faisait perdre qu'aux ascendantes; d'autres enfin, notamment celle de Blois, ne frappe que la mère et non l'aïeule de cette déchéance. La coutume d'Orléans fait passer la garde au nouveau mari noble de l'ascendante, sauf à lui à donner caution; en cas de refus, la garde passe à l'ascendant du degré subséquent, qui en est investi, pour ne pas déroger aux principes, avec effet rétroactif.

de salutaires réformes à introduire; mais l'esprit de réaction violente qui l'animait l'emporta au-delà du but qu'elle aurait dû se proposer.

La chute du système féodal, décrétée le 4 août 1789, entraînait avec elle, par voie de conséquence, la chute de l'ancienne garde noble, seigneuriale ou royale. Elle fut d'ailleurs explicitement abolie par l'art. 12 du décret des 15-23 mars 1790. Dans les pays de droit écrit, comme nous l'avons vu, la puissance paternelle avait conservé, quant aux biens de l'enfant, le caractère d'égoïste rigueur que lui avaient imprimé et laissé les lois romaines, même à leur dernière période d'amélioration. Ainsi, les enfants y restaient soumis à cette puissance pendant toute leur vie. Le décret du 28 août 1792 vint donc réaliser une juste réforme, en déclarant que les majeurs ne seraient plus soumis à la puissance paternelle. Mais s'il convenait de corriger ce que cette autorité avait gardé d'excessif, par tradition romaine, dans les pays de droit écrit, il n'était pas raisonnable de relâcher de plus en plus les liens déjà si faibles de l'autorité des père et mère sur leurs enfants, jusque dans les pays de coutume. Aussi la législation intermédiaire nous paraît-elle avoir méconnu les véritables principes sur lesquels doit reposer la puissance paternelle, lorsque, par la loi du 20 décembre 1792 (tit. II, section 1re), elle vint supprimer toute nécessité d'actes respectueux pour les enfants qui étaient d'âge à pouvoir contracter mariage sans le consentement de leurs ascendants, ou lorsqu'elle instituait, par le décret des 11-24 août 1790, sur l'organisation judiciaire (titre X, art. 15 et 16), un tribunal de famille devant lequel le père devait porter sa plainte, lorsqu'il aurait des motifs graves de mécontentement contre l'enfant ; ce qui était établir un véritable procès entre le père et l'enfant, procès dans lequel le père ne pouvait succomber sans que son autorité fût gravement compromise.

Il appartenait aux rédacteurs de notre Code, les passions révolutionnaires trop ardentes une fois calmées, de rendre à la puissance paternelle son caractère de bienfaisante protection, en évitant le double écueil d'une excessive sévérité et d'une trop grande faiblesse.

CODE NAPOLÉON.

TITRE NEUVIÈME.

DE LA PUISSANCE PATERNELLE.

Sous l'empire du Code Napoléon , la puissance paternelle comprend dans un sens étendu l'ensemble des droits et des devoirs qui résultent entre les ascendants et les descendants de leur qualité respective. Elle appartient à tous les ascendants, successivement ou concurremment ; elle dure, à beaucoup d'égards, pendant toute la vie de ceux qui l'exercent ou qui y sont soumis. Dans un sens spécial, celui dans lequel se renferme le titre neuvième du Code Napoléon, la puissance paternelle n'appartient qu'au père et à la mère, et elle n'existe que pendant la minorité de l'enfant, et M. Réal la définissait devant le Corps législatif : « un droit fondé sur la nature et confirmé par la loi qui donne au père et à la mère, pendant un temps limité et sous certaines conditions, la surveillance de la personne, l'administration et la jouissance des biens de leurs enfants (1). »

Les effets juridiques de la puissance paternelle considérée sous le premier point de vue, se trouvent épars dans les différents titres du Code avec lesquels ils ont la relation la plus directe. Ainsi, l'enfant est tenu, pour se marier, de requérir d'après certaines distinctions, tantôt le consentement, tantôt le conseil de ses père et mère et autres ascendants (art. 148, 149, 152, 153). Les père et mère et autres ascendants peuvent former opposition au mariage de leurs enfants et descendants (art. 173), et même en certains cas en demander la nullité (art. 182, 184, 191); les enfants doivent des aliments à leurs père et mère et autres ascendants qui sont dans le besoin (art. 205, 207); ils ne peuvent avant 25 ans se donner en adoption sans le consentement de leurs père et mère (art. 346). La tutelle de l'enfant mineur est déférée de plein droit soit au survivant des père

____

(1) M. Réal, exposé des motifs, séance du 23 vent. an XI.

et mère, soit aux autres ascendants (art. 390, 402, 404); les père et mère et autres ascendants peuvent accepter au nom de l'enfant mineur les donations qui lui sont faites (art. 935); ils ont un droit de réserve sur la succession de leurs enfants (art. 913, 915); ils sont autorisés à faire une substitution exceptionnelle au profit des enfants nés et à naître de celui de leurs enfants dont la dissipation et l'incapacité leur paraîtraient dangereuses (art. 896, 897); ils peuvent faire entre leurs enfants et descendants un partage anticipé de leurs biens (art. 1075). Ajoutons encore, à titre d'exemple, que la contrainte par corps ne peut exister entre ascendants et descendants (loi du 17 avril 1832); que la fille mineure de 21 ans est tenue pour être admise à prononcer des vœux dans une maison religieuse, de présenter les consentements exigés, lorsqu'il s'agit pour elle de contracter mariage; la même obligation est imposée au fils mineur de 25 ans qui veut entrer dans les ordres sacrés (1).

Ces effets de la puissance paternelle, ainsi que ceux que nous examinerons plus loin, dérivent, pour la plupart, d'un principe écrit par

---

(1) Décrets du 18 février 1809, art. 7 et du 28 février 1810, art. 4.—Et cette règle est en harmonie avec l'ancienne jurisprudence (V. Pothier, Tr. des personnes, part. 2, tit. 6, sect. 2).

le législateur en tête du titre neuvième : *l'enfant doit à tout âge honneur et respect à ses père et mère.* (1). Mais quel est le véritable caractère, quelle est la portée juridique de ce principe ? Certains auteurs (2) ont essayé d'en déduire un effet de droit, c'est-à-dire une sanction civile en dehors des conséquences que la loi en a elle-même tirées. Ainsi, d'après ces auteurs, il devait être interdit aux enfants, en vertu de l'art. 371, d'intenter contre leur père et mère une action déshonorante, et d'obtenir contre eux la contrainte par corps. Nous pensons, au contraire, que l'art. 371 n'est qu'un précepte de morale dont la loi elle-même a déterminé les effets, et qui n'autorise en aucune façon à créer contre l'enfant des prohibitions que le Code n'a pas formellement édictées. Les travaux préparatoires du titre qui nous occupe démontrent clairement que tel est le sens de l'art. 371. Lors de la discussion au conseil d'État, un membre de l'assemblée proposait de supprimer l'article 371 comme inutile. M. Bigot-Préameneu répondit que cet article renfermait *les principes dont les autres ne font que développer et fixer les conséquences, que, d'ailleurs en beaucoup d'oc-*

---

(1) Code Nap , tit. 14, art. 371.
(2) M. Duranton, III, n° 350 notamment.

casions, il deviendrait un point d'appui pour le juge. M. Vezin, dans son rapport au Tribunat, appuyant le maintien de l'article, reconnaissait qu'*il ne contenait pas, à proprement parler, de disposition législative* (1). C'est donc à tort que la contrainte par corps aurait été refusée, en se fondant sur cet article, aux enfants contre leurs père et mère, et le législateur lui-même a jugé l'art. 371 insuffisant à cet égard, puisqu'il a cru devoir insérer dans la loi du 17 avril 1832 une disposition spéciale pour défendre l'exercice de la contrainte par corps entre ascendants et descendants (2). Quant aux actions déshonorantes, il est bien vrai qu'à Rome toute action de cette nature était refusée

----

(1) Rapport au Tribunat fait par M. Vezin, séance du 1er germinal an XI.

Quoique cet article ne contienne pas à proprement parler de disposition législative, et que, sous ce rapport, dans la discussion au Conseil d'État, il ait été proposé de le rejeter, on a observé avec raison que les auteurs du projet avaient cru utile de placer en tête du titre les devoirs que la qualité de fils impose, *de même que dans le titre du mariage* (art. 212) on a inséré une disposition qui retrace les devoirs des époux ; et que cet article, contenant d'ailleurs les principes dont les autres ne font que développer les conséquences, doit devenir un point d'appui pour les juges. Ces observations ont été accueillies.

(2) L. 6 et 21, de in jus vocando, D.; de même il était défendu à l'enfant d'exproprier son père au-delà de ce qu'on appelle le bénéfice de compétence (Demol., IV, n° 56.)

à l'enfant contre son ascendant (1); mais s'ensuit-il nécessairement qu'il en soit de même dans notre législation? L'art. 380 du Code pénal prouve bien le contraire, puisqu'il déclare que les soustractions commises par les ascendants au préjudice de leurs descendants ne peuvent donner lieu qu'à des réparations civiles. Cet article, il est vrai, est invoqué à l'appui de la doctrine adverse; mais est-ce que dans ce cas l'action, quoique purement civile, n'a pas pour résultat de déshonorer les parents qui en sont l'objet? Et d'ailleurs, les art. 334 et 335 du Code pénal punissent non-seulement de l'emprisonnement et de l'amende, mais même de la perte de la puissance paternelle, le père ou la mère qui aura excité, favorisé ou facilité la corruption de ses enfants; sera-t-il donc défendu à la victime de cet odieux attentat de réclamer elle-même la protection de la justice et d'intenter ainsi contre les ascendants une action déshonorante? Ce qu'il y a de vrai

----

(1) Cette disposition d'ailleurs s'explique encore par un autre motif que le respect dû aux ascendants : c'est surtout le désir de maintenir l'esprit de famille qui a guidé le législateur, et ce qui le prouve, c'est que la loi du 17 avril 1832 s'oppose également à ce que la contrainte par corps soit prononcée au profit du mari ou de la femme, des ascendants eux-mêmes et des frères et sœurs du débiteur (Val. sur Proudhon, t. I, p. 238, note A, II, *in fine*).

c'est qu'en certains cas les juges trouveraient dans l'art. 371 *un point d'appui*. Le tribun Albisson, devant le Corps législatif, citait comme exemple (1) : *des contestations d'intérêt entre des enfants et leurs parents; ceux-là passant dans leurs moyens d'attaque et de défense les bornes que le respect doit leur prescrire se mettraient dans le cas d'y être ramenés par des admonitions ou des actes d'animadversion plus ou moins sévères, selon la nature de leur offense* (2).

Il nous suffit d'avoir indiqué les principaux effets de la puissance paternelle prise dans son acception la plus étendue; occupons-nous maintenant exclusivement du titre neuvième du Code Napoléon, c'est-à-dire de la puissance paternelle proprement dite, telle qu'elle réside entre les mains du père et de la mère pendant la minorité de l'enfant.

La puissance paternelle, envisagée sous ce dernier point de vue, s'exerce d'une manière différente suivant qu'elle porte sur des enfants légitimes et légitimés, ou sur des enfants naturels. Les règles que nous allons exposer se

---

(1) Discours de M. Albisson, orateur du Tribunat, dans la séance du 3 germinal an XI.

(2) MM. Valette sur Proudhon, II, p. 298, note 1 ; — Demol., t. VI, p. 219; — Taulier, I, p. 475; — Cassat., rejet, 16 déo. 1829.

référeront uniquement à la puissance paternelle exercée sur les premiers; quant aux
enfants naturels, nous examinerons, dans un
appendice spécial, les règles qui leur sont personnelles à cet égard.

CHAPITRE Ier.

PAR QUI LA PUISSANCE PATERNELLE PEUT ÊTRE EXERCÉE.

La puissance paternelle n'étant, comme nous
l'avons dit, qu'un droit résultant du devoir
imposé aux père et mère de nourrir, d'instruire
et d'élever leurs enfants, doit être commun à
l'un comme à l'autre, de même que ce devoir
pèse sur l'un comme sur l'autre. Cette règle
de raison, d'équité et de justice est sagement
consacrée, en principe, par l'art. 372. Mais,
d'un autre côté, comme toute autorité, pour
être exercée efficacement, ne saurait souffrir
de partage, c'est au mari, chef de la famille, déjà
investi de la puissance maritale (art. 213), que
l'exercice en appartient exclusivement pendant
le mariage (art. 372) (1).

____

(1) Il résulte de là qu'un texte formel et spécial est nécessaire,
pour que la mère puisse être associée concurremment avec le
père à l'_exercice_ de la puissance paternelle. Tels sont les cas des
art. 146 et 346.

Toute clause donc par laquelle le mari remettrait tout ou partie de la puissance paternelle à sa femme, cette clause fût-elle d'ailleurs insérée dans le contrat de mariage, serait frappée d'une nullité radicale (art. 1388), comme contraire à l'ordre public auquel ne sauraient avoir le pouvoir de déroger des conventions particulières (art. 6).

Le père seul, dit l'art. 372, exerce cette autorité pendant le mariage. Mais que décider si le père se trouvait, avant que le mariage fût dissous, dans l'impossibilité d'exercer la puissance paternelle? Proudhon paraît enseigner dans ce cas que la loi n'accordant à la mère que la survivance, l'art. 372 doit être interprété à la lettre, et que, par conséquent, la mère ne serait admise à exercer l'autorité paternelle qu'autant qu'elle aurait réellement survécu au mari (1). Nous croyons que cette interprétation judaïquement littérale doit être rejetée, et qu'il faut s'attacher ici moins à la lettre de la loi qu'à son esprit. En effet, la puissance paternelle est en principe, commune au père et à la mère ; si la mère n'en a point ordinairement l'exercice pendant le mariage, c'est que l'action de son mari met obstacle à la sienne. Mais si

____

(1) M. Proudhon, II, n° 244.

le père était interdit ou absent, son action serait alors entravée, et rien ne s'oppose plus
logiquement à ce que celle de la mère reprenne
son cours. La mère, disait M. Vesin au Corps
législatif, prend la place du père ; d'ailleurs à
qui donc la puissance paternelle serait-elle
alors confiée, si ce n'est à la mère ; par qui serait-elle mieux et plus convenablement exercée que par elle ? Enfin il en était de même
dans l'ancien droit, comme nous l'apprend Pothier (1), « non-seulement après la mort du
père, mais encore dans le cas auquel pour sa
démence ou son absence, le père ne pouvait
l'exercer. » Et les textes de nos Codes, con-
formes à ces traditions (2), supposent toujours
que c'est à la mère, en cas d'impossibilité du
père, que revient naturellement l'exercice de
ce pouvoir (3).

Notre décision serait la même au cas où le
père serait condamné pour avoir favorisé la
corruption de ses enfants, et, par conséquent,
déchu de la puissance paternelle. Mais nous
n'admettrions pas que la mère pût se fonder

---

(1) Traité des personnes, part. III, tit. 6, sect. 2.
(2) Art. 141, 149, C. N. ; 2, C., comm.
(3) V. MM. Val. sur Proudhon, II, p. 245, note A ; — Zachariæ, III, 674 ; — Vazeille, du Mariage, II, p. 405 ; — Marcadé,
art. 173, n° 1.

sur l'affaiblissement des facultés intellectuelles du mari ou sur son éloignement en pays étranger pour réclamer à son profit l'exercice de la puissance paternelle (1).

Il est bien entendu, dans tous les cas, qu'à défaut du père, la mère n'exercerait la puissance paternelle que dans les limites qui lui sont tracées lorsqu'elle l'exerce de son chef; le pouvoir qui lui est simplement délégué ne peut produire plus d'effet que le pouvoir qui lui est propre.

CHAPITRE II.

CAUSES D'ACQUISITION DE LA PUISSANCE PATERNELLE.

Nous avons reconnu dans la législation de pays de droit écrit, comme dans celles des pays de droit coutumier, deux causes seulement d'acquisition de la puissance paternelle : le mariage et la légitimation. Quant au troisième mode d'acquisition usité en droit romain, l'adoption,

---

(3) Toutefois, en cas de mariage, on pourrait s'adresser au tribunal, qui sera libre, sans pour cela prononcer l'interdiction, d'ordonner qu'il sera passé outre à la célébration du mariage avec le seul consentement de l'autre ascendant (Demol., t. III, n° 43).

nous avons constaté qu'elle n'était admise dans aucune province de la France, même parmi celles où les traditions romaines s'étaient le plus religieusement conservées (1).

Sous l'empire du Code Napoléon la puissance paternelle s'acquiert d'abord, comme dans l'ancien droit français, par le mariage et la légitimation par mariage subséquent. Mais de plus elle s'acquiert aussi, comme en droit romain, par l'adoption. Cette dernière institution, restée étrangère aux lois et aux mœurs de la France jusqu'à la révolution (2), mentionnée depuis le décret de l'Assemblée nationale du 18 janvier 1792 comme institution déjà presque existante par plusieurs actes législatifs (3), ne fut définitivement comprise dans le projet du Code Napoléon que sur les observations de la Cour de cassation, et de quelques cours d'appel auxquelles ce projet avait été envoyé.

Chacun de ces trois modes d'acquisition est régi dans notre Code par des dispositions spéciales dans le détail desquelles nous ne pour-

----

(1) Nouveau Denizart, t. i, v° adoption, § 3, n° 1.

(2) Merlin, Répert., v° adoption, § 1 ; Grenier, Discours hist. sur l'adoption.

(3) Constit. de 1793, art 24, décret du 15 frim. an iii; loi du 22 frim. an iii, art. 68, § 1, n° 9; arrêté du 19 floréal, an viii, art. 10.

rions entrer, et nous nous contenterons de renvoyer à cet égard aux commentaires des titres particuliers qui les concernent.

Les causes d'acquisition que nous venons d'énumérer se réfèrent uniquement aux enfants légitimes ou légitimés. La puissance paternelle restreinte, qui peut s'exercer sur les enfants naturels, résulte à leur égard de la reconnaissance légale ou judiciaire qui en est faite.

CHAPITRE III.[1]

DES EFFETS DE LA PUISSANCE PATERNELLE.

Nous nous occuperons, comme nous l'avons fait jusqu'à présent, des effets de la puissance paternelle, à un double point de vue : 1° effets sur la personne de l'enfant; 2° effets sur les biens de l'enfant.

SECTION Ire.

Effets de la puissance paternelle sur la personne de l'enfant.

Le Code ne pouvait pas définir juridiquement tous les attributs, petits ou grands, de la puissance paternelle. « Il ne pouvait que s'en remettre sur ces détails de la vie domestique aux mœurs, aux usages, aux habitudes des familles, surtout à la tendresse des parents (1). » Aussi le législateur s'est-il borné à régler ici en termes formels deux des effets les plus importants de cette autorité sur la personne : le premier concerne la garde et la résidence de l'enfant, le second concerne le droit de correction.

ART. 1er. *De la garde et de la résidence de l'enfant.*

L'enfant ne peut quitter sans la permission de son père la maison paternelle ou toute autre résidence où il aurait été placé par ses parents (art. 372). L'intérêt public avait déjà fait, du temps de Pothier (2), admettre une exception à ce principe, exception également reconnue par notre législation actuelle : il est permis au fils de s'enrôler sans le consentement de son père. Mais comme il ne fallait pas permettre à l'enfant d'interrompre sous ce prétexte l'éducation qu'il reçoit, ce droit ne lui était accordé qu'à l'âge de dix-huit ans révolus par le Code, et la loi du 21 mars 1832 (art. 32), jugeant encore cet âge insuffisant, ne l'autorise à s'enrôler ainsi qu'à l'âge de vingt ans révolus.

----

(1) M. Démol., t. VI, n° 301.
(2) Pothier, des personnes, part. 1, tit. II, sect. 2.

Si l'enfant contrevenait à la disposition de l'art. 374, le père aurait le droit de le faire renoncer à la maison paternelle, même *manu militari*. C'est ce que disait d'ailleurs le premier consul au conseil d'État (1) : « le fils ne peut, sans le consentement de son père, quitter la maison paternelle ni voyager; s'il se le permet, le père a le droit de le faire ramener (2). » Un ordre du président du tribunal suffirait alors pour mettre la force publique en mouvement (3).

Art. 2. *Du droit de correction.*

Sous ce titre il ne faudrait pas entendre ces punitions que les père et mère peuvent infliger à leurs enfants dans l'intérieur de la famille, *in domo*. Il s'agit ici d'un moyen énergique de répression contre les écarts graves commis par un enfant rebelle; la loi autorise alors, pour

---

(1) Locré, législ. civ., t. vii, p. 20.

(2) MM. Val. sur Proudhon, i, p. 241, note a, 12; Zachariæ iii, p. 675, Ducaurroy, Bonn. et Roust. i, n° 350.

(3) De Belleyme, ordon. sur requête, t. I, p. 417; Chardon, des trois puissances, ii, n° 24.—Selon MM. Ducaurroy, Bonnier et Roustain, le pouvoir exceptionnel que la loi attribue au président, dans les art. 376 et 377, ne doit pas être étendu aux cas non prévus expressément. Ce serait donc le tribunal, juge de droit commun, qui serait appelé ici à statuer; ou du moins si le président peut être saisi, c'est seulement en cas d'urgence et par voie de référé pour obtenir une décision provisoire (C. pr. civ., art. 806). Commentaire du Code civ., liv. i, des personnes, art. 374.

le maintenir dans le devoir, une mesure extrême, la détention de l'enfant avec le concours de la force publique.

Ce droit de correction ainsi défini n'est pas réglé de la même manière, suivant qu'il est exercé par le père ou par la mère.

I. Du droit de correction exercé par le père.

Le père peut exercer ce droit par voie d'autorité et par voie de réquisition. Dans le premier cas son autorité est souveraine, il n'est pas tenu de faire connaître ses motifs au président du tribunal qui doit, sur sa demande, lui délivrer l'ordre d'arrestation (art. 376). Pour que la voie d'autorité puisse être employée, il est nécessaire avant tout que l'enfant ait moins de seize ans commencés (art. 376), et même alors il faut de plus que son père ne se soit pas remarié (art. 380), qu'il n'ait pas de biens personnels, ou qu'il n'exerce aucun état (art. 382). Sous ces conditions le recours à la voie d'autorité n'offre aucun danger ; la détention d'ailleurs ne peut excéder un mois (art. 376). En toute autre hypothèse le père ne peut agir que par voie de réquisition.

Dans ce second cas le président du tribunal, après en avoir conféré avec le procureur impérial (art. 382), délivre ou refuse l'ordre d'arrestation. Le père est donc tenu d'exposer les griefs qu'il peut avoir contre l'enfant ; avant de statuer il faut que le juge apprécie. Si le président peut refuser l'ordre d'arrestation, il peut à plus forte raison abréger le temps de la détention requise par le père ; mais il ne pourrait l'augmenter, car en principe général le juge ne doit pas prononcer *ultra petita*.

Le père ne peut agir que par voie de réquisition :

1° *Lorsque l'enfant a plus de seize ans commencés ;* le maximum de la durée de la détention s'élève alors à six mois (art. 377). En effet, l'enfant, arrivé à cet âge, peut commettre des écarts plus graves qui doivent amener nécessairement une répression plus sévère, et, d'un autre côté, la loi doit lui accorder plus de garanties par cela même qu'il peut encourir une plus longue détention.

2° *Lorsque son père est remarié.* La loi ne suppose plus au père remarié la même tendresse et la même impartialité (1). « On ne voit que trop souvent, » dit M. Duranton (2), « une belle-mère se prévenir contre les enfants d'un premier lit, et faire d'un mari faible et aveugle l'instrument docile de ses inimitiés. »

---

(1) M. Réal, exposé des motifs ; Fenet, t. x, p. 520.
(2) M. Duranton, t. iii, n° 385.

Que décider si le père remarié est devenu veuf? Presque tous les auteurs (1) enseignent que le père, dans ce cas, recouvre le droit de faire détenir, par voie d'autorité, ses enfants du premier lit âgés de moins de seize ans commencés. Nous pensons au centraire avec la minorité des jurisconsultes (2) que le père ne recouvre pas ce droit. En effet, aux termes de l'art. 380, il l'a perdu en se remariant; or, un droit une fois éteint ne peut plus exister, à moins qu'un texte formel ne lui donne de nouveau naissance. C'est ainsi que l'on convient généralement que la mère, qui a perdu par un nouveau mariage la jouissance légale des biens de ses enfants du premier lit, ne recouvre pas cette jouissance lorsqu'elle redevient veuve. En vain objecterait-on les termes de l'art. 380 : *si le père est remarié,* qui supposeraient, d'après nos adversaires, que le père est actuellement remarié. Les termes sont loin d'être formels ; on peut parfaitement entendre ces mots : *si le père est remarié*, en ce sens : *si le père a*

---

(1) Tels sont MM. Proudhon, t. ii, p. 246; Toullier, t. ii, n° 1058; Vazeille, du mariage, ii, n° 428; Marcadé, t. ii, art. 375, n°ˢ 2 et 3; Duranton, t. iii, n° 355; Taulier, t. i, p. 484.

(2) MM. Ducaurroy, Bonn. et Roust., art. 38, t. i, p. 393; Demol., t. vi, n°ˢ 322 et suiv.; MM. Massé et Vergé sur Zachariæ, p. 367, note 10.

contracté une nouvelle union, *s'il n'est pas resté veuf*. Et cette interprétation reste en complète harmonie avec les motifs qui ont déterminé le législateur à introduire l'exception de l'art. 380. N'est-ce pas, en effet, la crainte de l'influence de la seconde femme qui a dicté cette restriction au pouvoir paternel ? Or, cette influence ne s'évanouit pas à la mort de la seconde femme ; elle survit le plus souvent dans le cœur du père, surtout s'il est né des enfants du second lit. Il ne faut donc pas, dans ce cas, retirer aux enfants du premier lit la protection que la loi leur accorde dans l'article 380. « En se remariant, le père a modifié pour toujours sa position vis-à-vis d'eux. Objet d'un amour moins exclusif, « *ils sont devenus eux-mêmes moins confiants*, *moins respectueux*, *et dès lors aussi plus insoumis et plus difficiles à gouverner* » (1). Enfin, la jalousie entre les enfants des deux lits pourrait susciter des querelles au milieu desquelles le père sera bien rarement un juge impartial.

3° *Lorsque l'enfant a des biens personnels ou qu'il exerce un état* (art. 382). Pour justifier la première de ces deux exceptions, le consul Cambacérès disait au conseil d'État :

---

(1) M. Demol., t. i, n° 324.

« *que si l'enfant a pour père un dissipateur,
il est hors de doute que le père cherchera à le
dépouiller, qu'il se vengera du refus de l'enfant, et que peut-être il lui fera acheter sa liberté* (1) ». Cette explication, reproduite sans
réflexion successivement par M. Réal dans son
exposé des motifs, et par M. Vesin dans son rapport au Tribunat, est évidemment dénuée de
toute valeur sérieuse. En effet, l'enfant soumis à
la puissance paternelle n'a pas l'administration
de ses biens ; il ne peut consentir aucune aliénation, aucune obligation personnelle (articles 1124, 1308); il ne peut même disposer par testament (art. 904 et 907); et dès lors,
comment concevoir que le père puisse lui faire
acheter sa liberté? On pourrait peut-être dire
cependant, d'une part, que les engagements
pris par l'enfant à l'égard de son père, bien
que nuls devant la loi, pourraient produire
aux yeux de l'enfant une certaine force morale obligatoire ; et, d'autre part, que l'enfant
propriétaire a par cela même dans la société
une position qui lui mérite plus d'égards. La
seconde exception, au contraire, se justifie
d'elle-même. L'enfant qui exerce un état se
rend utile à la société ; sa situation est digne
d'intérêt et d'encouragement ; il ne faut pas

---

(1) Locré, législ. civ., t. vii, p. 36.

qu'une détention légèrement ordonnée vienne, en le ruinant, lui causer un préjudice grave et souvent irréparable.

Les art. 380 et 382, qui énoncent les exceptions que nous venons de signaler à l'exercice de la voie d'autorité quand l'enfant a moins de seize ans, ne déterminent pas alors quelle sera la durée de la détention. Cette durée est-elle uniforme ou non dans tous les cas où le père agit par voie de réquisition? Est-elle, dans les cas exceptionnels qui nous occupent, de six mois au plus, ou bien, ne peut-elle excéder un mois? Suivant nous, elle ne peut excéder un mois.

Quel est en effet le principe fondamatal posé par les art. 376 et 377? L'enfant a-t-il moins de seize ans commencés, le maximum de la durée de la détention est d'un mois; plus de seize ans commencés, le maximum est de six mois : telle est la règle. Or, les art. 380 et 382 n'y apportent aucune dérogation. Ils se réfèrent, il est vrai, à l'art. 377; mais à quelle partie de l'art. 377? Uniquement à ce qui concerne la procédure, *la forme* à suivre. Quel est d'ailleurs le motif de ces trois exceptions? Évidemment un motif de faveur pour l'enfant. Ce serait méconnaître la pensée du législateur que de retourner contre l'enfant lui-même les dispositions bienveillantes dont il est l'objet. Enfin, la raison qui fait la différence entre le

cas où le maximum de la durée de la détention est d'un mois et le cas où il peut être de
six mois, c'est, avant tout, l'âge de l'enfant ;
or, cette raison est absolue, et s'applique indépendamment de toutes autres considérations
dès que l'enfant a moins de seize ans commencés (1).

L'art. 382 accorde à l'enfant détenu un recours contre l'ordonnance du président : « *L'enfant détenu pourra adresser un mémoire au
procureur général près la cour impériale, qui
pourra révoquer ou modifier l'ordre délivré
par le président du tribunal de première instance.* » Ce recours, qui du reste n'est pas sus-
pensif (2), n'est bien formellement accordé par
la loi qu'à l'enfant qui a des biens personnels
ou qui exerce un état. Mais ne faut-il pas étendre cette disposition à tous les enfants détenus
par voie de réquisition? La question est controversée. Pour nous, nous n'hésiterons pas à
adopter l'affirmative. Et d'abord constatons que
les travaux préparatoires du Code sur lesquels
se fondent uniquement les opinions dissidentes
ne nous offrent que des renseignements peu

---

(1) *Sic* M. Demol., t. VI, n° 329. — Contra MM. Zachariæ, et
Aubry et Rau, III, p. 677.

(2) M. Yosin l'a formellement déclaré au Tribunat (Locré, législ. civ., VII, p. 78).

certains, et qu'ils pourraient même être jusqu'à un certain point interprétés dans le sens de l'opinion que nous défendons. Voici, en effet, ce qui s'y passe. Cambacérès, se référant au cas où l'enfant aurait, soit des biens acquis par un travail ou une industrie séparée, soit des biens donnés ou légués sous la condition que les père et mère n'en jouiraient pas (art. 387), ajoutait que dans ce cas il faudrait *limiter encore davantage le pouvoir du père.* « Peut-être, disait-il, serait-il juste d'autoriser cet enfant à se pourvoir devant le président et la commission du tribunal d'appel contre la décision du président du tribunal de première instance. Cette décision serait cependant exécutée par provision (1). » Cet amendement fut admis ; toutefois il ne fut pas exactement reproduit dans la rédaction présentée et adoptée séance tenante de la disposition qui correspondait à notre article actuel 382 (2); elle était ainsi conçue : « Dans le cas où l'enfant aurait des biens personnels, sa détention ne pourra, quel que soit son âge, avoir lieu que par voie de réquisition, et *l'enfant détenu pourra adresser au commis-*

----

(1) Discussion au Conseil d'État, séance du 8 vendémiaire an XI.

(2) Même séance du 8 vendém. an XI.

*saire du gouvernement, près le Tribunal d'appel,
un mémoire contenant ses moyens de défense.*

Le Tribunat propose de supprimer la dernière partie de l'article, se fondant d'abord sur ce que la loi n'indiquait pas « *ce que le commissaire du gouvernement aurait à faire,* et ensuite sur ce que *non-seulement dans le cas prévu par cet article, mais dans tous les autres rien ne peut empêcher l'enfant détenu de présenter un mémoire... sans que la loi s'en explique.* »

Mais le conseil d'État, au lieu de supprimer la disposition relative au mémoire de l'enfant detenu la complète, en expliquant ce qu'auraient à faire les magistrats à qui ce mémoire serait adressé : toutefois, par une modification qui n'est pas sans importance, à nos yeux du moins, il divisa en deux alinéas, comme on le voit dans le Code, la disposition primitive qui, nous l'avons dit, ne contenait d'abord que deux membres de phrase unis par une conjonction. Ne serions-nous pas en droit de conclure dès lors, avec MM. Ducaurroy, Bonnier et Roustain(1) qu'en isolant le second membre de phrase pour en faire une phrase principale et distincte, les rédacteurs ont voulu généraliser le principe, d'ailleurs de droit commun, qu'il consacrait, et

____

(1) MM. Ducaurroy, Bonn. et Roust., art. 382.

cela surtout après les judicieuses observations émanées du Tribunat. Nous ne trouvons rien non plus de bien décisif en un sens ou en l'autre, dans le langage des orateurs officiels. Suivant M. Réal (1), la faculté de présenter un mémoire justificatif n'appartient qu'aux enfants qui ont des biens personnels ou qui exercent un état. Mais en revanche, d'après M. Vesin, orateur du Tribunat, cette même faculté existe au profit de l'enfant détenu par voie de réquisition, *dans tous les cas* (2), et le rapport du tribun Albisson fait au Tribunat à la suite de la communication officieuse, consacre la même interprétation : « l'objet de la loi, dit M. Albisson, ne serait pas entièrement rempli, si elle n'avait pas pourvu au moyen de réparer quelques injustices, les surprises même qui pourraient être faites aux présidents des tribunaux de première instance ; l'art. 382 veut que *dans ce cas* l'enfant détenu puisse adresser un mémoire (3). » dans ce cas, c'est-à-dire en cas de surprise faite au président du tribunal, et non pas seulement dans les cas spécialement prévus par le premier alinéa de l'art. 382.

---

(1) Exposé des motifs par le conseiller Réal devant le Corps législatif.

(2) Discours du tribun Vesin au Corps législ.

(3) Rapport de M. Albisson au Tribunat.

De ce que nous venons de dire, il résulte que si les travaux préparatoires du Code ne sont pas entièrement concluants en notre faveur, ils ne peuvent non plus être souverainement invoqués contre nous. A défaut de lumières certaines qui nous manquent de ce côté, il nous semble que nous devons recourir, comme point d'appui, aux principes de la raison et aux règles du droit commun. Or, la raison et le droit commun sont formels dans le sens de l'affirmative. Est-il possible rationnellement de concevoir un motif de différence sur la question qui s'agite entre l'enfant qui aura des biens personnels et l'enfant dont, par exemple, le père se sera remarié ? Cependant, d'après nos adversaires, le droit de pourvoi contre la décision du président appartiendrait au premier et serait refusé au second. Est-ce que tous les deux n'ont pas besoin d'une égale protection ? Et quand nous disons égale, nous nous trompons même, car nous avons reconnu que l'exception introduite par la loi en faveur de l'enfant qui a des biens personnels se justifie difficilement, tandis que celle en faveur de l'enfant dont le père s'est remarié s'explique d'elle-même, et c'est justement cette dernière hypothèse, où il est évident de l'aveu de tous qu'un enfant a droit à toute la sollicitude du législateur, que l'on choisira pour lui refuser un privilége généreusement conféré à un autre enfant, dont la situation ne mérite pas au fond la faveur exceptionnelle qui lui est faite. De plus, et c'est là, à notre avis, un argument péremptoire; cette voie de recours est conforme aux principes de droit commun; or, dans le doute, c'est au droit commun que nous devons nous référer, cela surtout lorsqu'il s'agit, en y dérogeant, de porter atteinte au droit le plus sacré, le plus inviolable pour tous, le droit de liberté individuelle (1).

Les trois règles suivantes sont d'ailleurs communes au droit de correction, de quelque manière qu'il s'exerce, soit par voie d'autorité, soit par voie de réquisition.

1° Il n'y aura, dans l'un et l'autre cas, aucune écriture ni formalité judiciaire, si ce n'est l'ordre même d'arrestation dans lequel les motifs n'en seront pas énoncés (art. 378). M. Réal indiquait en ces termes le motif de cette sage disposition : « *donner de la publicité à des erreurs, à des faiblesses de jeunesse ; en éterniser le souvenir, ce serait marcher directement contre le but qu'on se propose, et de ces punitions qui ne sont infligées à l'enfance que*

____

(1) *Sic* MM. Demol., t. vi, n° 331; MM. Ducaurroy, Bonnier et Roustain, art. 382, t. i.

pour épargner des tourments à l'âge mûr, ce serait faire naître des chagrins qui flétriraient le reste de la vie ». Le vœu du législateur est donc parfaitement dessiné; mais comment y obéir dans la pratique? L'agent de la force publique ne doit-il pas dresse" procès-verbal de l'arrestation? Et surtout, est-ce que le gardien de la maison de détention ne doit pas dresser un acte d'écrou, formalité à laquelle il est expressément astreint sans aucune exception par l'art. 609 du Code d'instruction criminelle? Il nous semble qu'on peut concilier les articles également formels, 371 de notre Code et 609 du Code d'instruction criminelle, en exigeant que partout où il n'existe pas de lieu spécial de détention, un registre soit dressé à part pour y recevoir les noms des enfants ainsi enfermés dans la maison de correction ordinaire.

Le père sera seulement tenu, ajoute l'article 378, *de souscrire une soumission de payer tous les frais et de fournir les aliments convenables.* Une controverse s'est élevée sur ces derniers mots : de fournir les aliments convenables. Se rapportent-ils au mot *tenu* ou au mot *soumission ?* Si nous adoptions la première interprétation, soutenue par M. Marcadé (1), nous dirions que le père doit verser

____

(1) MM. Marcadé, t. ii, art. 378, n° 4-3°; de Belleyme, ordon. sur référés, 1, p. 12.

d'avance une somme suffisante pour fournir pendant un mois à l'enfant les aliments convenables, conformément aux art. 789-5°, 791 et 800 du Code de procédure. Mais cette interprétation, contraire d'abord à la ponctuation grammaticale de la phrase, ne nous paraît pas non plus conforme à l'intention des rédacteurs. En effet, le projet primitif s'exprimait ainsi : Art. 2......... *après avoir fait souscrire par le père une soumission de payer tous les frais et de fournir les aliments convenables.* Et rien n'annonce dans la nouvelle rédaction que les conseillers d'État (1) aient voulu déroger à leur première idée manifestée par les termes de l'article primitif. Quant aux art. 789 et suiv. du Code de procédure, il ne s'agit pas ici d'un emprisonnement ordinaire dans l'intérêt privé d'un créancier. La correction paternelle repose au contraire sur l'intérêt de l'enfant, l'intérêt des familles et de l'État lui-même, et dès lors il serait illogique d'imposer au père des conditions telles, qu'elles rendraient souvent impossible l'exercice de son autorité.

2° Le père est toujours maître d'abréger la durée de la détention par lui ordonnée ou requise (art. 379, 1re partie). Le droit de grâce

---

(1) Fenet, t. x, p. 479.

est en effet un attribut essentiel de la puissance paternelle, et peut ramener par la reconnaissance un enfant repentant à de meilleurs sentiments et à une conduite désormais sans reproche ;

3° Si, après sa sortie, l'enfant tombe dans de nouveaux écarts, la détention pourra de nouveau être ordonnée de la manière prescrite aux articles précédents (art. 379, 2° partie).

Si l'on s'en tenait à la rédaction littérale de l'article, on pourrait peut-être penser que ce droit de provoquer une nouvelle détention n'est accordé au père que s'il a abrégé la durée de la première. Mais une pareille décision serait évidemment contraire à l'esprit du législateur. En effet, le but qu'il s'est proposé en instituant le droit de correction, c'est de punir ainsi les écarts graves commis par l'enfant; or ces écarts peuvent parfaitement se produire avec toute la gravité nécessaire pour exiger une nouvelle détention contre l'enfant dont le père n'a point abrégé la première détention ; ils sont même plus à craindre de sa part; car s'il n'a pas su mériter son pardon d'un père que l'affection prédispose si facilement à l'oubli de ses fautes, cette circonstance annonce un caractère insoumis contre lequel la répression doit être *a fortiori* aussi sévère que contre l'enfant repentant et gracié. La preuve du droit du père de provoquer une nouvelle détention est d'ailleurs écrite dans l'art. 376, qui accorde le droit de correction dans les termes les plus généraux, et par conséquent aussi pour les cas de récidive.

II. Droit de correction exercé par la mère.

La mère survivante et non remariée, nous dit l'art. 381, ne pourra faire détenir un enfant qu'avec le concours des deux plus proches parents paternels et par voie de réquisition, conformément à l'art. 377. Le législateur a dû prévoir, en effet, comme le faisait remarquer l'exposé des motifs pour justifier cette disposition, que la mère trop faible et trop légèrement alarmée pourrait peut-être trop facilement recourir à ces moyens extrêmes; d'un autre côté, il a dû penser qu'une veuve sans défense, dont toutes les actions sont exposées à la critique de la malignité, devait se ménager dans le concours des deux plus proches parents paternels, des témoins impartiaux qui pussent toujours attester la nécessité de cette mesure de rigueur, et qui fussent les garants de sa bonne administration (1).

______

(1) M. Réal, exposé des motifs devant le Corps législatif.

La loi, nous l'avons déjà dit, en ne s'occupant que de la mère survivante, statue sur le *de eo quod plerumque fit*. Le droit de correction lui appartiendrait également dans tous les cas où, même avant la dissolution du mariage, elle se trouverait investie de la puissance paternelle, ainsi en cas d'absence ou d'interdiction de son mari.

Que décider si l'enfant n'a pas de parents paternels ?

La question est diversement résolue. Suivant certains auteurs (1) la réalisation de la condition à laquelle la loi subordonne le droit de la mère se trouvant impossible, elle serait privée du droit de correction; d'autres (2) concluent, au contraire, de l'impossibilité d'accomplir cette condition, que désormais l'action de la mère n'est soumise à aucun contrôle et s'exerce en toute liberté. Ces deux opinions nous semblent trop absolues, et, pour concilier d'une part les intérêts de l'enfant et les droits de la mère méconnus par la première opinion, et les garanties que la loi accorde à l'enfant contre la faiblesse de la mère, perdues de vue par la seconde opinion, nous croyons qu'il con-

---

(1) Proudhon, ii, p 247 ; Allemand, du mariage, ii, n° 1891.
(2) Notamment MM. Duc., Bonn. et Rous., i, n° 557.

vient de remplacer les deux parents paternels par deux amis du père, appliquant ainsi, par analogie, l'art. 409. C'est, du reste, de cette manière que l'on procède dans la pratique (1).

Lorsque la mère a fait détenir son enfant, a-t-elle le droit d'abréger la durée de la détention par elle requise ? La question reçoit également diverses solutions. M. Proudhon (2) refuse absolument ce droit à la mère ; il se fonde sur l'art. 379 qui ne concerne que le père, et de plus sur la crainte qu'une mère trop faible et trop indulgente le plus souvent ne compromette son autorité par un pardon irréfléchi. Une seconde opinion consiste à accorder à la mère le droit de grâce, mais dans les mêmes limites qui restreignent son droit de correction, c'est-à-dire avec concours des deux plus proches parents paternels dont l'avis a été exigé pour requérir la détention (3). Nous n'adopterons ni l'une ni l'autre de ces deux opinions. Selon nous, le droit de grâce appartient à la mère, et de plus elle peut l'exercer seule, sans

---

(1) *Sic* MM. Valette sur Proudhon, II, p. 247, note A ; Zachariæ, III, p. 677 ; Demol. VI, n° 353 ; de Belleyme, ordonn. sur réérés, t. I, p. 14.

(2) M. Proudhon, t. I, p. 247.

(3) MM. Marcadé, II, art. 379, n° 3 ; Toullier, I, p. 483 ; Allemand, du mariage et de ses effets, II, n° 1100.

le concours de qui que ce soit ; si l'art. 379 ne parle que du père, c'est que la mère n'exerce l'autorité paternelle que par exception. Il est tout simple dès lors que les articles qui déterminent les attributs de la puissance paternelle elle-même ne parlent pas de la mère. En principe, la puissance paternelle est commune au père et à la mère (art. 372) ; les articles qui énumèrent les attributs de cette puissance sont donc applicables à la mère, à l'exception seulement des modifications qu'un texte spécial y a faites en ce qui la concerne. Or, l'art. 381 n'a modifié le droit de correction à son égard que sous le rapport du mode de son exercice, et n'a dérogé par conséquent qu'aux art. 377 et 380 : il s'ensuit que les art. 378 et 379 restent intacts et applicables à la mère. Personne ne le nie pour l'art. 378 ; pourquoi donc user d'un autre mode d'interprétation quant à l'article 379 ? Le droit de grâce appartient à la mère, c'est évident, mais on voudrait du moins que pour l'exercer elle obtînt le concours des deux plus proches parents paternels. Il nous semble que c'est étendre abusivement la portée de l'art. 381. Il régit le cas où il s'agit de faire détenir l'enfant ; or, dans notre hypothèse, il s'agit au contraire de faire cesser la détention ; on ne dira certes pas que les deux cas sont identiques. D'ailleurs, on conçoit que la loi, dans la première hypothèse, prenne des précautions contre l'excès possible de la sévérité ; l'intérêt de l'enfant l'exigeait, en est-il de même lorsque l'indulgence de la mère et le pardon de l'enfant sont seuls en jeu ? Le droit de grâce nous paraît être de l'essence de la puissance paternelle, et si la mère a le droit de requérir d'elle-même la détention sans qu'on puisse l'y contraindre, si elle est libre, même l'ordre d'arrestation obtenu, de ne pas la faire mettre à l'exécution, elle a nécessairement seule aussi et sans le concours de personne, le droit de faire sortir son enfant déjà détenu (1).

La veuve qui se remarie perd tout droit de correction (art. 381); mais le droit de correction lui serait-il rendu si elle devenait veuve de nouveau par la mort du second mari. Nous déciderons la négative; c'est là même question que celle qui s'élève sur l'art. 380, question que nous avons longuement discutée, et à l'égard de laquelle nous avons décidé que le père remarié qui perd sa seconde femme ne recouvre pas, par suite de ce décès, le droit de faire détenir, par voie d'autorité, les enfants du premier lit.

______

(1) *Sic* MM. Val. sur Proudhon, 1, p. 247, note 0 ; Zachariæ, 112, p. 679; Démol. VI, n° 356; Duc., Bonn. et Roust., 1, art. 379, n° 555; de Belleyme, ordonn. sur référés, 1, p. 14, 15.

SECTION II.

Effets de la puissance paternelle en ce qui concerne les biens de l'enfant.

Dans cette section, qui s'applique à l'objet plus spécial de notre travail, nous examinerons: 1° quelles sont les règles relatives à l'administration qu'on a coutume d'appeler légale ou paternelle, c'est-à-dire à la gestion des biens des enfants pendant le mariage ; 2° quelles sont les règles relatives à l'usufruit qu'on nomme aussi légal ou paternel, c'est-à-dire à la jouissance que la loi accorde au père ou à la mère sur les biens de leurs enfants pendant un certain temps et sous certaines conditions déterminées.

§ 1. — *De l'administration légale des biens des enfants pendant le mariage.*

Le Code Napoléon traite uniquement dans notre titre 9 de l'usufruit paternel : c'est au contraire dans le titre suivant, le titre X *de la minorité, de la tutelle et de l'émancipation*, qu'il s'est occupé de l'administration légale. D'où il paraîtrait résulter que ce dernier sujet n'appartiendrait pas légitimement au titre de la puissance paternelle. Cette conclusion serait fausse, car, pendant le mariage, la tutelle n'existant pas encore (art. 390), c'est évidemment en vertu de la puissance paternelle seule que le père ou la mère peuvent être chargés de l'administration des biens de l'enfant.

Il est facile, dit M. Marcadé (1), de s'expliquer cette transposition par la pensée qu'ont eue les rédacteurs de régler, dans une même série d'idées, l'administration des biens de l'enfant, depuis son bas âge jusqu'à sa majorité ou son émancipation, en considérant successivement cette administration : 1° pendant l'existence des père et mère (art. 389) ; 2° après la mort de l'un d'eux (art. 390 à 396); 3° après la mort de tous deux (art. 397 et suiv.); mais la place assignée à cet article n'en n'est pas moins illogique, puisque le cas dont il s'occupe n'est pas un cas de tutelle.

Ceci expliqué, l'art. 389 est ainsi conçu

Le père est, pendant le mariage, administrateur des biens personnels de ses enfants mineurs.

Il est comptable quant à la propriété et aux revenus des biens dont il n'a pas la jouissance,

____

(1) Marcadé, Code Nap., II, p. 157.

et quant à la propriété seulement de ceux dont la loi lui donne l'usufruit.

L'art. 389, on le voit, se borne à conférer au père un mandat légal d'administrateur, mais il ne détermine pas dans quelles limites exactes ce mandat sera confirmé. Cette regrettable lacune donne naissance à de nombreuses difficultés.

Et d'abord, en règle générale, comment suppléer au silence de la loi?

Quelques auteurs enseignèrent d'abord qu'il fallait établir une assimilation complète entre l'administration du père et celle du tuteur, tous deux chargés du soin des biens d'un enfant mineur. Si l'on n'applique pas les règles de la tutelle, disaient-ils, on tombe nécessairement dans le plus injuste arbitraire, car il n'y a rien à l'égard de l'administration légale, ni dans notre titre ni dans celui de la tutelle qui définisse ses pouvoirs. Ce silence absolu serait inexplicable s'il n'avait pas été dans l'intention du législateur d'étendre les principes de la tutelle au cas d'administration légale, et cette intention, d'ailleurs, se trouve clairement manifestée par la place donnée à l'art. 389 dans le titre encore de la tutelle (1). Ce système

____

(1) Colmar, 22 mai 1816, Toulouse, 22 décembre 1818; Persil, art. 2121, n° 36; Battur, des priviég. et hypoth, t. ii, n° 365.

avait le mérite d'une extrême simplicité ; mais il reposait sur l'assimilation de l'administration légale et de la tutelle, assimilation complétement fausse en fait et en droit ; aussi, ne pouvait-il réussir et se trouve-t-il depuis longtemps abandonné. Nous disons que cette assimilation de l'administration légale et de la tutelle est d'abord fausse en fait. Effectivement : « *pendant le mariage, le père et la mère sont là, se consultant, se concertant tous les deux, veillant en quelque sorte l'un sur l'autre, à leur insu, avec une instinctive émulation de tendresse* » (1). D'ailleurs, les enfants n'ont pas ordinairement alors de biens personnels, ou s'ils en ont, ces biens sont de peu d'importance. Enfin, il n'y a pas opposition d'intérêts entre le père, la mère et l'enfant, comme cela arrive, au contraire, souvent en cas de prédécès de l'un d'eux. En droit, la tradition historique confirme cette distinction que nous établissons entre l'administration légale et la tutelle (2). Le Code lui-même la consacre formellement, et elle reste nettement indiquée par la différence de rédaction

____

(1) M. Demol., vi, n° 415.

(2) Dans notre ancienne jurisprudence, on accordait à l'administrateur légal des pouvoirs plus étendus qu'au tuteur (Merlin, Répert , v° legitim. admin. ; Coquille, art. 2 de la cout. de Nivernais ; de Laurière sur Loisel, Inst, cout., liv. ii, tit. 4, règle 1).

qui existe entre les deux art. 389 et 390. Les travaux préparatoires du Code montrent enfin que cette différence n'est pas l'effet du hasard, mais celui de l'intention formelle des rédacteurs. L'art. 389 ne se trouvait pas dans le projet du titre de la tutelle, officieusement communiqué au Tribunat, et c'est à la suite seulement de ces observations que fut introduit, dans le Code, cet art. 389. Or, voici le texte des observations du Tribunat :

« La section pense que le premier article de
» ce chapitre doit énoncer, en termes précis,
» quelle est, durant le mariage, la qualité du
» père par rapport aux biens personnels de ses
» enfants mineurs, soit pour ce qui concerne la
» propriété de ces biens seulement s'il a droit à
» la jouissance, soit pour ce qui concerne la
» jouissance et la propriété si l'une et l'autre
» appartiennent à ses enfants. Jamais, jusqu'à
» ce jour, le père ne fut qualifié tuteur de ses
» enfants avant la dissolution du mariage. Si,
» pendant que le mariage existe, la loi n'ad-
» mettait aucune différence entre le père et le
» tuteur proprement dit, il faudrait que le père
» fût, par rapport aux biens personnels de ses
» enfants, assujetti, durant le mariage, à toutes
» les conditions et charges que la loi impose au
» tuteur. Il faudrait que le père fût sous la sur-
» veillance d'un subrogé-tuteur, sous la dépen-

» dance d'un conseil de famille, etc., etc., *ce*
» *qui répugne à tous les principes constamment*
» *reçus.* »

« Il paraît évident que, jusqu'à la dissolution
du mariage, le véritable titre du père, le seul
qu'il puisse avoir dans l'hypothèse dont il est
ici question, est celui d'administrateur.

C'est sur cette observation qu'est fondée la
disposition suivante que la section adopte :

« Le père est, durant le mariage, administrateur des biens personnels de ses enfants mineurs.

« Il est comptable, quant à la propriété et au
revenu des biens dont il n'a pas la jouissance, et
quant à la propriété seulement, de ceux des
biens dont la loi lui donne l'usufruit.

« Tout ce qui concerne la propriété des
biens sera réglé par les dispositions de la section VIII (1). »

De tout ce que nous venons de dire, il résulte bien évidemment, en fait comme en droit,
qu'il ne saurait y avoir assimilation entre la
tutelle et l'administration légale, et que, dès
lors, appliquer à la seconde toutes les règles
relatives à la première, ce serait se montrer
complétement illogique.

Mais, en repoussant nous-mêmes le système

______

(1) Locré, législ. civ., VII, p. 213.

qui voudrait organiser l'administration légale absolument sur les mêmes bases que la tutelle, en préférant n'appliquer à l'administration légale que certaines des règles de la tutelle pour écarter les autres, comment échapperons-nous au reproche arbitraire que nous adressent nos adversaires? Quel sera le *criterium* certain, la base solide sur laquelle s'appuiera notre discernement? Voici le principe, selon nous, juste et rationnel qui nous guidera : dans la matière de la tutelle, nous reconnaissons deux classes de règles distinctes, celles qui sont la conséquence du droit commun toutes les fois qu'il s'agit de l'administration de la chose d'autrui, et celles, au contraire, qui sont des dérogations au droit commun en matière de mandat, tirées de la position particulière du mineur et du tuteur, l'un par rapport à l'autre; les premières, nous les appliquerons sans difficulté à l'administrateur légal; nous rejetterons, au contraire, les secondes comme lui étant inapplicables.

Ce principe général posé, nous allons examiner les conséquences de détail qui en découlent à un double point de vue : 1° au sujet des garanties de restitution et de bonne gestion qui doivent ou ne doivent pas être exigées du père administrateur; 2° au sujet de l'étendue et des limites des pouvoirs qui lui sont conférés.

Les garanties de bonne gestion et de restitution exigées dans l'intérêt du mineur sont :

1° L'hypothèque légale : elle ne grève pas les biens du père administrateur. En effet, l'hypothèque n'est pas de droit commun ; elle n'a lieu que dans le cas et suivant les formes autorisées par la loi (art. 2117), et en particulier, l'hypothèque légale ne peut résulter que de la loi (art. 2117). Or les art. 2121, 2135, 2194, etc., ne la font peser que sur les biens immobiliers du tuteur, et le père n'est pas tuteur, puisque la tutelle ne s'ouvre pas avant la dissolution du mariage (art. 390). Le législateur ne pouvait d'ailleurs établir cette hypothèque sans porter une atteinte ruineuse et irrémédiable au crédit public, car agir ainsi, comme les immeubles du mari sont déjà grevés d'une hypothèque légale au profit de la femme, c'eût été le plus souvent laisser subsister pendant toute la durée du mariage deux hypothèques générales sur la presque totalité des immeubles du pays. Aussi les auteurs et les arrêts sont-ils maintenant unanimes pour consacrer la même solution (1).

____

(1) Sic MM. Merlin, Répert., v° puiss. patern., sect. 4, n° 17.

2° Le subrogé-tuteur.

Nommera-t-on un subrogé-tuteur aux enfants pendant le mariage de leur père et mère ? Évidemment non. Qui dit subrogé-tuteur dit par là-même tuteur; or il n'y a pas de tuteur, puisque la dissolution du mariage seule donne ouverture à la tutelle (art. 390). La présence de la mère, sa tendre et inquiète surveillance ne remplacent-elles pas d'ailleurs avec avantage la sollicitude souvent douteuse d'un parent éloigné ou quelquefois d'un étranger subrogé-tuteur (1)?

3° Le conseil de famille.

Un conseil de famille sera placé à côté du père administrateur, car le conseil de famille constitue une institution protectrice des mineurs en général.

4° L'exclusion ou la destitution possible du

Troplong, des hypothèques, ii, art. 2121, n° 424; Valette sur Proudhon, t. ii, p. 282, note a; Zacharie, t. ii, p. 124 ; Duranton, t. iii, n° 416, et t. xix, n° 308, etc., etc.—Cass., 4 décembre 1821; Riom, 23 mai 1822; Lyon, 3 juillet 1827; Bordeaux, 10 avril 1845, etc.

(1) S'il arrivait qu'une contestation judiciaire s'élevât entre le père et l'enfant, on nommerait alors à l'enfant non pas un subrogé-tuteur *ad hoc* comme le dit M. Duranton (iii, n° 415, note 1), non pas non plus un tuteur *ad hoc* d'après M. Demolombe, qui critique M. Duranton sans s'apercevoir qu'il commet la même erreur de mots, attendu qu'il n'y a pas encore tutelle (art. 390), mais bien un *mandataire ad litem*.

tuteur. D'après l'art. 444 sont aussi exclus de la tutelle et même destituables s'ils sont en exercice :

1° Les gens d'une inconduite notoire ;

2° Ceux dont la gestion attesterait l'incapacité ou l'infidélité.

Cet art. 444 pourrait-il être invoqué contre l'administrateur légal se trouvant dans un des cas qui y sont prévus ? Nous le croyons. En effet, il est conforme au droit commun que tout mandataire infidèle à la mission qu'il a reçue puisse être révoqué et remplacé. Si le père, administrateur légal, est en même temps investi de la jouissance légale, cette solution semble plus contestable. En effet, dirait-on, l'art. 444 ne prononce après tout que la révocation d'un simple mandataire ; il ne saurait donc être étendu au père usufruitier, dont la situation est bien différente de celle d'un simple mandataire (art. 578). L'objection ne doit pas nous arrêter, car de deux choses l'une : ou les actes reprochés au père ou à la mère sont des actes de négligence, d'incapacité qui affectent directement les biens eux-mêmes, et alors en vertu des textes de l'usufruit qui imposent à tout usufruitier la charge de conserver la substance et d'administrer en bon père de famille (art. 578, 601, 618), il pourra, pour avoir violé cette obligation, être puni par la perte de son usufruit, ou les biens eux-mêmes étant d'ailleurs en bon état de gestion, les actes coupables seront des manquements au devoir de la puissance paternelle et aux conditions mêmes sous lesquelles l'usufruit légal est accordé, et dans ce cas encore, l'administrateur légal pourrait être déchu, pour inaccomplissement de ces conditions, du droit d'usufruit qui ne lui appartient qu'en retour de leur observation (art. 385) (1).

Mais devrions-nous aller plus loin, et déclarer communes à l'administration légale toutes les causes de dispense (section 6), de même que toutes les causes d'incapacité d'exclusion ou de destitution de la tutelle (section 7)? Nous ne le pensons pas, et d'abord, quant aux incapacités et aux exclusions elles sont essentiellement de droit étroit, et doivent être renfermées dans les limites établies par le texte même de la loi; or, d'après ce texte, elles sont attachées à la seule qualité de tuteur.

D'ailleurs l'administration légale est un attribut de la puissance paternelle, et dès lors il n'y a que les causes qui rendent incapable ou excluent de la puissance paternelle qui puissent être considérées comme emportant déchéance

---

1) Perrières, des tutelles, part. IV, sect. VII, n° 346.

du titre d'administrateur légal. C'est ainsi par exemple que la condamnation à la dégradation civique ou à une peine principale qui l'entraîne de plein droit emporte incapacité d'être tuteur, curateur, subrogé-tuteur ou conseil judiciaire, si ce n'est de ses propres enfants et sur l'avis conforme de la famille (art. 34, C. pén.), tandis qu'elle ne détruit pas le droit de puissance paternelle et par là même les conséquences juridiques, comme l'administration légale, qui en dérivent. En second lieu les causes de dispense admises en fait de tutelle ne sauraient non plus être invoquées à son profit par l'administrateur légal. D'une part, en effet, cette obligation d'administrer n'est imposée au père que comme une conséquence de la puissance paternelle et des avantages qu'elle confère. Or *ubi emolumentum, ibi et onus esse debet*. D'autre part, les mesures établies par les art. 427 et suiv. du Code civil, même celles que l'on considère d'ordinaire comme fondées sur l'intérêt public, reposent sur une considération inapplicable en notre matière, sur les devoirs rigoureux et les charges onéreuses que la tutelle impose. Or, la gestion du père n'est pas soumise aux mêmes obligations. Le père ne peut pas plus se refuser à l'administration des biens de ses enfants qu'il ne saurait se soustraire à celle des biens personnels de sa femme:

« *Car il s'agit moins dans l'un et l'autre cas d'une obligation imposée par la loi que d'une obligation volontairement contractée par le mariage et la procréation des enfants* (1). »

Nous avons à nous demander en second lieu quels sont les pouvoirs de l'administrateur légal en les comparant avec ceux conférés au tuteur. Nous reconnaissons par rapport à ce dernier quatre sortes d'actes distincts :

1° Les actes d'administration que le tuteur peut faire seul;

2° Les autres plus importants pour lesquels l'autorisation du conseil de famille est nécessaire, mais suffisante;

3° D'autres, plus importants encore, exigeant par conséquent, outre l'autorisation du conseil de famille, l'homologation du tribunal;

4° Enfin certains actes d'un caractère tel qu'ils sont complétement interdits au tuteur.

Relativement à chacune de ces quatre sortes d'actes, quels seront les pouvoirs accordés à l'administrateur légal? Seront-ils les mêmes que ceux du tuteur? Aucune difficulté sérieuse

---

(1) M Aubry, Revue de droit franç. et étranger, p. 666 et 667; Demol., t. vi, n° 430.

ne s'élève à l'égard de deux des espèces d'actes que nous venons de mentionner.

Ainsi, 1° les actes que le tuteur peut faire seul, le père administrateur légal aura certainement aussi le droit de les faire seul ; tels sont en général les actes d'administration (articles 389, 450, 1988). C'est placer le père, suivant notre principe, sous l'application des règles du droit commun en matière de mandat. Mais nous devons aller plus loin, et accorder au père, en fait d'administration, des pouvoirs plus larges, plus étendus que ceux dont le tuteur est investi. Le mandat du père doit sous ce rapport être assimilé non pas à celui du tuteur, mais à un autre mandat avec lequel il offre des ressemblances frappantes, celui en vertu duquel le mari administre les biens personnels de sa femme. En effet, *le mandat du père comme celui du mari découle de la nature, dont la loi s'est bornée à sanctionner les indications. Le premier est une émanation de la puissance paternelle, de même que le second est une dépendance de la puissance maritale, de sorte que dans l'un et dans l'autre l'administration du patrimoine n'est qu'une conséquence de l'autorité sur la personne. Tous deux enfin sont accordés à l'affection présumée du mandataire pour la personne dont il est appelé à gérer la fortune* (1). De

______

(1) M. Aubry, Revue de Dr. fr. et étrang., I, p. 669.

cette similitude d'origine, nous sommes naturellement amenés à conclure à une similitude de règles quant aux pouvoirs et aux obligations qui résultent de ces deux mandats. Dès lors nous n'appliquerons pas au père administrateur légal l'art. 451, en vertu duquel le tuteur est tenu de faire inventaire des biens du mineur en présence du subrogé-tuteur. Sans doute, le père est tenu de faire inventaire des biens échus au mineur, comme le mari est tenu de faire inventaire des biens échus à sa femme (art. 1415 et 1504), mais il n'aura point à requérir, pour sa confection, comme le tuteur y est astreint, le concours d'un subrogé-tuteur ou d'un contradicteur quelconque (art. 451). Là disposition finale de ce même art. 451, plus exceptionnelle encore, plus dérogatoire aux principe de droit commun, par laquelle le tuteur qui n'a pas fait la déclaration de sa créance contre le mineur dans l'acte d'inventaire, est déclaré déchu de tous ses droits, ne saurait non plus être étendue au père administrateur légal. A défaut d'inventaire dressé par le père, MM. Aubry (1) et Demolombe enseignent avec raison que la consistance du mobilier pourrait

____

(1) Revue de Dr. fr. et étrang., 1, p. 670; — Demol., VI, n° 435.

être établie par commune renommée. C'est en pareil cas la seule preuve possible le plus souvent, et l'on ne comprendrait pas que la loi qui l'admet dans les cas prévus par les articles 1415, 1502 et surtout 1442, l'eût au contraire rejetée dans le cas identique dont nous nous occupons.

Toutefois la pénalité édictée par le troisième alinéa de l'art. 1442 ne saurait être transportée dans notre matière, car le texte même nous prouve qu'elle règle une hypothèse contraire à la nôtre, puisqu'il suppose l'un des époux décédé et par conséquent la tutelle ayant déjà pris naissance. Pour les mêmes motifs nous n'appliquerons pas l'art. 452, qui prescrit au tuteur de faire vendre en présence du subrogé-tuteur, aux enchères, tous les meubles autres que ceux que le conseil de famille l'aurait autorisé à conserver en nature. La vente du mobilier est permise au père comme au mari (1428, al. 2). Il peut donc la faire à l'amiable, sans être tenu de suivre les formes établies, soit par l'art. 452, soit par la loi du 24 mars 1806 et le décret du 25 septembre 1813, dont les termes ne concernent que le tuteur et doivent d'autant plus être renfermés dans une interprétation restrictive qu'ils constituent une exception au droit commun, d'après lequel les ventes mobilières ne sont que des actes d'administration proprement dite. Le père n'aurait pas non plus besoin, par suite des mêmes considérations, de l'autorisation du conseil de famille pour conserver certains meubles en nature ; la loi nous paraît le laisser juge suprême à cet égard.

Les articles 455 et 458, qui mettent dans certains cas, de plein droit, à la charge personnelle du tuteur les intérêts des sommes appartenant au mineur, dérogent également aux principes généraux du droit énoncés dans l'article 1153, et par conséquent ne pourraient être appliqués au père administrateur légal.

Quant aux baux des biens des enfants, l'article 1718, au contraire, devra être observé par le père administrateur. Il y a, en effet, complète analogie de motifs, et l'art. 1718, d'après la généralité de ses termes, s'étend aux baux des biens des mineurs sans aucune distinction.

On s'accorde de même à reconnaître que les actes qui sont absolument interdits au tuteur sont prohibés avec la même rigueur pour l'administrateur légal. Le père, par exemple, ne pourrait acheter les biens de son enfant (article 450, 3e alinéa), ni faire en son nom une donation, un compromis, etc. Les raisons de décider sont les mêmes en fait de tutelle et d'administration légale.

Toutefois, M. Aubry enseigne que le père pourrait acheter les biens de son enfant, à condition qu'il ne figurerait pas dans le contrat comme représentant de ce dernier, au nom duquel stipulerait un tuteur spécialement nommé à cet effet (1).

Nous ne saurions partager cette opinion. En effet, aux termes de l'art. 1596, les mandataires ne peuvent se rendre adjudicataires, ni par eux-mêmes ni par personnes interposées, des biens qu'ils sont chargés de vendre. Or, aucun texte ne soustrait le père à l'application de cette règle de droit commun, dont le but, éminemment sage, est de ne jamais placer ainsi le mandataire entre son intérêt et son devoir (2). Restent deux sortes d'actes :

1° Ceux à l'égard desquels l'autorisation du conseil de famille est nécessaire et suffisante pour le tuteur ;

2° Ceux à l'égard desquels la loi exige l'homologation du tribunal, et même dans certains cas (art. 467) d'autres conditions encore.

Ces mêmes actes devront-ils être régis pour

(1) M. Aubry, Revue de Dr. fr. et étrang., 1, p. 681.
(2) M. Demol., t. 1, n° 441.

l'administrateur légal, de la même manière qu'ils le sont pour le tuteur? La question est vivement débattue.

Trois opinions sont en présence. Une première, émise par M. Zachariæ (1), considère les actes du père administrateur comme ne pouvant être contrôlés ni par le conseil de famille ni par le tribunal de première instance, ce qui accorderait au père le droit d'aliéner et d'hypothéquer librement les biens dont il a l'administration légale. Cette opinion est inadmissible, car le titre du père est celui d'administrateur (art. 389); or un administrateur n'a pas le pouvoir d'aliéner (art. 1988). Une seconde opinion, beaucoup plus rationnelle, et professée par des auteurs de mérite (2), consiste à soumettre le père administrateur légal à l'obligation d'obtenir, non pas l'autorisation du conseil de famille, mais seulement l'autorisation du tribunal, dans le cas où cette condition est imposée au tuteur. D'où il résulterait que le père seul pourrait, par exemple, accepter ou répudier une succession échue au mineur (ar-

---

(1) M. Zachariæ, t. 1, p. 202, texte et note 7.

(2) Marcadé, t. 1, art 389, n° 1.; — Marchant, Code de la Minorité, lib. 11, ch. 1, sect. 11, n° 5; — De Freminville, Traité de la Minorité, t. 11, liv. 11, n° 13; — Delvincourt, t. 1, p. 101, note 8; et Duranton, t. 111, n° 416.

ticle 461), introduire en justice une action relative à ses droits immobiliers, ou y acquiescer
(art. 463), provoquer un partage (art. 465), etc.;
qu'il pourrait, avec la seule autorisation du
tribunal, aliéner ou hypothéquer les immeubles
de l'enfant (art. 457), transiger (art. 467), etc.
Le motif de cette différence, dit-on, c'est qu'il
n'y a pas de conseil de famille et qu'il ne doit
pas y en avoir. Une troisième et dernière opinion, défendue du reste par de graves autorités
juridiques (1), qui étend au contraire à l'administration légale, sous ce rapport, toutes les
règles relatives à la tutelle, nous paraît préférable et mieux fondée.

Il est évident d'abord, nous l'avons constaté,
que tous les actes de disposition sont en dehors
des limites du mandat qui renferme la qualité
d'administrateur, et nous sommes sur ce point
pleinement d'accord avec les partisans de la seconde opinion. Or, en l'absence de textes formels
qui définissent les pouvoirs de l'administrateur
légal, quant aux actes de disposition, nous devons nous reporter aux règles établies par la loi
sous ce rapport à l'égard de deux mandataires

____

(1) MM. Merlin, Quest. de Droit, t. VI, v° Usuf. patern., § 1,
p. 612; — Valette sur Proudhon, t. II, p. 283, note A, 3; —
Demol., t. VI, n° 446; — Ducaurroy, Bonnier et Roustain, t. I,
art. 389, n° 589; — Aubry, loc. cit., p. 671 et suiv.

spéciaux dont la mission a le plus d'analogie avec celle confiée au père administrateur, le mari et le tuteur. Mais nous ne pouvons ici assimiler le père au mari, car le consentement de sa femme suffit pour rendre ce dernier capable de faire des actes de disposition, tandis que le mineur ne saurait à ce sujet donner aucun consentement valable pour habiliter son tuteur. Dès lors ne pouvant assimiler le père au mari, nous sommes conduits forcément à le ranger sur la même ligne que le tuteur, et par conséquent à le soumettre aux mêmes formalités. Nos adversaires veulent scinder ces formalités ; mais de deux choses l'une : ou les règles de l'administration tutélaire sont applicables à l'administration légale et alors l'administrateur légal a besoin de l'autorisation de la famille, ou ces règles ne sont pas applicables, et alors le père n'a pas même besoin de l'autorisation du tribunal.

D'ailleurs, ce qui fait l'efficacité de l'intervention du tribunal, c'est l'avis de la famille. Qui pourrait mieux éclairer les juges que les proches parents de l'enfant ? Eux seuls connaissent l'état de sa fortune, le degré d'affection du père, l'urgence et la nature des mesures à prendre ? On répondra peut-être que le tribunal ne décidera que sur enquête. Sans doute, mais pourquoi imposer au mineur les frais et les lenteurs de cette procédure ? Quels seront du reste les témoins appelés à déposer dans l'enquête si ce n'est justement ceux qui auraient fait partie du conseil de famille ? La nécessité d'obtenir pour tout acte important l'avis favorable de la famille nous semble, dans la pensée du législateur, une mesure générale et raisonnable, non pas restreinte à l'hypothèse spéciale de la tutelle, mais destiné à protéger tout incapable à raison de l'âge, et de l'inexpérience, et de droit commun à son égard. Aussi les différents articles qui déterminent les conditions et les formalités sous lesquelles les actes d'aliénation et de disposition concernant les biens du mineur pourront être passés, sont conçus dans des termes généraux dont l'intention non équivoque est de comprendre tous les mineurs sans distinction (1). On objecte avec force contre notre opinion les travaux préparatoires du Code. Il n'en résulte qu'une chose, c'est que le père administrateur n'est pas, comme un simple tuteur, sous la surveillance habituelle ni sous la dépendance d'un conseil de famille permanent (art. 454).

---

(1) Comp., art. 457 Code Nap., et 953, 954 Code procéd.; art. 459 Code Nap. et 902 Code procéd.; art. 457 et 2126 Code Nap.; art. 461 et 776 Code Nap.; art. 468 et 838 Code Nap.; art. 467 et 2045 Code Nap.; art. 461, 468 et 817 Code Nap.

Mais s'ensuit-il nécessairement que le conseil de famille ne puisse être convoqué exceptionnellement et dans certaines circonstances graves, exigeant par conséquent de sérieuses garanties et devant d'ailleurs ne se présenter qu'à de bien rares occasions? L'opinion que nous soutenons était formellement consacrée par le projet de rédaction de l'art. 389, émanant du Tribunat; le troisième alinéa s'exprimait ainsi : *Tout ce qui intéresse la propriété des biens sera réglé par les dispositions de la section VIII.* Sans doute, cet alinéa n'a point passé dans le Code; mais nous ne trouvons rien dans les travaux préparatoires qui indique le motif de cette suppression, et si nos adversaires veulent y voir la preuve que le père, administrateur légal, n'a jamais besoin de l'autorisation du conseil de famille, interprétation un peu divinatoire, il faut bien l'avouer, il nous paraît à nous plus simple et plus naturel de dire que cet alinéa était dangereux, puisqu'il conduisait forcément à une application générale et absolue des dispositions de la section VIII du chapitre II de la tutelle; que dès lors il était en opposition avec les vues manifestées par le Tribunat dans ses observations, et que c'est là le seul motif pour lequel il a été justement retranché.

L'obligation de rendre compte étant imposée

au père administrateur par le même art. 389,
il se trouve nécessairement soumis à cet égard
aux règles du droit commun, en matière de
compte, et notamment aux dispositions des
art. 469, 471 et 473, qui n'offrent rien d'exceptionnel. Mais les art. 472, 474 et 475 ne sauraient au contraire être étendus au père
administrateur, attendu qu'ils dérogent aux
principes du droit commun. C'est ainsi que
l'art. 472, qui déclare nul tout traité intervenu
entre le tuteur et le mineur devenu majeur,
s'il n'a été précédé de la reddition d'un compte
détaillé, et de la remise des pièces justificatives,
le tout constaté par un récépissé de l'ayant-
compte, dix jours au moins avant le traité,
modifie, suivant qu'on le considère comme
soumettant à des formes spéciales la convention dont il s'occupe, ou qu'on l'envisage
comme fondé sur une présomption de dol,
soit le principe que la forme ne constitue
point, en droit français, une des conditions
nécessaires à la validité des conventions, soit le
principe que le dol ne se présume pas et doit être
prouvé (art. 1108 et 1116) (1). C'est ainsi encore que l'art. 474, en statuant que le reliquat dû
par le tuteur porte intérêt de plein droit à dater

---

(1) M. Aubry, Rev. de Dr. fr. et étrang., I, p. 687.

de la clôture du compte, déroge à la règle générale de l'art. 1153, en vertu de laquelle les intérêts ne sont dus que du jour de la demande,
et à la règle spéciale de l'art. 1996, suivant
laquelle le mandataire ne doit l'intérêt des
sommes dont il est reliquataire, qu'à partir de
sa mise en demeure. Enfin l'art. 475 fait exception au principe également général posé
par l'art. 2262 : les actions, tant réelles que
personnelles, se prescrivent par trente ans.
Dans ce dernier cas, le père administrateur
sera, il est vrai, dans une position moins favorable que le tuteur. Mais ce dernier est soumis
à des charges bien plus onéreuses, et c'est à
raison seulement de la rigueur de sa condition
que la loi lui a accordé, en dédommagement,
cette courte prescription de dix ans, établie à
son profit exclusif par l'art. 472 (1).

Une dernière et importante question nous
reste pour terminer la matière de l'administration légale. Il s'agit de savoir si des biens
peuvent être donnés ou légués à un enfant mineur, à condition que le père n'en aura pas
l'administration. Cette clause, formellement
autorisée par la Nov. 117, sera-t-elle encore

----

(1) MM. Aubry, loc. cit, p. 688 ; — Val. sur Proudhon, II,
p. 282, note A, II.

permise sous l'empire du Code Napoléon? Une première opinion le nie absolument et raisonne principalement ainsi : l'administration légale est un des attributs de la puissance paternelle ; ces attributs ne peuvent être l'objet d'aucune convention (art. 1311); une telle condition doit donc, dans une donation ou un testament, être réputée non écrite comme contraire aux bonnes mœurs et à l'ordre public (900) (1). Nous regardons ce système comme trop absolu. Il peut arriver sans doute, et ceci résulte du testament même ou de quelques circonstances de fait que la clause qui interdit au père l'administration des biens donnés au fils ne soit qu'une disposition *ab irato*, apposée contre le père, plutôt qu'en faveur de l'enfant, et dictée par des motifs de colère, de ressentiment, de haine et de mépris contre le père : tel serait, suivant les circonstances, le cas où un testateur imposerait au père l'assistance d'un conseil, où il déclarerait qu'il ne veut pas que le père administre, sans désigner celui auquel l'administration sera confiée ; et les tribunaux pouvaient déclarer non valide une clause semblable. Mais lorsque rien ne démontre que ce soit une disposition

---

(1) M. Marcadé, t. II, art. 389, VI ; —Besançon, 15 nov. 1801 ; Caen, 11 1825.

ab iralo, lorsqu'elle a été inspirée au testateur ou au donateur par un sentiment de défiance fondé sur l'insolvabilité, la prodigalité, l'inconduite, l'ignorance ou l'incapacité du père ; en un mot, lorsqu'elle a eu pour but l'intérêt exclusif de l'enfant, il nous paraît juste de se conformer à la volonté du testateur. Une pareille clause est, dit-on, contraire aux bonnes mœurs : mais qu'a-t-elle d'immoral, dans l'hypothèse où nous nous plaçons ? Il s'agit d'un testateur qui, préoccupé des intérêts de l'enfant, veut lui conserver son patrimoine, et mettre les biens légués à l'abri des atteintes d'un père dissipateur. La clause que l'on voudrait frapper en tous cas de nullité n'est-elle pas ici éminemment raisonnable et judicieuse ? Y aurait-il donc immoralité à supposer que le père peut être incapable d'administrer ? Mais la loi n'est-elle pas la première à admettre cette supposition, malheureusement souvent fondée en fait, lorsqu'elle place dans l'art. 444 l'incapacité au nombre des causes de destitution de la tutelle, article que nous avons reconnu d'ailleurs être applicable à l'administrateur légal ? Mais, nous disent nos adversaires, vous avez justement, en cas de mauvaise administration du père, la réponse de l'art. 444. Sans doute ; mais n'est-ce pas là une extrémité déplorable, plus funeste à la réputation paternelle, que le moyen préventif et modéré dont nous invoquons la validité ?

D'ailleurs, le remède de l'art. 444 serait-il toujours efficace? Le plus souvent ne serait-il pas trop tardif? Et quelles garanties protégent ici le mineur? Il a contre le tuteur une hypothèque générale grevant tous ses immeubles; mais contre l'administrateur légal, c'est un point reconnu de nos jours, aucune sûreté de ce genre ne lui est accordée. Aussi, arrivera-t-il, si l'on ne permet pas la clause dont nous soutenons la validité, que le donateur ou le testateur qui voudrait faire une libéralité à l'enfant, ne pouvant prendre lui-même les précautions nécessaires pour lui en assurer le bienfait, s'abstiendra de toute libéralité; les intérêts de l'enfant, de l'incapable auquel la loi doit une protection toute maternelle, seront lésés, et ceux mêmes du père, dont on veut si scrupuleusement sauvegarder la dignité, en souffriront, car il perdra l'usufruit des biens qui auraient été attribués au mineur.

On insiste vivement de nouveau, et on veut que cette clause soit contraire aux bonnes mœurs en ce qu'elle tend à inspirer aux enfants du mépris ou de la défiance contre les auteurs de leurs jours, et à affaiblir la puissance paternelle, comme une des bases de l'ordre social (1). Cette objection ne doit pas nous arrêter, ce n'est qu'une confusion d'idées et de mots. Parmi les attributs du pouvoir paternel, il faut distinguer ceux qui sont essentiels, ceux, au contraire, qui sont naturels ou accidentels. C'est ainsi que le droit de consentir ou non au mariage de l'enfant, le droit de correction ou d'émancipation à son égard sont des attributs *essentiels* de la puissance des père et mère; ils ne pourraient par aucun acte les résigner, les abdiquer, et nous comprenons que s'il y avait eu atteinte portée à l'un de ces attributs essentiels, la cour de Besançon aurait pu, comme elle l'a fait, invoquer les grands principes d'ordre social qu'elle met en avant. Mais il y a d'autres attributs de la puissance paternelle, qui ne sont que naturels ou accidentels; telle est l'administration légale. Sans doute, il est ordinaire, il est raisonnable que le père plutôt qu'un autre en soit chargé, mais il peut arriver aussi que le père ou la mère n'administrent pas les biens de l'enfant, qu'un autre exerce cette administration (art. 394), sans que la loi voie dans cette circonstance un échec à la puissance paternelle et une atteinte à l'ordre public.

---

(1) Arrêt Besançon, 15 nov. 1807.

Et dès lors, puisque l'administration des biens de l'enfant peut être séparée de la puissance paternelle sans l'altérer, sans la compromettre, par conséquent *sans élever en même temps une main sacrilége contre une des bases de l'ordre social*, pourquoi vouloir annuler, comme contraire aux bonnes mœurs et à l'ordre public, la clause souvent très-usitée par laquelle un donateur ou un testateur enlève, pour les biens dont il est maître, cette administration au père de l'enfant? Nous venons de prouver que cette clause ne blessait nullement les bonnes mœurs et l'ordre public; elle n'offre également rien de contraire aux dispositions prohibitives de notre Code, parmi lesquelles aucun texte ne s'oppose à sa validité; elle est d'ailleurs conforme à l'ancienne jurisprudence romaine, et nous restons alors à son égard sous l'empire de la règle générale en vertu de laquelle chacun est libre d'apposer à sa libéralité des conditions que bon lui semble, pourvu qu'elles ne soient contraires ni aux lois, ni aux bonnes mœurs, ni à l'ordre public (1).

____

(1) MM. Proudhon, de l'Usuf., t. i, n° 210; — Duranton, t. iii, n° 375, note 2; — Duvergier sur Toullier, t. ii, n° 1068, note A; — Zachariæ, t. i, p. 298; — Val. sur Proudhon, t. ii, p. 282, note A, iv; — Aubry, loc. cit., p. 682; — Demol., vi, n° 458; — Cass., 30 avril 1833; — Dev. 1833, i, 231; — Nîmes,

SECTION III.

De l'usufruit paternel.

L'art. 384, qui établit l'usufruit légal ou paternel, est ainsi conçu :

« Le père, durant le mariage, et après la dissolution du mariage le survivant des père et mère, auront la jouissance des biens de leurs enfants jusqu'à l'âge de dix-huit ans accomplis, et jusqu'à l'émancipation qui pourrait avoir lieu avant l'âge de dix-huit ans. »

Cet usufruit paternel dont nous allons étudier les règles en détail n'est pas une institution complétement nouvelle, et porte l'empreinte d'une double origine. Deux institutions dont nous avons déjà examiné l'organisation différente s'offraient aux rédacteurs du Code comme types de l'usufruit paternel : la garde, dans les pays de droit coutumier, l'usufruit du pécule adventice dans les pays de droit écrit. Ils ont puisé à cette double source, faisant d'ailleurs, suivant leur habitude, plus d'emprunts à la première qu'à la seconde; toutefois, l'usu-

<hr>

20 déc. 1837; — Dév. 1838, 11, 270; — Caen, 20 nov. 1840; — Dev. 1841, 11, 78.

fruit paternel du Code Napoléon conserve encore, à beaucoup d'égards, une physionomie propre et spéciale qui le distingue des deux institutions qui l'ont précédé Examinons sur quels points il se rapproche ou s'éloigne de l'une ou de l'autre.

En droit romain, l'usufruit adventice s'ouvrait dès que l'enfant avait des biens et il était universel; la garde au contraire ne prenait naissance qu'à la dissolution du mariage, et ne portait que sur les biens de la succession du père ou de la mère prédécédé. Sous ces deux rapports, les règles romaines l'ont emporté. Mais en ce qui concerne la durée de l'usufruit, son attribution, et surtout les charges qui en dérivent, ce sont, au contraire, les règles coutumières qui ont prévalu. Ainsi, en droit romain, l'usufruit ne pouvait appartenir qu'aux parents mâles, seuls investis de la puissance paternelle ; tandis que dans les pays coutumiers comme nous l'avons vu, la mère devenue veuve obtenait aussi le droit de garde. Ce dernier principe est formellement reproduit par notre Code, quant à la puissance paternelle et à l'usufruit, et M. Réal le justifiait en ces termes éloquents devant le Corps législatif : « Le législateur, disait-il, a dû établir un droit égal là où la nature avait établi une égalité de peines, de soins et d'affections : il

répare par cette équitable disposition, l'injustice de plusieurs siècles ; il fait pour ainsi dire
entrer pour la première fois la mère dans la
famille, et la rétablit dans les droits impres-
criptibles qu'elle tenait de la nature, droits
sacrés *trop méprisés par les législations ancien-
nes, reconnus, accueillis par quelques-unes de
nos coutumes et notamment par celle de Paris,
mais qui, effacés dans n..s Codes, auraient dû se
retrouver écrits en caractères ineffaçables dans
le cœur de tous les enfants bien nés* (1). » En droit
romain, la puissance paternelle et l'usufruit qui
en était la conséquence n'appartenaient pas seulement au père, mais à tout ascendant mâle du
côté paternel chef de la famille ; en droit coutumier, à défaut de père et mère, les aïeuls
ou aïeules étaient concurremment appelés à
prendre la *garde-noble*, tandis que la garde
bourgeoise était exclusivement attribuée aux
père et mère ; et c'est la règle suivie en matière de garde bourgeoise que le Code a consacrée. A Rome encore l'usufruit légal s'étendait
jusqu'à la mort du père ou de tout autre ascendant usufruitier (2) ; ce droit attaché à la garde

---

(1) Fénet, x, p. 522 ; — Discours de M. Réal au Corps législa-
latif.

(2) L. 751, Cod. ad S.-C. Tertull., lib. vi, tit. 56.

durait que jusqu'à l'âge de vingt ans pour les enfants mâles, de quinze ans pour les filles, s'il s'agissait de garde noble; il finissait à quatorze ans pour les garçons, à douze ans pour les filles, lorsqu'il provenait de la garde bourgeoise. Le Code, adoptant en principe les dispositions coutumières, n'a pas admis l'âge fixé pour la cessation, soit de la garde noble, soit de la garde bourgeoise; l'âge qu'il a déterminé comme mettant fin à l'usufruit paternel, est l'âge de dix-huit ans révolus sans distinction de sexe.

Dans quelques coutumes les meubles faisant partie de la succession de l'époux prédécédé étaient acquis en toute propriété au gardien; le Code n'a pas reproduit cette disposition rigoureuse, spéciale à certaines provinces et, d'ailleurs, étrangère au droit romain.

Quant à ce qui concerne les obligations de l'usufruitier, le gardien et l'usufruitier romain étaient également soumis aux charges usufructuaires pour la conservation, l'entretien du fonds et le payement des impôts, et le père et la mère le sont de même encore aujourd'hui. Mais la garde imposait l'obligation de prélever sur le revenu de l'usufruit les sommes nécessaires pour nourrir, entretenir et élever les enfants mineurs, et acquitter les frais funéraires occasionnés par la mort de l'époux prédécédé (1); cette obligation, que ne reconnaissait pas le droit romain, pèse encore aujourd'hui sur le père ou la mère auquel le Code Napoléon accorde l'usufruit des biens de leurs enfants. Le gardien était de plus tenu d'acquitter toutes les dettes mobilières, même les arrérages de rentes passives échues avant l'ouverture de sa garde (2).

Cette dernière disposition, inconnue également au droit romain, doit-elle être appliquée sous l'empire du Code Napoléon ? Nous le croyons, bien que la question soit très-controversée.

L'acceptation de la garde devait être faite en justice et produisait tous les effets d'un contrat irrévocable; l'acceptation de notre usufruit paternel n'est pas soumise à cette formalité solennelle et ne lie en rien, pour l'avenir, celui qui l'a faite. De même, suivant quelques auteurs, cette acceptation obligeait le gardien *ultra vires emolumenti* (3); sous le Code Napoléon, l'usufruitier peut toujours, en renonçant à sa

____

(1) Bourgeon, garde noble et bourg., ch. 10, sect. 1, n° 1 ; et Renusson, Traité de la Garde, ch. 7, n° 49 et suiv; — *Nouveau Denizart*, t. ix, v° Garde noble, § 12, n° 9.

(2) Bourgeon, ibid., n° 8; — Ferrière sur l'art. 627 de la Cour de Paris, glose 2, n° 2.

(3) Duplessis, Traité de la Garde, ch. 3 et 4.

jouissance, se soustraire aux charges qui en résultent. Sous ces deux points de vue, le Code déroge donc aux principes reçus en pays coutumier.

Ces rapides observations suffiront pour bien faire saisir l'esprit général du Code Napoléon sur l'organisation actuelle de l'usufruit paternel, comparée à celle des deux institutions qui en ont été l'origine. Il nous reste à déterminer sur quels motifs rationnels repose cette attribution faite par le législateur aux père et mère de la jouissance des biens de leurs enfants. Il ne faut pas se le dissimuler; il semble, au premier abord, qu'il y ait dans cette donation légale, au profit des père et mère, une grave atteinte portée au principe qui est devenu, depuis la révolution de 1789, une des bases fondamentales de la constitution française : l'inviolabilité de la propriété; en effet, le législateur lui-même ne peut se prévaloir de sa toute puissance pour léser un droit envers lequel il doit donner, le premier de tous, l'exemple d'un respect absolu (1).

Certains auteurs, d'ailleurs, ont formellement reconnu ce qu'avait d'exorbitant cette

______

(1) V. art. 544 et art. 545 : « Nul ne peut être contraint de céder sa propriété si ce n'est *pour cause d'utilité publique*, et moyennant une juste et préalable indemnité. »

attribution de l'usufruit légal, et M. Demolombe notamment s'écrie (1) : *Quoi de plus
exceptionnel, en effet, qu'une disposition législative qui confère à une personne la totalité des
revenus d'une autre personne ?* Sans doute,
différents motifs ont été produits pour justifier
une pareille dérogation au droit commun. On a
dit qu'il était juste d'indemniser, de récom-
penser par cet usufruit les parents de l'enfant
des peines, des soins et des dépenses que né-
cessite, pour eux, son éducation ; qu'il fallait,
autant que possible, prévenir ainsi toutes contestations fâcheuses qui pourraient s'élever entre les parents et l'enfant au sujet de comptes,
sans cela difficiles, anciens et compliqués ;
que d'ailleurs, il ne s'agit après tout que des
revenus dont la destination est d'être dépensés,
et qu'enfin, si des économies sont faites par le
père ou la mère usufruitiers, elles profiteront aux enfants eux-mêmes, qui retrouveront,
plus tard, dans la succession de leurs auteurs,
cette augmentation de leur fortune personnelle (2).

Que ces différents motifs soient raisonnables,
fondés, nous ne le nions pas, mais sont-ils

---

(1) M. Demol., t. vi, n° 649.
(2) M. Demol., t. vi, n° 479.

suffisants pour laisser sans réplique l'objection tirée contre l'usufruit légal d'une atteinte apparente au droit de propriété? Cela ne nous semble pas parfaitement établi. Et d'abord, quant à l'idée qui consiste à voir dans l'usufruit légal, sous le nom d'indemnité ou de récompense, le payement d'une dette contractée par les enfants à l'égard de leurs père et mère, en retour des soins qu'ils en ont reçus, est-elle bien exacte? Il est facile de démontrer qu'il n'y a pas là, *a priori*, une véritable cause de créance. En effet, le père en élevant, nourrissant et instruisant ses enfants, remplit un devoir naturel tranformé, avec raison, par la loi en obligation civile, et dès lors on ne conçoit pas comment de l'accomplissement d'un devoir résulterait une créance à son profit. L'usufruit paternel serait-il le prix de l'administration du père? Mais le père n'est autre chose qu'un mandataire légal; or, il est de principe que le mandat est gratuit. C'est au même titre que le mari commun en biens administre, sans qu'il soit question de salaire pour lui, la fortune personnelle de sa femme. D'ailleurs si c'est une créance que l'usufruit est destiné à acquitter, elle devrait avoir pour gage, aux termes de l'art. 2092, tous les biens de l'enfant débiteur, et comment comprendre alors qu'un donateur ou un testateur puisse placer les biens qu'il donne ou lègue

en dehors de la situation commune que fait
l'art. 2092 à tous les biens d'un débiteur, d'être
également affectés au payement de ses créanciers (art. 387)? Comment comprendre surtout
qu'un enfant qui acquiert des biens par une industrie ou un travail séparés, obtienne par là
même, et à raison de cette circonstance, le pouvoir de les soustraire à l'application du principe général de l'art. 2092 (art. 387).

Enfin, si cet usufruit légal était une récompense de l'administration légale, il devrait, cela
est naturel, coïncider avec elle et avoir la même
durée ; or, d'une part, il y a des cas où les parents conservent l'usufruit légal sans avoir
l'administration légale ; et d'autre part, le législateur fait toujours cesser à dix-huit ans l'u-
sufruit légal, tandis que l'administration légale
se continue jusqu'à la majorité.

Il nous paraît donc difficile de regarder l'u-
sufruit légal comme une sorte de payement de
la dette d'éducation et d'administration. Quant
aux autres motifs utilitaires généralement donnés pour justifier la loi, ces considérations ont
sans doute un mérite partiel ; mais elle ne nous
paraissent pas non plus pleinement satisfai-
santes. Que la loi désire prévenir des contestations fâcheuses entre le père et l'enfant, rien
de plus sage au fond, nous en convenons ; mais
ce désir louable autorise-t-il la création au

profit d'une personne d'un droit réel dont on dépouille une autre personne? Qu'il permette à la loi de se montrer moins rigoureuse dans la reddition des comptes que le père aurait à fournir à son enfant, c'est là tout l'effet qu'il pourrait avoir. Dire qu'il ne s'agit après tout que des revenus dont la destination est d'être dépensés, et qu'enfin si des économies sont faites par le père et la mère, ces économies profiteront aux enfants, qui les retrouveront dans la succession de leurs auteurs ; c'est sans doute atténuer l'atteinte portée au droit de propriété, ce n'est pas la justifier, d'autant mieux que les économies dont on veut enrichir l'enfant après coup, peuvent parfaitement ne pas se retrouver dans la succession des père ou mère.

Peut-être y aurait-il moyen d'expliquer autrement l'origine rationnelle de l'usufruit légal, et de le concilier ainsi avec le grand principe de l'inviolabilité de la propriété qu'il paraît attaquer. Ce n'est pas certainement que nous prétendions que le législateur ait eu directement en vue, lors de son institution, la théorie que nous proposons ; nous nous demandons seulement, l'usufruit légal étant créé, si indépendamment des raisons utilitaires généralement produites, nous ne pourrions pas lui trouver un autre motif de justification, qui l'absoudrait plus complétement de tout reproche.

Cela ne nous paraît pas impossible, et voici comment nous raisonnerions. Nous rencontrons dans le domaine du droit différentes hypothèses où les décisions du législateur s'expliquent, de l'aveu de tous, par une interprétation tacite de la volonté des parties. C'est ainsi que la théorie des successions *ab intestat* repose en principe sur cette donnée : lorsque le *de cujus* meurt sans laisser aucune disposition testamentaire, le législateur, interprétant le silence gardé, en conclut que le *de cujus* a voulu se conformer à l'ordre de succession que la loi a elle-même établi d'après l'affection présumée du défunt, et il attribue en conséquence les biens dont il n'a pas disposé à certains parents déterminés d'avance par la loi.

De même, en matière de communauté légale, on ne saurait comprendre que deux époux mariés sans contrat se trouvent par-là même soumis au régime de la communauté légale, à moins qu'on ne suppose encore une interprétation tacite de leur volonté faite par le législateur. Ne pourrait-on pas invoquer de pareils précédents juridiques et faire intervenir la même théorie pour justifier l'usufruit légal toutes les fois qu'il paraît se trouver en contradiction formelle avec le principe de la propriété? Voici de quelle manière : trois exceptions sont apportées à l'usufruit légal par l'art. 387 et déterminent par-là même indirectement sur quelle nature de biens il peut s'exercer. Des termes de l'art. 387, il résulte que les biens qui doivent en général y être soumis sont ceux qui seront donnés ou légués ou transmis par succession *ab intestat* à l'enfant sans que le testateur ou le donateur ait ajouté la clause expresse que le père n'en jouirait pas. Et à l'égard de ces biens, ne serait-il pas permis de prêter au législateur un langage analogue à celui qui lui est universellement reconnu en matière de succession *ab intestat* et de communauté légale? Il aurait dit, suivant nous, à tout donateur ou testateur qui veut faire une libéralité à l'enfant ou au parent dont il est héritier : « Vous êtes libre de disposer comme il vous plaît de votre propriété, et par conséquent de priver le père de l'enfant de l'usufruit des biens que vous avez l'intention de donner ou de léguer à ce dernier; mais toutes les fois que vous ne vous serez pas expliqué à cet égard, vous êtes prévenu que la disposition que vous aurez faite sera interprétée en ce sens que vous serez réputé avoir voulu n'attribuer vos biens à l'enfant que sous la charge d'un usufruit au profit de son père. » Une pareille présomption légale n'offre d'ailleurs rien d'arbitraire et ne dépasse nullement les pouvoirs accordés au législateur; en effet, le donateur ou le testateur averti reste toujours maître de s'expliquer en sens contraire, et l'art. 387 a justement pour but d'assurer en ce cas le respect absolu de sa volonté. Cette interprétation du législateur est de plus conforme à l'état actuel de nos mœurs et aux précédents historiques, puisque déjà, avant la promulgation du Code Napoléon, les parents étaient investis de longue date et sous différents noms de l'usufruit des biens de leurs enfants. L'explication que nous venons d'émettre nous semble concilier heureusement l'attribution de l'usufruit légal avec le principe de l'inviolabilité de la propriété; ce motif, corroboré par les raisons utilitaires généralement données, nous paraît justifier pleinement, aux yeux de la raison, cette institution législative.

Ces notions préliminaires exposées, nous allons examiner :

1° A qui l'usufruit légal est accordé;

2° Quels biens il comprend;

3° Quels droits il confère;

4° Quelles obligations il impose;

5° Comment il prend fin.

§ 1. *A qui l'usufruit légal est-il accordé.*

Cette question est résolue par l'art. 384. D'après ses termes l'usufruit légal appartient : *au père, pendant le mariage, et après la dissolution du mariage, au survivant des père et mère.* Mais cette disposition doit-elle être littéralement interprétée, ou l'art. 384, comme nous l'avons admis pour l'art. 373, ne statue-t-il, au contraire, que sur le *de eo quod plerumque fit.* Ainsi supposons le père interdit, présumé absent, ou même déchu de ses droits sur la personne et les biens de ses enfants, par application de l'art. 335 du Code pénal, la mère, qui est alors investie du droit de puissance paternelle, nous l'avons reconnu, obtient-elle en même temps l'usufruit légal des biens de ses enfants ? Le texte semble bien formel en faveur de la négative; ce n'est, en effet, qu'après la dissolution du mariage, et dans aucune de ces hypothèses le mariage n'est dissous, qu'il accorde à la mère l'usufruit légal. Cependant la question est vivement controversée.

Séparons, pour la résoudre, les hypothèses données, et supposons, en premier lieu, que le père n'est pas déchu de ses droits sur les biens et sur la personne de ses enfants, par application de l'art. 335 du Code pénal, mais qu'il se trouve seulement dans l'impossibilité de l'exercer, par exemple, pour cause d'interdiction.

Remarquons que l'interdit était autrefois incapable de la garde noble, car ceux, dit Pothier, qui sont incapables de se gouverner eux-mêmes, ne peuvent être réputés capables de gouverner les autres (1). L'interdit, de nos jours, n'en

---

jouira pas moins du droit d'usufruit légal qui s'ouvrirait ou durerait à son profit malgré son interdiction.

Ceci posé, le père est interdit pendant le mariage, la mère aura-t-elle l'usufruit légal en même temps que la puissance paternelle, que nous lui avons alors accordée? Au texte formel de l'art. 384, l'affirmative oppose que cet article est rédigé de la même manière que les art. 373 et 389; et on est convenu d'interpréter ces deux derniers articles en ce sens que la mère, même avant la dissolution du mariage, obtient, en cas d'incapacité du père, l'exercice de l'autorité sur la personne des enfants et l'administration de leurs biens, et dès lors, puisqu'il y a analogie dans les termes des trois articles, il doit y avoir analogie dans leur interprétation; les principes de la logique ne permettent pas d'avoir deux poids et deux mesures, dont on prendra arbitrairement tantôt l'une, tantôt l'autre. L'affirmative ajoute que l'usufruit légal est la récompense des peines et des soins qu'imposent au père ou à la mère l'éducation de l'enfant et l'administration de ses biens; or, quand c'est la mère, par exception à la règle générale des art. 373 et 389, qui prend ces soins et ces peines, elle doit aussi, par exception à la règle générale de l'art. 384, avoir droit à l'usufruit légal : *ubi onus, ibi et emolumentum esse debet.*

Ces arguments sont pressants et sérieux. Nous ne croyons pas cependant qu'ils doivent triompher. Nous répondrons d'abord qu'il y a une certaine différence de rédaction entre les art. 373 et 389 d'une part et l'art. 384 d'autre part, que l'on prétend assimiler quant à leur interprétation. Les termes de l'art. 384 sont bien plus énergiques ; car non-seulement il porte comme les deux autres ces mots : *pendant le mariage*, mais on y trouve encore ceux-ci, qui sont absents au contraire dans les deux autres : et, *après la dissolution du mariage, le survivant des père et mère*. Mais même en admettant que cette différence de rédaction nettement accusée, doit être négligée, nous n'en soutiendrons pas moins la négative. L'art. 373, en effet, ne règle que *l'exercice* d'un droit que les dispositions précédentes (art. 371 et 372), attribuent collectivement au père et à la mère ; l'art. 384, au contraire, confère *le droit même d'usufruit, et à qui? au père pendant le mariage, et après la dissolution du mariage au survivant des père et mère.* Il est donc facile de concevoir qu'on interprète largement l'art. 373 qui, rapproché de l'art. 372, se prête à l'extension qu'on lui fait subir. D'ailleurs, l'art. 141 lui-même vient lever tous les doutes, en faisant l'application de cette théorie extensive au cas où le père est présumé absent ; il charge alors la mère de pourvoir à l'éducation des enfants et à l'administration de leurs biens ; et cette décision donnée expressément par le Code au cas d'absence, n'est-il pas conforme à l'esprit de la loi de la transporter aux hypothèses analogues où le père se trouve dans l'impossibilité d'exercer les droits de garde, correction et d'administration ? Mais aucun texte n'autorise à agir de même à l'égard de l'art. 384, pour l'étendre ainsi au delà de ses termes. L'art. 141 confie bien à la mère l'éducation des enfants et l'administration de leurs biens, mais il ne parle pas de l'usufruit légal. Dans le silence de la loi décider l'affirmative, c'est tomber dans l'arbitraire ; car, remarquons-le bien, donner à la mère l'éducation des enfants et l'administration de leurs biens, c'est en réalité ne porter aucun préjudice aux droits du père, pourvoir sagement aux intérêts de l'enfant qui a besoin d'une constante protection, et confier au remplaçant le plus naturel du père une surveillance morale et pécuniaire qui ne doit pas être interrompue ; mais attribuer l'usufruit légal à la mère, c'est nuire directement au mari, c'est lui enlever violemment son droit d'usufruit, déchéance grave, imméritée qu'un texte seul pourrait nous permettre de prononcer. D'ailleurs qu'elle est la qualité de la mère qui durant le mariage exerce la puissance paternelle ? Évidemment elle n'est que le délégué, le mandataire du mari dont elle ne fait alors qu'exercer les droits; or, s'il en est ainsi, ce n'est pas elle qui doit profiter du bénéfice de l'usufruit légal; le mandat étant naturellement gratuit, elle doit compte à son mari de tous les avantages pécuniaires qu'elle en a retirés.

Mais, dit-t-on, la mère va donc gérer pour rien? Cela est vrai. Mais qu'y a-t-il là de surprenant? La mère, nous l'avons établi, remplit un devoir en élevant et en instruisant ses enfants; a-t-elle le droit de se plaindre si l'accomplissement de ce qui est un devoir impérieux pour elle n'est pas récompensé? La loi, il est vrai, a attaché ordinairement un dédommagement, une compensation à ce devoir rempli; mais elle n'était pas obligée de le faire : c'est là un droit tout exceptionnel qu'il faut renfermer dans les limites tracées par la loi; or, elle ne l'accorde expressément à la mère qu'après la dissolution du mariage. Nous ajouterons que la solution négative n'offre pas tous les inconvénients qu'on lui prête; car le régime de communauté étant de droit commun, la femme profitera en général des fruits et des revenus produits par le droit que nous réservons à son mari.

Nous avons examiné quels étaient les droits de la mère dans le cas où le père se trouve dans l'impossibilité légale ou physique d'exercer la puissance paternelle; supposons maintenant le père déchu de tous ses droits sur les biens et la personne de ses enfants par application de l'art. 335 du Code pénal. Déciderons-nous de même dans cette seconde hypothèse? La question est plus délicate que dans la première, car c'est bien en son propre nom alors que la mère exerce la puissance paternelle ; et de plus, l'usufruit du mari s'étant éteint pour toujours, nous ne pouvons pas reculer devant la crainte de nuire à ses droits paternels. Cependant, nous nous prononcerons encore en faveur de la négative, et nous dirons que la déchéance de l'usufruit encourue par le père profitera à l'enfant propriétaire, sous la réserve, bien entendu, du droit éventuel de la mère pour le cas de survie. En décidant ainsi, nous sommes fidèles aux exigences de la logique, et en même temps à ce principe qui doit nous servir de guide en cette matière : l'usufruit légal est une dérogation profonde au droit commun ; en cas de doute, nous devons donc rentrer dans le droit commun. Nous invoquerons d'ailleurs, comme précédemment, en faveur de notre opinion, le texte formel de l'art. 384, et nous ajouterons que l'art. 335 du Code pénal n'aurait aucune portée si l'usufruit dont il prononce la déchéance contre le père passait à la mère. En effet, dans le cas de communauté légale et conventionnelle, rien ne serait changé ; tous les fruits dont le père serait privé comme *père*, il en profiterait comme *mari*, c'est-à-dire en sa qualité de chef de la communauté; or la communauté est le régime de droit commun (article 1393). Un pareil résultat se produirait même sous les autres régimes; le mari ne serait pas non plus atteint, car les revenus des époux sont presque toujours dépensés en commun, et c'est le mari très-souvent qui administre les biens et perçoit les revenus personnels de sa femme. Or, on ne peut supposer que la loi, qui dans l'article 335 du Code pénal inflige une peine, ait voulu prononcer une déchéance qui resterait presque toujours sans aucun effet. Et l'esprit de la loi à cet égard ne ressort-il pas notamment du texte de l'art. 730, Code Nap., qui excepte de l'usufruit légal les biens d'une succession dévolue à l'enfant par suite de l'indignité de son père ou de sa mère qui y étaient d'abord appelés? La loi a voulu rendre ainsi efficace la déchéance dont elle frappe le père ou la mère indignes. Et c'est encore dans le même but que l'art. 386 déclare l'usufruit légal éteint dans la personne de la mère qui se remarie, afin d'empêcher cet usufruit de profiter à des étrangers. On prétend, il est vrai, que la déchéance de l'art. 335, Code pén., est plutôt morale que pécuniaire, que la loi songe à dépouiller le père des attributs honorifiques de la puissance paternelle, sans se préoccuper des conséquences pécuniaires qu'entraînera cette dégradation. Le texte de l'art. 335 répond seul victorieusement à cette objection : « Si le délit a été commis par le père ou par la mère, le coupable sera de plus privé des droits et *avantages* à lui accordés sur la personne et *les biens* de l'enfant par le Code Nap., liv. 2, titre 9. » On reproche enfin à notre opinion de frapper une mère innocente pour atteindre un père coupable. Il est facile de nous défendre, en invoquant encore l'art. 730 du Code Nap.; dans le cas d'indignité qu'il prévoit, lorsque le père seul s'est rendu coupable du délit, la mère, qui n'exerce pas la puissance paternelle encore aux mains de son mari, ne peut évidemment réclamer, avant la dissolution du mariage, la jouissance de cette succession ; elle supporte donc, bien qu'innocente, la solidarité de la faute du père, et le législateur n'hésite pas, pour assurer l'efficacité de la peine, à consacrer un semblable résultat.

L'usufruit légal, qu'il appartienne d'ailleurs au père ou à la mère, leur est attribué de plein droit, et rien dans les textes ni dans les principes n'indique que l'ouverture ou l'exercice en soit subordonné à une accepation sous une forme quelconque. Il est vrai qu'autrefois certaines coutumes, notamment la coutume de Paris, assimilaient le gardien noble à un *heres extraneus*, et exigeaient de sa part une acceptation formelle, tandis que la coutume d'Orléans, au contraire, appliquait les règles de la saisine héréditaire et déférait la garde *ipso jure* (1). Mais le silence du Code sur ce point, ainsi que sur plusieurs questions controversées dans l'ancien droit, fait présumer avec raison, selon nous, qu'il a adopté la disposition des coutumes qui déféraient la garde de plein droit.

L'acceptation se présume donc ; et par suite la renonciation doit être expresse. M. Duranton (2) enseigne qu'elle pourrait être faite par une déclaration formelle devant notaire ou devant un conseil de famille. M. Demolombe (3) conseille de plus de faire cette renonciation d'une manière en quelque sorte contradictoire avec les représentants de l'enfant.

Nos anciens auteurs, notamment Pothier, enseignaient généralement que :

Si les époux, par leur contrat de mariage, sont convenus que le survivant ne pourra point prétendre la garde de leurs enfants mineurs, il faut s'en tenir à la clause (4). Cette théorie

---

(1) Nouveau Denizart, t. IX, v° garde noble, § 6, n° 1.
(2) M. Dur., t. III, n° 403.
(3) M. Demol., t. VI, n° 489.
(4) Pothier, garde noble, sect. II, § 1. — Ajout. nouveau Denizart, t. IX, v° garde noble, § 9, n° 9.

peut-elle être soutenue sous l'empire du Code Napoléon, relativement à l'usufruit paternel? Elle a été effectivement reproduite. Les père et mère, a-t-on dit, peuvent renoncer à l'usufruit légal lorsqu'il est déjà ouvert ; la renonciation est donc un droit pour eux, et pour qu'une renonciation anticipée leur fût défendue, il faudrait qu'elle fût contraire à l'ordre public ou à quelque disposition prohibitive de la loi. Or l'ordre public ne peut être blessé par une clause conçue dans l'intérêt pécuniaire des enfants, et qui ne diminue nullement les droits de la puissance paternelle sur leur personne, et de plus aucun texte ne vient et ne pouvait prohiber une clause de cette nature.

Nous ne partageons pas cette opinion, et nous croyons trouver dans l'art. 1388 le texte qui défend d'insérer dans le contrat de mariage une pareille renonciation : Les époux ne peuvent déroger ni aux droits de la puissance maritale sur la personne de la femme et des enfants, *ou qui appartiennent au mari comme chef*, ni aux droits conférés au survivant des époux par *le titre de la puissance paternelle*. On a, il est vrai, contesté l'application de l'art. 1388 au point qui nous occupe; mais il nous paraît s'opposer énergiquement à la clause que nous attaquons à la fois dans les deux parties qui la composent. Dans la première, en effet, il défend de déroger aux droits qui appartiennent au mari comme chef; or, c'est comme chef que le mari, que le père a l'usufruit légal par préférence à la mère pendant le mariage. Dans la seconde partie, l'art. 1388 est plus formel encore; il défend de porter atteinte aux droits conférés au survivant des époux par le titre de la puissance paternelle; or, l'usufruit légal étant conféré au survivant des époux par le titre dé la puissance paternelle, il est certain qu'ils ne pourraient y renoncer, au moins en tant qu'il est accordé au survivant; mais alors comment leur serait-il permis d'y renoncer en tant qu'il est conféré au père pendant le mariage?

Cette interprétation de l'art. 1388, si raisonnable par elle-même, est d'ailleurs confirmée par les paroles de M. Treilhard, lors de la discussion de l'art. 1388. « Cet article ne parle de la puissance paternelle que pour défendre les stipulations qui priveraient *le père* de son pouvoir sur la personne de ses enfants et de *l'usufruit de leurs biens* (1). » L'intention des rédacteurs du Code n'est donc pas douteuse, et elle est justement fondée. Permettre au père ou à la mère d'avance, sans savoir si l'usu-

---

(1) Locré, législ. civ., t. xiii, p. 160.

fruit sera bon ou mauvais, sans être en mesure d'apprécier aucune des autres circonstances qui peuvent les porter à l'accepter ou à y renoncer, de renoncer non pas à cet usufruit non ouvert, mais à l'expectative purement éventuelle de cet usufruit, c'eût été autoriser les futurs époux à déjouer d'avance et quand même la prévoyance de la loi et le régime fondé sur des motifs d'intérêt général qu'elle a voulu sagement instituer dans la famille.

Remarquons d'ailleurs en quels termes s'exprimait Pothier, dont l'autorité puissante est invoquée par nos adversaires : « on peut bien par contrat de mariage renoncer à une succession future; pourquoi les conjoints ne pourraient-ils pas pareillement renoncer au droit de garde noble (1)? » Or, aujourd'hui, on ne peut plus même par contrat de mariage, renoncer à une succession future (791, 1130, 1309); dès lors la décision de Pothier devrait changer, et son autorité se retourne aujourd'hui contre ceux qui l'invoquent.

Ajoutons enfin que si ces arguments ne sont pas suffisants pour établir la négative, elle résulte forcément de l'art. 906. En effet, en vertu de cet article, pour qu'une libéralité soit va-

---

(1) Pothier, garde noble et bourg., sect. IV. § 1.

lable, il faut qu'elle s'adresse à une personne déjà conçue. Or la renonciation à l'usufruit de la part du père constitue une libéralité au profit des enfants à naître du mariage, personnes non encore conçues; donc cette renonciation doit être déclarée nulle.

§ II. *Quels biens l'usufruit paternel comprend-il?*

L'usufruit légal est en principe universel et porte sur tous les biens de l'enfant, de quelque nature qu'ils soient et à quelque titre qu'ils aient été acquis. Cette règle résulte évidemment du texte de l'art. 384, qui accorde au père pendant le mariage, et à la mère à sa dissolution, la jouissance des biens de leurs enfants sans aucune réserve. Cependant cette règle n'est pas absolue et reçoit une triple exception que lui apportent les art. 387 et 730. Sont affranchis de l'usufruit légal, aux termes de l'art. 387 : 1° les biens que l'enfant acquiert par un travail ou une industrie séparée; 2° ceux qui lui sont donnés ou légués sous la condition expresse que les père et mère n'en jouiront pas ; 3° aux termes de l'art. 730, ceux qu'il recueille en venant de son chef à une succession dont son père ou sa mère sont exclus comme indignes. Reprenons chacune de ces exceptions.

1. Biens que l'enfant acquiert par une industrie ou un travail séparé.

L'exception faite en faveur de ces biens qui constituent ainsi une sorte de pécule au profit du fils, pécule plus étendu que ne l'étaient autrefois les pécules *castrense* et *quasi-castrense*, mais qui ne peut jamais devenir très-considérable puisqu'il n'est accordé qu'aux enfants au-dessous de dix-huit ans, est une récompense et un encouragement donné aux habitudes d'ordre, de travail et de bonne conduite (1). Pour que cette exception profite à l'enfant, il faut, d'après la loi, qu'il exerce un travail ou une industrie séparée.

Ces derniers mots doivent s'entendre dans la même acception que leur donne l'art. 220, en ce qui concerne la femme mariée, marchande publique, c'est-à-dire que l'enfant doit exercer une profession distincte de celle de son père et en dehors des biens et des intérêts personnels de celui-ci (2). Mais la loi, bien entendu,

---

(1) « L'encouragement dû au travail et à l'industrie..., exigeait que cette jouissance ne s'étendît pas aux biens que les enfants pourraient acquérir par un travail et une industrie séparés. » — Discours du tribun Albisson devant le Corps législatif, Fenet, t. x, p. 542.

(2) M. Demol., t. vi, n° 498.

n'astreint pas l'enfant à avoir une résidence séparée, puisqu'elle place son domicile au domicile même de son père ou de sa mère (art. 108). Si l'enfant travaille pour son père, on n'appliquera pas au contraire l'art. 387. Les parents sont obligés, il est vrai, d'élever leurs enfants, mais n'est-il pas juste que ceux-ci leur rendent en retour, les services dont ils sont capables?

Le trésor ne sera pas compris, selon nous, dans la classe des biens acquis par un travail ou une industrie séparée. Il est difficile de voir dans sa découverte qui est le pur effet du hasard (art. 716), un travail ou une industrie séparée, et, dès lors, il sera soumis comme tout bien non formellement excepté à l'usufruit paternel. La décision serait la même si l'enfant au lieu d'être l'inventeur, était propriétaire du fonds dans lequel le trésor a été trouvé, que ce fonds fût d'ailleurs assujetti ou non à l'usufruit légal (1).

2. Biens donnés ou légués sous la condition expresse que les père et mère n'en jouiront pas.

Le droit romain considérait déjà comme licite, une condition de cette nature, et le Code

---

(1) Proudhon, de l'usufruit, t. i, n° 180; Demol., t. vi, n°s 803 et 804.

a fait sagement de consacrer sa doctrine sur
ce point. Ne pas permettre au disposant de priver le père de l'usufruit des biens qu'il donne
ou lègue, c'eût été nuire à l'enfant sans profit
pour le père, car le disposant, animé peut-être
de ressentiments contre le père, renoncerait à
toute libéralité au profit de l'enfant plutôt que
de voir le père en profiter. D'ailleurs, le père
peut être un dissipateur, et la précaution du
disposant, par conséquent, légitime et judicieuse.

Toutefois, comme il n'y a là qu'une exception,
l'art. 387 exige que la condition soit *expresse*,
c'est-à-dire *qu'elle doit résulter clairement de
l'acte* (art. 1273, 843), sans qu'il soit nécessaire,
bien entendu, d'employer aucune formule sa-
cramentelle.

Que décider si un testateur lègue au père
la moitié de ses biens et à l'enfant l'autre
moitié? Devons-nous en conclure que le testateur a voulu soustraire à l'usufruit paternel la part qu'il a dévolu à l'enfant? On l'a-
vait prétendu ainsi autrefois (1), et on invoquait
en ce sens la Novelle 118, chap. 2 (2), dans laquelle Justinien décide que le père, recueillant
une succession en commun avec le fils, n'a

---

(1) Lapeyrière, lettre v, nº 74.
(2) Ajout., c. de bon. quæ liber. auth. excipitur.

point l'usufruit de la part échue à celui-ci.
Cette décision ne saurait prévaloir aujourd'hui.
D'abord, nous ne trouvons rien dans le Code
d'analogue à la Novelle 118, chap. 2, et un
principe propre aux héritiers *ab intestat* de la
législation romaine ne pourrait être appliqué
aux héritiers *ab intestat* de la loi française.
L'art. 730, qui reproduit pour un cas exceptionnel et pénal la disposition romaine, prouve
qu'elle n'est pas admise en règle générale, et
d'ailleurs les deux qualités de légataire et d'u-
sufruitier d'un legs fait à l'enfant n'ont rien
d'incompatible, puisque l'une procède de la
volonté du testateur, et l'autre de celle du législateur. Dans tous les cas, il n'y a pas là cette
volonté *expresse* exigée par l'art. 387 pour que
le père soit privé de son usufruit sur les biens
donnés ou légués.

Supposons que le legs fait au fils est celui
d'un usufruit ou d'une rente viagère, le père
pourra-t-il en réclamer la jouissance aux termes
de l'art. 384? On pourrait le nier en se fondant sur ce que le bénéfice de la libéralité
consiste tout entier dans les arrérages de la
rente, dans les fruits ou intérêts du bien grevé
d'usufruit, et en soutenant que dès lors le disposant, qui les a attribués à l'enfant lui-même,
a entendu par là même en priver le père. Nous
pensons autrement. En effet, nous ne retrou-

vons pas là non plus cette volonté d'exclusion
expresse exigée par l'art. 387 chez le disposant.
Les termes généraux de l'art. 384 sont formels :
tous les biens non exceptés sont soumis à l'usufruit paternel. Dirait-on que la nature du legs
s'oppose à ce qu'on établisse l'usufruit paternel
sur les biens qui en sont l'objet ? Mais nous répondrions par les art. 588 et 1561 qui supposent
bien qu'un usufruit puisse exister, le premier
sur une rente viagère, le second sur un usufruit. C'est qu'en effet, comme le dit M. Demolombe (1), les arrérages de la rente viagère
ne sont que les fruits de la rente elle-même,
créance principale, de même que le droit d'usufruit est le fonds, la substance, dont les revenus ne sont que les fruits (2).

C'est une question délicate et vivement controversée encore de nos jours que de savoir si
la prohibition de l'usufruit légal peut s'étendre
même sur la réserve de l'enfant. Voici l'espèce.
Une mère lègue tous ses biens à son fils à condition que le père n'en aura pas l'usufruit ;
cette prohibition est-elle valable en ce qui
concerne la réserve de l'enfant ? Déjà cette

____

(1) M. Demol., t. VI, n° 811.

(2) MM. Allemand, du mariage et de ses effets, t. II, n° 1115 ;
Proudhon, de l'usufruit, t. 1, n°ˢ 15 et 151.

question s'élevait dans l'ancien droit à l'occasion de la légitime, et y était longuement discutée. Plusieurs auteurs, et notamment Lebrun(1), soutenaient que le droit de prohibition n'avait pas de limite. Mais le plus grand nombre, Julien (2), Serres (3), Catellan (4) et Vedel sur Catellan (5), professaient la doctrine contraire et se fondaient surtout sur la Novelle 117, ch 1, qui, en autorisant le disposant à enlever à l'ascendant du légataire l'usufruit du bien légué, en excepte formellement la légitime : *postquam reliquerint filiis partem quæ lege debetur.* Aujourd'hui qu'on ne peut plus invoquer la Novelle 117, ch. 1, de quel côté devons-nous nous ranger? Bien que les auteurs les plus nombreux soient encore en faveur de la négative, nous adopterons d'ailleurs avec d'éminents jurisconsultes, la solution affirmative (6). Nous argumenterons d'abord du texte de l'art. 387 dont les termes sont aussi généraux que possible, et ne permettent aucune distinction entre

---

(1) Lebrun, des success., liv. II, ch. III, sect. IV, n° 22.

(2) Julien, élém. do Jurisprud., liv. I. tit. V, n° 17.

(3) Serres, Inst. du D. fr , liv. II, tit. IX, p. 207.

(4) Catellan, liv. IV, ch. 20, p. 204.

(5) Vedel sur Catellan, p. 125.

(6) MM. Valette sur Proudhon, t. II, p. 264; Duvergier sur Toullier, t. II, n° 1667, note A.

la réserve et la quotité disponible. On nous oppose, il est vrai, les art. 920 et 921, au titre des donations, en soutenant que c'est à cette matière seule que nous devons nous reporter pour trouver la solution de la difficulté. Nous pourrions peut-être le contester, car lorsqu'il s'agit avant tout d'une question d'usufruit paternel, c'est aux articles qui établissent et réglementent ce droit qu'il faut préférablement s'en tenir ; mais suivons nos adversaires sur le terrain qu'ils choisissent eux-mêmes. En vertu des art. 920 et 921, la réduction des dispositions entre vifs ou testamentaires peut être demandée par ceux au profit desquels la loi fait une réserve par leurs héritiers ou ayants cause. Ils concluent de ces articles que la réserve est une portion sacrée du patrimoine, à laquelle le donateur ou le testateur ne peut pas toucher, qu'elle ne peut être affectée d'aucune condition, qu'elle doit arriver franche et libre entre les mains du réservataire. Or, dans l'espèce, elle n'est plus intacte, elle est affectée d'une condition ; donc il y a lieu à réduction. A cet argument, le principal appui de la négative, la réponse nous semble facile. D'abord, la loi ne prohibe pas la donation des biens réservés ; elle se borne à dire que cette donation sera réductible si elle dépasse les limites de la quotité disponible. Donc en principe elle est valable. D'ailleurs, au profit de qui, dans l'espèce, la réserve est-elle instituée par la loi ? *Au profit* de l'enfant. Qui donc aura le droit d'intenter l'action en réduction qui est la sanction de la réserve ? *Encore l'enfant.* Et dans quels cas ? Évidemment lorsque les droits quant à la réserve seront lésés. Oui, nos adversaires ont raison, la réserve doit être intacte et libre de toute clause préjudiciable, mais préjudiciable à qui ? Au réservataire. Or, dans l'espèce, a-t-il à se plaindre de la violation de son droit et, par conséquent, à intenter l'action en réduction ? Évidemment non, puisque l'enfant obtient plus qu'il n'aurait eu si sa mère lui avait purement et simplement légué sa réserve, auquel cas cependant il n'aurait eu aucun droit de se plaindre. Mais si l'enfant n'intente pas l'action en réduction, qui donc va l'intenter ? Le père, dit-on, l'intentera comme ayant cause de l'enfant. Mais est-il bien exact de regarder le père comme un ayant cause, comme un créancier de l'enfant ?

Nous avons essayé de démontrer plus haut le contraire. Mais admettons-le un instant : le père viendra donc, *au nom de son fils,* exerçant les droits de son débiteur (art. 1166), demander la réduction de la donation, contre qui ? *Contre son fils.* Celui-ci sera, en réalité, dans le même procès à la fois le demandeur et le défendeur; le jugement lui donnera gain de cause contre lui-même, et la donation qui lui a été faite sera réduite à la fois à son préjudice et à son plus grand avantage! Il faut bien l'avouer, de pareilles conséquences sont au moins bizarres, et on se demande si, pour y arriver, il est bien nécessaire, comme le font nos adversaires, de tomber dans une pétition de principes. Ils soutiennent que le père est un ayant cause de l'enfant dans l'espèce, apparemment en qualité d'usufruitier. Mais d'où le père tire-t-il son droit d'usufruit? De l'article 384, modifié, restreint par l'art. 387; donc, pour prouver que le père est un ayant cause de son enfant quant aux biens réservés, il nous semble qu'il faut prouver d'abord que son droit d'usufruit doit porter sur ces biens réservés, nonobstant la prohibition; or, c'est là justement la question en litige.

On prétend encore que le droit de réserve, qui nous paraît suffisamment respecté, puisque dans le cas où les intérêts de l'enfant l'auraient obligé à intenter l'action en réduction, par exemple, si le disposant avait légué toute sa fortune à un étranger, l'enfant n'aurait obtenu que la nue propriété des biens réservés, tandis que, dans l'hypothèse qui nous occupe, il obtiendrait, d'après notre opinion, la pleine propriété de ces biens; on prétend que ce droit de réserve se trouverait souvent en fait véritablement diminué. Ainsi, M. Demolombe, l'un des partisans les plus sérieux de la négative, suppose un père riche et généreux, qui aurait affecté jusqu'à l'époque du legs une partie considérable de ses revenus à l'éducation et à l'entretien de son fils, et qui, tout à coup, justement blessé par cette clause qui lui enlève l'usufruit de la réserve, changerait immédiatement de conduite, et imputerait désormais sur les revenus minimes de l'enfant les dépenses destinées à ses besoins, de sorte qu'en réalité, l'enfant se trouverait plutôt appauvri qu'enrichi par la clause qui lui attribue la jouissance des biens réservés. Nous répondrons que le même résultat se produirait identiquement dans d'autres hypothèses que M. Demolombe a oublié de relever : supposons avec lui un père riche et généreux, qui consacre par exemple cinq mille francs par an à l'éducation de son fils ; une donation de trente mille francs est faite par un tiers à l'enfant, mais sous la condition que son père n'en aura pas l'usufruit ; ce dernier, irrité de cette marque de défiance, imite la conduite du père riche et généreux dont il était question précédemment, s'abstient désormais de tout sacrifice personnel, et se borne à employer à l'éducation de l'enfant les revenus des trente mille francs qui lui ont été donnés.

Cependant, la loi autorise expressément la clause qui produit un pareil résultat, et elle a raison, suivant M. Demolombe; pourquoi donc aurait-elle tort, si comme nous le soutenons, elle autorisait aussi la prohibition de l'usufruit légal portant sur la réserve? La loi n'avait point dans ce dernier cas, comme dans le premier, à se préoccuper du contentement du père ou de sa mauvaise humeur, et des suites qui en peuvent résulter; elle n'exige qu'une chose, que la réserve arrive pleine et entière aux mains de l'héritier réservataire; or, dans l'espèce ce vœu est plus que satisfait, nos adversaires en conviendront. Quant aux considérations de détail, qui viendront postérieurement et par suite même de cette attribution plus entière de la réserve à l'enfant, rendre sa situation moins heureuse au point de vue pécuniaire, elles ne sont point juridiques et n'ont pas le pouvoir de nous entraîner au-delà du vœu seul formellement exprimé par la loi.

Enfin, les partisans de la négative invoquent les motifs qui ont déterminé le rédacteur à établir l'usufruit légal. « Ils l'ont établi, dit M. Demolombe, par des motifs d'équité et aussi d'intérêt général, afin de prévenir des comptes trop compliqués entre les père et mère et les enfants, etc.; la loi ne doit pas dès-lors tolérer que les biens qu'elle transmet elle-même en soient affranchis; elle ne doit pas permettre que cette condition dictée par les ressentiments personnels de l'époux prémourant contre le survivant, perpétue entre celui-ci et ses enfants les mêmes sentiments de mésintelligence et de discorde.» (1) Ce sont encore là des consirations de fait, vraies dans certains cas, fausses dans certains autres. Ainsi M. Demolombe veut bien supposer que cette condition soit dictée par les ressentiments personnels de l'époux prémourant contre le survivant, mais nous pouvons parfaitement supposer à notre tour, et peut-être sera-ce l'hypothèse la plus fréquente, que l'époux survivant est un dissipateur qui compromettrait la fortune des enfants, et contre lequel son conjoint n'a pris que de sages précautions. D'ailleurs ces motifs si graves, si décisifs qui devraient, suivant M. Demolombe, faire annuler une pareille prohibition, en tant que concernant, la réserve d'usufruit, se représentent avec la même force au cas où la prohibition porte sur la quotité disponible, et cependant ils n'ont pas empêché le législateur d'autoriser une disposition de

____

(1) M. Demol., t. II, n° 513.

cette nature, quant à la quotité disponible.

Nous croyons donc que la prohibition d'usufruit peut s'étendre sur la réserve ; le décider autrement, ce serait en réalité créer une réserve au père sur la réserve de l'enfant mineur (1).

3. Biens provenant d'une succession dévolue à l'enfant, par suite de l'indignité de son père ou de sa mère, qui y étaient d'abord appelés.

Aux termes de l'art. 730, le père indigne ne peut réclamer aucun droit d'usufruit sur la succession de laquelle il a été déclaré indigne. Bien que cet article ne parle que du père, sa disposition est d'ailleurs applicable à la mère, comme le prouve suffisamment la dernière partie de l'article : « celui-ci ne peut, en aucun cas, réclamer, sur cette succession, l'usufruit que la loi accorde *aux père et mère* sur les biens de leurs enfants. » D'ailleurs, le père ayant le premier en rang l'usufruit légal pendant le

---

(1) Voy., dans notre sens, MM. Valette sur Proudhon, t. ii, p. 264 ; Duvergier sur Toullier, t. ii, n° 1067, note A ; Maleville, t. i, p. 393. Contra, Toullier, t. ii, n° 1067 ; Duranton, t. iii, n° 376 ; Zachariæ, t. iii, p. 601 ; Marcadé, t. ii, art. 317, n° 4 ; Vazeille, du mariage, t. ii, n° 447 ; Allemand, du mariage, t. ii, n° 1121. — Cass. 11 novembre 1821, V. S. 1829, 1, 6.

mariage, l'attention du législateur a dû, avant tout, se porter plus spécialement sur lui.

Dans le cas où, en vertu de l'art. 730, le père serait déclaré indigne, la mère n'en jouirait pas moins des biens de la succession recueillie par ses enfants, car aucune déchéance, dans ce cas, n'est prononcée contre elle; mais sa jouissance ne commencerait qu'à la dissolution du mariage, par application de ce principe, que nous avons discuté et établi, à savoir que la mère n'a jamais droit à l'usufruit légal qu'après la dissolution du mariage.

Si la mère, seule héritière, avait été déclarée indigne, et son mari condamné comme complice du fait qui a produit l'indignité, ce dernier conserverait-il néanmoins l'usufruit des biens de la succession recueillie par les enfants? Même question en sens inverse, par rapport à la mère condamnée comme complice du mari indigne. Nous croyons que ni le père, dans le premier cas, ni la mère, dans le second, ne seraient déchus de leur droit d'usufruit. Décider autrement, en effet, c'est donner une extension arbitraire au texte tout pénal de l'art. 730; d'ailleurs, si on admettait que dans l'hypothèse dont nous nous occupons, le conjoint complice dût perdre son usufruit, il faudrait, pour être logique, dire également qu'il en serait déchu dans le cas où il aurait été condamné comme complice d'un individu qui n'était point héritier, car sa culpabilité serait absolument la même. Or, sur quel texte fonder une pareille déchéance? Ce n'est pas, évidemment, sur l'art. 730, qui ne prévoit que le cas d'indignité, et personne n'a pu être déclaré indigne, puisque l'auteur principal du fait coupable et son complice ne sont pas héritiers du propriétaire de la succession.

§ III. *Quels droits confère l'usufruit paternel?*

Dans les art. 384, 385, 386 et 387, les rédacteurs du Code paraissent avoir évité avec soin de désigner sous la dénomination d'usufruit le droit qu'ils établissent au profit des père et mère; devrions-nous en conclure que ce droit n'est pas un véritable usufruit à leurs yeux? Non, certainement, et la conclusion contraire ressort, même en toute évidence, du texte de l'art. 730, qui qualifie expressément ce droit du nom d'usufruit légal. Comme tel, le droit de jouissance des père et mère est donc soumis aux règles générales de l'usufruit, et c'est ce que disent implicitement les art. 385 et 601 : l'un, en mettant au premier rang des charges qui sont imposées au père, celles auxquelles sont tenus les usufruitiers; l'autre, en dispensant les père et mère de l'obligation de donner caution. Mais l'usufruit paternel n'en est pas moins un usufruit d'une nature spéciale, quant aux charges qui en résultent et quant à sa durée, et, dès lors, certaines règles de l'usufruit ordinaire seront sans application à son ég. [1].

C'est ainsi, selon nous, qu'en matière d'usufruit légal, il faudrait s'écarter de la décision donnée par l'art. 589 pour l'usufruit ordinaire. Aux termes de cet article, si l'usufruit comprend des choses, qui sans se consommer de suite, se détériorent peu à peu par l'usage, comme du linge, des meubles meublants, l'usufruitier a le droit de s'en servir pour l'usage auquel elles sont destinées, et n'est obligé de les rendre à la fin de l'usufruit que dans l'état où elles se trouvent, non détériorées par son dol ou sa faute. Dans le cas où les père et mère usant du bénéfice qui leur est accordé par l'art. 453, à la différence du tuteur, de pouvoir, à leur choix, conserver ou vendre les meubles appartenant au mineur, ont préféré les garder en nature, après estimation faite suivant la prescription du même art. 453, il s'agit de savoir s'ils pourront invoquer en leur faveur l'art. 589 pour ne rendre les meubles que dans l'état où ils se trouvent, ou si au contraire, ils seront obligés en cas de perte par cas fortuit, ou lorsque le délabrement des meubles les rendra hors de service, de payer le montant de l'estimation qui en a été faite.

On soutient l'affirmative par les raisons suivantes. L'art. 589 n'est que l'expression d'une règle tout-à-fait générale, répétée dans les art. 950, 1063 et 1566, et consacrée de nouveau dans l'art. 453 lui-même. D'ailleurs, celui qui a le droit de jouir d'une chose ne saurait être responsable de la détérioration qui résulte du seul effet de sa jouissance, du seul exercice de son droit; autrement il ne serait pas vrai de dire qu'il a le droit de jouir. Et enfin on tire un argument *a fortiori* de l'art. 1884 qui applique le principe de l'art. 589 à l'emprunteur à usage; or, ce dernier ne jouit qu'en vertu d'un acte d'obligeance purement gratuite (1876).

Quelle que soit la valeur de ces arguments, la négative nous paraît mieux fondée. Si donc les meubles ont péri ou sont hors de service, nous astreindrons les père et mère à rendre le montant de l'estimation mobilière. Nous nous appuierons d'abord sur la différence de rédaction nettement tranchée qui existe entre l'art. 453 d'une part et les art. 589, 950, 1063, 1566 d'autre part. D'après ces derniers articles, le détenteur n'est obligé de rendre les meubles, suivant leurs termes même, *que dans l'état où ils se trouvent* au moment de la restitution; tandis que dans l'art. 453 nous trouvons

simplement que les père et mère qui ont préféré garder les meubles sont tenus de les remettre *en nature*. Cette différence de rédaction
est trop marquée pour n'être pas intention-
nelle. Ces mots *meubles en nature* ont ici une
acception technique et spéciale ; ils signifient
des meubles propres encore à l'usage auquel
ils sont destinés *d'après leur nature*, c'est-à-
dire *d'après leur forme caractéristique;* ce ne
serait donc pas, selon nous, remettre des meubles en nature que de remettre des lambeaux,
des débris de meubles. Une semblable théorie
est d'ailleurs conforme au principe de l'équité
et de la raison ; l'usufruitier ordinaire, lui, *ne
peut* pas à son choix garder les meubles ou les
vendre ; il *doit les garder*, et on comprend alors
qu'il ne soit tenu de les rendre que dans l'état
où ils se trouvent. La position du père est toute
autre : la loi lui laisse la faculté de choisir entre
deux partis ; mais quel que soit celui auquel il
s'arrête, il faut qu'il ne cause aucun préjudice
à l'enfant. Doit-on donc organiser la puissance
paternelle de telle sorte que ce soit un malheur
pour l'enfant de voir ses biens entre les mains
de son père ou de sa mère? D'ailleurs, le père
ou la mère sont avertis ; qu'ils ne se plaignent
pas des conséquences d'une option qu'ils ont
faite en connaissance de cause! A eux d'examiner si, pour conserver des meubles auxquels

ils sont attachés par habitude, par affection et par souvenir, ils préfèrent encourir la responsabilité pécuniaire qui résultera de cette conservation exceptionnellement tolérée à leur profit. Enfin, la solution que nous donnons se rattache aux anciens principes suivis en matière de garde noble ; on ne voulait pas que la jouissance des biens eût pour résultat d'en détruire et d'en absorber la propriété, comme cela arriverait dans l'hypothèse qui nous occupe. « La jouissance du gardien, » dit Bourjon, « embrasse les meubles appartenant au mineur ; *mais comme sa jouissance ne doit pas diminuer le fonds,* il est obligé de faire faire la vente des meubles, et la jouissance se réduit à jouir du prix d'iceux (1). »

Le survivant des père et mère, qui ne représente pas en bon état les meubles qu'il a préféré ne pas vendre, doit donc à notre avis leur estimation dans tous les cas, c'est-à-dire alors même qu'ils ont péri par cas fortuit, ou ont été détériorés sans son dol ni sa faute (2).

De même encore, nous n'appliquerons pas à l'usufruit paternel l'art. 595, au titre de *l'usu-*

---

(1) Bourjon, Dr. commun de la France, t. I, p. 835 ; — Nouveau Denizart, t. VII, v° Don mutuel, § 2, n° 8 ; — et Pothier, Traité des donations, part. 2, ch. V, art. 1, n° 216.

fruit, en vertu duquel l'usufruitier peut jouir par lui-même, vendre ou céder son droit à titre gratuit. En effet, l'usufruit paternel est une dépendance, un attribut de la puissance paternelle, et dès lors il participe de sa nature et par conséquent de son inaliénabilité (art. 6). Les charges d'ailleurs auxquelles est assujetti l'usufruit paternel, notamment le devoir d'éducation et d'entretien, s'opposent à toute cession volontaire ou forcée de cet usufruit. De deux choses l'une, en effet : ou le tiers acquéreur devrait subir toutes les décisions du père en ce qui concerne l'emploi des revenus, et il serait complétement à sa merci, ce qui n'est pas possible, ou il serait fondé à contester les dépenses faites pour l'éducation et l'entretien de l'enfant, et alors le père se trouverait enchaîné dans l'exercice de ses devoirs légitimes, ce qui est également inadmissible. Enfin, à combien de chances d'extinction le droit consenti au tiers acquéreur serait-il exposé? Il s'éteindrait non-seulement par la mort de l'usufruitier, ce qui a lieu pour l'usufruit ordinaire, mais encore par la mort du propriétaire; il y a plus : le père restant maître d'émanciper l'enfant, serait par là même investi du droit de produire contre le tiers quand il lui plairait, une nouvelle cause d'extinction forcée. Dès lors l'usufruit paternel placé dans de pareilles conditions ne pouvait servir de base qu'à un trafic peu lucratif, honteux pour la morale, dégradant pour la puissance paternelle, que le législateur n'a pu vouloir tolérer (1).

L'usufruit ne pouvant être l'objet d'une cession à titre onéreux ou à titre gratuit au profit d'un tiers n'est pas non plus susceptible d'être hypothéqué (2118) ou exproprié (2204) comme l'usufruit ordinaire. Nous voulons parler du droit en lui-même, car nous reconnaissons que les fruits qui en proviennent peuvent être saisis par les créanciers du père, mais, bien entendu, déduction faite de ceux nécessaires à acquitter les frais que leur débiteur doit avant tout payer, et particulièrement des frais de nourriture, d'entretien et d'éducation des enfants (2).

§ IV. *Quelles charges sont imposées à l'usufruit paternel.*

Les charges de l'usufruit paternel, aux termes de l'art. 385, sont :

(1) Sic, MM. Duranton, t 3, n° 403 bis, et t. iv, n° 486; — — Valette sur Proudhon, t. ii, p. 267; — Demangeat, Rev. de Dr. franç. et étrang., 1845, p. 674; — Demol., t. vi, n° 527. — Contra, Proudhon, de l'Usufruit, t. i, n° 125 et 281; — Zachariæ, Aubry et Rau, t. iii, p. 683; — Duvergier, de la Vente, t. i, n° 213,

(2) Paris, 19 mars 1823, V. S. 1825, ii, 323; — Colmar, 27 janvier 1835, V. S. 1835, ii, 146; — Proudhon, de l'Usufruit, t. i, n°* 219 et 220.

1° Celles auxquelles sont tenus les usufruitiers;

2° La nourriture, l'entretien et l'éducation des enfants selon leur fortune ;

3° Le payement des arrérages ou intérêts des capitaux ;

4° Les frais funéraires et ceux de dernière maladie.

1° Charges auxquelles sont tenus les usufruitiers.

La jouissance accordée aux père et mère sur les biens de leurs enfants offre certainement avec l'usufruit ordinaire cette ressemblance qu'elle attribue aux père et mère tous les fruits; et, par conséquent, par une juste réciprocité, elle doit mettre à leur compte toutes les charges qui, à raison de cette perception de tous les fruits, incombent à l'usufruitier ordinaire.

Ainsi l'usufruitier légal devra faire dresser l'inventaire et l'état descriptif des immeubles, objets de sa jouissance (art. 600), jouir en bon père de famille et conserver la substance de la chose (articles 578 et 601), faire les réparations d'entretien (art. 605 et 607), acquitter les contributions, les intérêts des capitaux, les pensions alimentaires ou viagères (art. 608, 610, 612). Mais il est formellement dispensé de la nécessité de donner caution, imposée à tout usufruitier ordinaire (art. 600). On a pensé que l'affection paternelle offrait des garanties suffisantes, et qu'une pareille obligation eût mal à propos imprimé un caractère légal de défiance aux rapports des enfants envers leur père et mère.

2° La nourriture, l'entretien et l'éducation des enfants suivant leur fortune.

Au premier abord cette obligation imposée au père et mère ne semble que l'inutile répétition de celle déjà écrite dans l'art. 203. Ce sont cependant là deux obligations distinctes dans leurs causes comme dans leurs effets. L'obligation écrite dans l'art. 203 a pour cause la procréation de l'enfant et la qualité de père ou de mère ; celle énoncée dans l'art. 3f 5 a pour cause l'usufruit lui-même dont elle est une condition tacite. Et de cette différence dans les causes résultent en détail les différences suivantes :

En vertu de l'art. 203, les père et mère doivent à leurs enfants une éducation et un entretien proportionnés *à leur propre fortune* (article 208). Au contraire, l'art. 385 ordonne à l'usufruitier légal de proportionner cette éducation et cet entretien *à la fortune des enfants eux-mêmes.*

En vertu de l'art. 203, les père et mère ne

sont tenus d'acquitter sur leurs propres biens les frais d'entretien et d'éducation, qu'autant que les enfants n'ont pas eux-mêmes de biens personnels pour y suffire. Au contraire, l'article 385 assujettit l'usufruitier légal à la nécessité de payer ces frais, quand même les enfants auraient des biens personnels non compris dans cet usufruit (1).

En vertu de l'art. 203, les deux époux sont également tenus de l'obligation qu'il y énonce. L'époux usufruitier légal, au contraire, est seul tenu de celle imposée par l'art. 385.

Enfin, en vertu de l'art. 203, les enfants ne sauraient empêcher les créanciers personnels de leur père et mère de saisir et de faire vendre tous les biens de leurs débiteurs. Au contraire, les saisies faites par les mêmes créanciers ne frapperaient, d'après l'art. 385, les revenus des biens personnels de l'enfant que déduction

____

(1) Pothier donnait au sujet de la garde une décision analogue : « Quoique le gardien noble ne jouisse pas des biens de ses mineurs qui sont situés en des lieux régis par des lois qui ne lui donnent pas cette jouissance, l'émolument de la garde qu'il a dans les biens régis par notre coutume ne laisse pas de l'obliger *pour le total* aux frais de l'entretien du mineur et autres charges de la garde ; car ce n'est que sous ces charges que la coutume lui défère l'émolument de la garde. » (Cour d'Orléans, Introd. au titre des fiefs, n° 347 ; — Nouv. Deniz., t. IX, v° Garde, note 89.)

faite de la portion nécessaire à son entretien et à son éducation (1).

3° Le payement des arrérages ou intérêts des capitaux.

De quels arrérages et de quels intérêts s'agit-il ici? Est-ce de ceux échus au moment où l'usufruit prend naissance, ou de ceux au contraire qui viendront à échoir pendant sa durée? La question est vivement controversée.

Plusieurs jurisconsultes (2) soutiennent que la loi n'a entendu parler que des arrérages ou intérêts à échoir. En effet, disent-ils, les revenus passifs sont la charge naturellement corrélative des revenus actifs; or, comme l'usufruitier gagne seulement les revenus actifs à échoir, les revenus passifs à échoir doivent également figurer seuls à son compte personnel. S'il en était autrement sous l'empire des coutumes, c'est que le gardien, acquérant la pleine propriété des meubles, était personnel-

---

(1) MM. Demol., t. vi, nᶜˢ 539 et 540; — Valette sur Proudhon, t. ii, p. 256-257; — Marcadé, t. ii, art. 315, n° 2; — Vazeille, du Mariage, t. ii, n° 460.

(2) MM. Duranton, t. iii, n° 401; — Taulier, t. i, p. 512; — Rolland de Villargues, v° Usufruit légal, n° 55;—Chardon, Puiss. patern., n° 150. — Dans le même sens, Lyon, 10 février 1838; D., 1838, 2, 110.

lement tenu par voie de conséquence de toutes les dettes mobilières.

Malgré ces arguments, nous n'hésiterons pas à adopter l'opinion opposée, et nous dirons qu'on doit mettre à la charge du père les arrérages ou intérêts déjà échus lors de l'ouverture de son usufruit. Nous ferons remarquer d'abord que la doctrine exposée plus haut offre un grave inconvénient, celui de rendre complétement inutile le 3° de notre article 385, car la charge des revenus passifs à échoir est déjà imposée aux père et mère par le 1° de ce même art. 385 dans ces mots : *celles auxquelles sont tenus les usufruitiers.* Une pareille redondance serait d'autant plus inexplicable qu'elle se composerait de deux dispositions spéciales et distinctes, à peine séparées par une demi-ligne.

Elle doit encore d'autant moins être admise qu'elle constituerait une dérogation aux règles de l'ancien droit. Sans doute, il est vrai de dire que primitivement le baillistre était obligé d'acquitter toutes les dettes mobilières, parce qu'il acquérait la pleine propriété des meubles; mais ce motif n'est plus exact une fois la transformation du bail en garde noble accomplie; en effet, les dettes mobilières furent laissées à la charge du gardien par la plupart des coutumes, et cependant elles cessèrent de lui attribuer la propriété du mobilier actif. Bien plus, la coutume de Paris, qui lui *refusait même la jouissance des meubles*, le soumettait néanmoins à l'obligation d'acquitter toutes les dettes, et *spécialement les arrérages échus* (1). Si donc l'ancien droit mettait une pareille obligation à la charge du gardien, ce n'était pas, comme on l'a dit, parce qu'il acquérait la pleine propriété des meubles. Et, dès lors, il nous semble difficile de douter que le législateur, en écrivant une disposition expresse en ce qui concerne le payement des arrérages ou intérêts des capitaux, n'ait pas entendu se référer à l'interprétation qu'en donnait l'ancien droit, puisque sans cela le 3° de notre art. 385 ne serait qu'une inutile répétition.

Le législateur n'a pas voulu que le patrimoine de l'enfant fût diminué par des dettes qui sont d'ordinaire payées avec les revenus, et qui s'élèveront souvent à un chiffre peu considérable.

4° Les frais funéraires et ceux de dernière maladie.

Les auteurs sont également divisés sur l'in-

---

(1) Art. 267 de la Cout. de Paris.

terprétation à donner à ces mots. Suivant quelques-uns, la loi parlerait ici des funérailles et de la dernière maladie de l'enfant : mais on décide généralement que les frais dont il est question sont ceux occasionnés par les funé-railles et la dernière maladie de la personne qui a légué ou donné les biens soumis à l'usu-fruit paternel. Cette seconde interprétation s'appuie en premier lieu sur la décision con-forme de notre ancienne jurisprudence : en effet, les frais de dernière maladie du *de cujus* constituant une dette mobilière, il ne pouvait y être douteux d'abord qu'ils ne fussent au compte du gardien ; quant aux frais funéraires, s'ils ne sont point précisément des dettes, ils doivent être cependant payés par privilége avant les dettes, et ce motif avait fait conclure, dans le ressort du Châtelet et du parlement de Paris, qu'ils devaient être *a fortiori* acquittés par le gardien. Or, quand les rédacteurs ont reproduit sans explication aucune les termes mêmes de la règle de l'ancien droit à cet égard, il nous semble plus que probable qu'ils ont voulu implicitement lui donner le même sens. D'ailleurs, si ces mots : *de dernière maladie*, contrairement à la tradition coutumière, se rapportaient à la dernière maladie de l'enfant, ils seraient évidemment complétement inexacts, car, en vertu de l'art. 203, les père et mère, indépendamment de la qualité d'usufruitier, sont tenus de supporter les frais de toutes les maladies de l'enfant, et non pas seulement de celle à laquelle il succombe; et quant aux frais funéraires occasionnés par la mort de l'enfant, à quel titre seraient-ils une charge pour l'usufruit, puisque l'usufruit légal a cessé quand cette dette prend naissance. Enfin cette solution est en harmonie avec celle précédemment donnée pour le 3° de l'art. **387**, et comme elle, évite toute diminution de la fortune des mineurs (1).

Seront compris dans cette expression : *frais funéraires*, par application des principes anciens, les frais du deuil de la veuve de celui qui a légué ou donné les biens sujets à usufruit (2).

Telles sont les obligations de l'usufruitier paternel, et la loi les mettant à sa charge, il

---

(1) *Sic*, MM. Démol., t. vi, n° 547 ; — Valette sur Proudhon, t. ii, p 259 ; — Ducaurroy, Bonnier et Rous., t. i, n° 566 ; — Toullier, t. ii, n° 1069 ;—Marcadé, t ii, art. 385, n° 4 ;—Lyon, 16 février 1835, D., 1835, ii, 110 ; — Caen, 16 mars 1836 ; — Caen, 20 déc. 1840. — Contra, MM. Delvincourt, t. i, p. 98, note 4; — Taulier, t. i, p. 503.

(2) *Sic*, MM. Demol., t. vi, n° 548 ; — Proudhon, de l'Usufruit, t. i, n°s 212 et 213 ; — Vazeille, du Mariage, t. ii, n° 442; — Zachariæ, t. iii, p. 684;—Renusson, de la Garde, t. vii, n° 63; — Merlin, Répert, v° Deuil, 81.

s'ensuit qu'il peut être directement poursuivi par les créanciers. Mais il n'est tenu qu'*au nom de l'enfant et comme détenteur des biens grevés de ces charges.* D'où il résulte :

1° Qu'il peut opposer aux créanciers tous les moyens et exceptions que le mineur pourrait lui-même leur opposer;

2° Que l'enfant lui-même ne cesse pas d'être débiteur envers les créanciers; il n'y a pas novation, car aucun texte ne le prononce, et ce même principe était d'ailleurs reconnu en matière de garde, à la différence de ce qui se passait primitivement en cas de bail (1);

3° Que l'usufruitier peut, en abandonnant son droit d'usufruit, se soustraire aux poursuites des créanciers, sauf règlement entre ses enfants et lui.

§ V. — *Causes d'extinction de l'usufruit paternel.*

Les causes d'extinction de l'usufruit paternel sont de deux sortes : les unes, communes à tout usufruit, les autres, particulières à l'usufruit paternel.

---

(1) MM. Demangeat, Rev. de Dr. fr. et étrang., 1848, p. 660; — Proudhon, de l'Usuf., t. I, n° 218; — Demol., t. VI, n° 550.

§ 1er. — Modes d'extinction communs à tout usufruit.

Les mêmes événements qui mettent fin à l'usufruit ordinaire font aussi cesser l'usufruit paternel. Cependant, il en est qui, par la nature même des choses, ne sauraient lui être applicables; ainsi, le non usage pendant trente ans, puisque la durée la plus longue de l'usufruit paternel n'est que de dix-huit ans; ainsi la perte de la chose, puisque l'usufruit paternel est universel, et que les universalités ne périssent pas. Quant à la consolidation, elle ne pourrait se présenter que très-rarement, puisque l'art. 450, qui défend au tuteur de devenir acquéreur des biens du mineur, doit être étendu aux père et mère. Restent donc la mort de l'usufruitier, la renonciation à son droit et l'abus de la jouissance.

1° *La mort de l'usufruitier.* — A cet égard, pas de difficulté. Remarquons seulement que si c'est le père qui meurt, l'usufruit s'éteint pour lui, mais commence en même temps sur la tête de la mère, si elle survit.

2° *La renonciation de l'usufruitier.* — On ne peut contester que cette faculté de droit commun n'appartienne à l'usufruitier paternel, car aucun texte n'est venu la lui ravir. Mais cette renonciation n'a-t-elle d'effet activement et passivement que pour l'avenir, soustrait-elle au contraire l'usufruitier paternel aux obligations mêmes qui résultent de sa jouissance passée, s'il offre de restituer tous les fruits qu'il a déjà perçus? Cette question, controversée quant à l'usufruitier ordinaire, l'est également en ce qui concerne l'usufruitier paternel, et la solution de la dernière difficulté dépend de la solution donnée à la première. Nous ne pouvons discuter le point de savoir si l'usufruitier ordinaire peut ou non, en abandonnant les fruits perçus, s'affranchir des obligations du passé ; nous nous bornerons à constater que la négative, soutenue d'ailleurs énergiquement par un de nos savants maîtres (1), nous semble beaucoup mieux fondée. Dès-lors, supposant la négative admise en ce qui touche l'usufruitier ordinaire, nous tirerons de cette décision un *a fortiori* en faveur de la même manière de voir quant à l'usufruitier paternel.

En effet, dans l'ancienne jurisprudence, on refusait au père le droit qu'on accordait au

---

(1) M. Buguet sur Pothier, Traité du Douaire, t. VI, p. 414, note 2.

contraire généralement à l'usufruitier (1) ; et
de nos jours encore certains auteurs décident
la question négativement quant à celui-là, af-
firmativement quant à celui-ci. De plus, l'u-
sufruit légal est universel ; or, lorsqu'on accepte une universalité, on l'accepte telle qu'elle
se trouve ; si onéreuse qu'elle soit, il faut subir
toutes les conséquences fâcheuses de son acceptation.

D'après l'art. 622, les créanciers de l'usufruitier ordinaire peuvent faire annuler la renonciation qu'il aurait faite au préjudice de
leur droit. La même faculté appartiendra-t-
elle aux créanciers de l'usufruitier paternel ?
Il faut, selon nous, faire une distinction. Ou le
père (ou la mère) a renoncé directement à l'u-
sufruit lui-même, et alors ses créanciers peuvent attaquer cette renonciation faite en fraude
de leurs droits, et cela en usant du bénéfice
général qui leur est accordé par l'art. 1167 (2).
Ou le père n'y a renoncé que tacitement et indirectement par suite de l'émancipation qu'il

---

(1) Comp. Pothier, t. vi, Traité du Douaire, n° 237, et Traité
de la garde noble, n° 97.

(2) Vedel sur Catellan, liv. ii, ch. xlvi, p. 335 ; —Proudhon,
de l'Usuf., t. v, n° 2398 ; — Duranton, t. iii, n° 394 ; — Demol.,
t. vi, n° 593 ; — Cass., 11 mai 1819.

a faite de son enfant, et alors les créanciers ne sont plus maîtres de faire tomber cette renonciation. En effet, le père qui émancipe l'enfant fait un acte d'autorité paternelle avant tout, et l'autorité paternelle est un droit exclusivement attaché à la personne, dont l'exercice par conséquent est refusé aux créanciers de tout débiteur (art. 1166 et 1167). D'ailleurs, de deux choses l'une : ou il faudrait que l'émancipation elle-même fût retirée à l'enfant par suite de l'intervention des créanciers, ce qui est inadmissible, ou l'usufruit seul devrait être rendu au père, l'émancipation subsistant encore, et il y aurait ainsi une suppression profondément arbitraire, au détriment de l'enfant, d'un des plus précieux effets de l'émancipation, ce qui est également impossible (1).

3° *L'abus de jouissance.* — Nul doute que l'art. 618, qui permet de déclarer déchu de son droit l'usufruitier ordinaire qui commet des dégradations sur le fonds ou le laisse dépérir faute d'entretien, ne soit applicable à

---

(1) Bretonnier sur Henrys, liv. IV, quest. 127, n° 33; — Zachariæ, t. I, p. 242, t. II, p. 244 et t. III, p. 688; — Proudhon, de l'Usuf., t. V, n° 2399; — Demol., t. VI, n° 593; — Catellan, liv. VI, chap. XVI in fine, contra Merlin, Quest. de droit; — v° Usuf. paternel, 81.

l'usufruitier paternel coupable des mêmes méfaits ou de la même incurie. Déjà le gardien encourait autrefois pareille déchéance *pour ses malversations ou pour avoir dilapidé les biens* (1). Mais l'inaccomplissement des charges imposées à l'usufruitier paternel entraînerait-il contre lui la même déchéance? Nous ne le pensons pas, car nous ne sommes pas dans l'hypothèse prévue par l'art. 618, qui est lui-même un article de rigueur et de pénalité, traduction d'ailleurs infidèle d'un passage des Instituts de Justinien (2), et qui par conséquent ne peut, pour ces motifs, être étendu au-delà de ses termes. Nous déciderions de même que, dans le cas prévu par l'art. 444, si le père était d'une inconduite notoire, d'une incapacité ou d'une infidélité non contestée, on pourrait lui enlever la tutelle, mais non l'usufruit légal dont il est investi.

Nous accorderions d'ailleurs aux tribunaux le droit, toutes les fois que les intérêts de l'enfant seront en danger, d'ordonner les mesures conservatoires prescrites par l'art. 602, pour le cas où l'usufruitier ne trouve pas de caution.

---

(1) Nouveau Deniz., t. ix, v° Garde noble, 513, n° 4, 7°; — Pothier, de la Garde noble, sect. iv, 81.

(2) Liv. ii, tit. iv, 3, Inst.

Cette disposition est trop raisonnable et trop juste pour qu'il ne soit pas permis d'en arguer en matière d'usufruit paternel, *où la conservation du fonds, du capital, de la fortune des enfants est l'objet si essentiel de la préoccupation de la loi* (1).

§ 2. — Modes d'extinction particuliers à l'usufruit paternel.

L'usufruit paternel s'éteint spécialement :

1° *Par l'âge de dix-huit ans* (art. 384). On a craint que l'usufruitier paternel, pour prolonger sa jouissance, ne se refusât à émanciper son enfant ou à consentir à son mariage, et c'est pour ce motif qu'on a fait cesser ce droit à l'âge de dix-huit ans. Légalement, il est vrai, le mariage et l'émancipation peuvent avoir lieu avant cet âge (477 et 144); mais en fait, une pareille hypothèse se présentera rarement, et rien n'est d'ailleurs compromis, en général,

----

(1) M. Demol., t. VI, n° 602 : « Si les affaires du gardien sont en mauvais ordre et donnent lieu de craindre qu'il ne pourvoie pas d'une manière convenable à la nourriture et éducation des mineurs tombés en sa garde, cette crainte, quoique bien fondée, ne suffisait pas pour faire prononcer la destitution du gardien. Mais aussi l'intérêt du mineur exige qu'on prenne des précautions... Nouveau Denizart, t. IX, v° Garde noble, § 11, n° 3;

tant que l'enfant est encore au-dessous de l'âge de dix-huit ans.

2° Par l'émancipation expresse ou tacite de l'enfant. L'émancipation *tacite* résulte du mariage.

Une question délicate s'élève à cet égard. L'émancipation étant révoquée, l'usufruit légal renaîtra-t-il par le fait de cette révocation? La négative, plus généralement enseignée, nous paraît préférable. On invoque, il est vrai, contre cette opinion un axiôme de raison qui semble devoir triompher : *cessante causa, cessat effectus.* Mais nous répondrons que si l'usufruit ne peut exister sans la puissance paternelle, cette puissance peut très bien exister sans l'usufruit; c'est ce qui arrive quand le père ou la mère renoncent à leur droit ; or en consentant, soit expressément, soit tacitement, en cas de mariage (art. 476), à l'émancipation de l'enfant, l'usufruitier a renoncé à son droit, et le bénéfice de cette renonciation une fois acquis à l'enfant ne peut pas lui être enlevé par la révocation de l'émancipation. L'usufruit légal une fois éteint ne saurait renaître qu'en vertu d'un texte formel; or ce texte n'existe pas. D'ailleurs si le mineur est, par la révocation de l'émancipation, replacé en tutelle, c'est dans son intérêt exclusif; il ne faut donc pas qu'une mesure conçue dans son intérêt exclusif vienne porter atteinte aux droits volontairement consentis à son profit pour les rendre après coup à ceux qui ne doivent retirer aucun avantage de la révocation de l'émancipation (1).

3° *Par la mort de l'enfant mineur de dix-huit ans.* Aucun article, il est vrai, ne consacre expressément ce mode d'extinction, mais il résulte virtuellement de toute la théorie du Code civil. L'usufruit légal, en effet, ne peut se concevoir sans que la puissance paternelle à laquelle il est attaché coexiste avec lui; il ne peut donc durer plus qu'elle ni survivre à son extinction. Et l'art. 754 le suppose évidemment, puisqu'en cas de décès de l'enfant sans postérité, il attribue au survivant des père et mère un nouveau droit d'usufruit complétement distinct de celui qui nous occupe. Telle était d'ailleurs l'ancienne règle en matière de garde (2). Vainement objecterait-on l'art. 620 en vertu duquel l'usufruit accordé jusqu'à ce qu'un tiers ait atteint un âge fixe, dure jusqu'à cette époque, encore que le tiers soit mort avant l'âge dé-

---

(1) *Sic*, MM. Marcadé, t. ii, art. 385, n° 7; — Ducaurroy, Bonnier et Roustain, t. i, n° 697; — Toullier, t. ii, n° 1303; — Duranton, t. iii, n° 396; — Taulier, t. ii, p. 96; — Zachariæ, t. iii, p. 683, note 23. — Contra, M. Demol., t. vi, n° 555; — MM. Proudhon et Valette, t. ii, p. 445.

(2) Pothier, Introd. au titre des fiefs, n° 343.

terminé. Nous répondrions que l'enfant n'est point un tiers, et que d'ailleurs l'âge de dix-huit ans n'est pas un terme fixe dans le sens de l'art. 620 (1).

4° *Par la condamnation du père ou de la mère coupable d'avoir excité, favorisé et facilité la débauche ou la coruption de son enfant* (art. 335, Code pénal). Nous nous sommes déjà expliqués sur ce mode d'extinction, qui n'aurait lieu, selon nous, que relativement à l'usufruit des biens de l'enfant victime du délit.

5° *Par le divorce à l'égard du conjoint contre lequel il aurait été prononcé; par le second mariage de la mère* (art. 386). La première partie de l'art. 386 reste sans objet depuis que la loi du 8 mai 1816 a aboli le divorce. Mais pourrait-elle s'appliquer à la séparation de corps? Une pareille extension du texte de l'article 386 nous semble impossible en présence d'une disposition toute de rigueur et de pénalité, d'autant mieux que la séparation de corps n'est pas aussi préjudiciable aux enfants que le divorce, puisqu'elle ne donne pas lieu de craindre la survenance d'autres héritiers légitimes. Reste la seconde partie de l'art. 386 :

---

(1) M. Demol., t. vi, n° 556; — Cass., 15 juin 1843; — D.P., 1844, 1, 295.

la mère qui se remarie est déchue de son usufruit légal. Mais pourquoi cette différence entre
la mère qui se remarie et le père qui se remarie ? M. Réal en donnait pour motif : « l'inconvénient qu'il y aurait à établir en principe
que la mère peut porter dans une autre famille
les revenus des enfants du premier lit, et enrichir
ainsi à leur préjudice son époux (1). » On a reproduit ce motif, mais il ne nous paraît pas suffisant ;
car on pourrait dire aussi du père qu'il va, en
se remariant, enrichir sa nouvelle femme des
revenus de ses enfants du premier lit. Il faut
ajouter que la mère, en se remariant, livre
au second mari l'administration de tous ses
biens, et que le second mari peut alors librement disposer des revenus des enfants du
premier lit à son profit personnel et à l'avantage de ses propres enfants ; tandis que le père
qui se remarie conserve l'administration des
biens des enfants du premier lit, et dès lors
toute liberté d'employer dans leur intérêt les
revenus de son usufruit. Ces motifs même ne
nous semblent pas justifier pleinement la décision de l'art. 386 que nous devons respecter
cependant, puisqu'elle est écrite dans la loi.
Elle s'explique avec plus de vérité peut-être

____

(1) Locré, Législation civile, t. XII, p. 65.

par l'influence du souvenir des règles de l'ancienne garde noble et bourgeoise (1) et par la défaveur instinctivement attachée de vieille date par les mœurs aux seconds mariages. Si la mère remariée devient veuve, son usufruit renaîtra-t-il? Nous ne le croyons pas : l'article 386 est en effet absolu : *la jouissance cessera,* dit-il, sans ajouter aucune restriction de temps ou de condition. D'ailleurs, l'usufruit légal une fois éteint, nous le répétons encore, ne saurait revivre sans un texte formel qui ne se rencontre pas dans l'espèce. Enfin, quand même l'influence fâcheuse du second mari n'est pas là pour nuire aux enfants du premier lit, elle se trouvera souvent perpétuée après sa mort par la présence des enfants issus de la seconde union. Ce dernier motif, insuffisant pour entraîner contre le père déchéance de son usufruit, a pu, dans l'esprit du législateur, contribuer à motiver cette extinction relativement à la mère.

Mais supposons que le second mariage ait été déclaré nul, la mère sera-t-elle réputée n'avoir jamais perdu son usufruit; en sera-t-elle, au contraire, déchue pour toujours? Certains jurisconsultes ont proposé de dis-

---

(1) Pothier, Introd. aux titres des fiefs, n° 34.

tinguer : si la veuve est de bonne foi, elle aura perdu son usufruit légal, car aux termes des art. 201 et 202, son second mariage a produit tous les effets civils; mais si elle est de mauvaise foi, elle aura au contraire conservé sans interruption son usufruit légal, car son mariage alors n'a produit aucun effet civil, et dès lors, son usufruit n'a pu s'éteindre : *quod nullum est nullum producit effectum.* Il nous semble impossible d'admettre une distinction *qui traite plus durement la mère innocente que la mère coupable, et fait même à cette dernière un titre légal de sa mauvaise foi* (1). Le texte ne distingue pas : la jouissance cessera dans le cas d'un second mariage. Or, il y a un second mariage. Sans doute le second mariage a été annulé; mais s'ensuit-il que le fait de la célébration ne puisse entraîner aucune conséquence? Est-ce que le nouveau mari, pendant le temps intermédiaire, n'a pas eu, par suite de cette célébration, la pleine et entière disposition des revenus des enfants du premier lit? Et dès lors, puisque le fait, dans la crainte duquel la loi a prononcé la cessation de l'usufruit maternel, s'est réalisé, pourquoi ne pas appliquer sans autres considérations la déchéance

______

(1) M. Demol., t. vi, n° 563.

prononcée par elle ? Enfin, si on argumentait de la maxime : *quod nullum est nullum producit effectum* dans toute son étendue, il faudrait aller jusqu'à dire qu'un second mariage contracté pendant l'existence d'un premier étant toujours nul et ne pouvant produire aucun effet, la peine de la bigamie ne pourra jamais être infligée à personne. L'art. 386 est donc, selon nous, applicable au second mariage, *même annulé*, lorsqu'il a été librement contracté (1).

Si la mère ne s'est pas remariée, mais qu'elle soit coupable d'une impudicité notoire, que, par exemple, elle vive publiquement et maritalement avec un homme installé dans sa propre maison, devra-t-on la déclarer déchue de son usufruit légal? Le droit romain décidait formellement l'affirmative à l'égard des veuves en état de concubinage notoire : *non enim aliquid amplius habebit castitate luxuria* (Nov. 30, cap. 22, 51, et L. 7, Cod. de Revoc. et Donat.). Notre ancien droit était, sur ce point, conforme au droit romain, et Pothier nous apprend que « la garde noble finit pour cause de débauche publique à l'égard d'une gardienne (2). » Aussi

---

(1) M. Demol., t. vi, n° 563. — Contra, MM. Duranton, iii, n° 387; — Vazeille, du Mariage, iii, n° 470. — Proudhon, de l'usufruit, t. i, n° 144.

(2) Pothier, Introd. aux tit. des fiefs, n° 346.

plusieurs auteurs (1), divers arrêts de la Cour de Limoges (2) ont reproduit la même doctrine sous l'empire du Code Napoléon. Nous reconnaissons toute la gravité des motifs sur lesquels s'appuie cette opinion; mais il nous paraît impossible de prononcer une déchéance qui ne se trouve écrite formellement nulle part. L'usufruit légal est acquis à la veuve; pour l'en priver, il faudrait encore une fois un texte formel. La loi, il est vrai, attache elle-même cette déchéance à certains faits d'immoralité de la part du père ou de la mère (art. 335, C. pén.); mais c'est un motif de plus pour ne pas l'appliquer à d'autres cas que ceux expressément prévus et déterminés. D'ailleurs, il n'est pas impossible que, malgré ses déréglements, la mère ne détourne pas de leur destination naturelle les revenus de ses enfants. De plus, la cessation édictée par l'art. 386 a lieu *de plein droit;* tandis que dans le cas d'impudicité notoire, il faudrait une instruction et un jugement, ce qui nous place en dehors de l'art. 386. Enfin, on ne saurait non plus invoquer l'article 444, qui permet d'enlever à la veuve

----

(1) MM. Delvincourt, t. I, p. 93, note 8; — Proudhon, de l'Usuf., t. I, n° 146.

(2) Limoges, 16 juillet 1807, 2 avril 1810, et 23 juillet 1824.

d'une inconduite notoire la garde de ses enfants; en effet, autre chose est la tutelle, autre chose est la puissance paternelle et les conséquences qui en résultent (1).

6° *Par le défaut d'inventaire dans le cas prévu par l'art.* 1442. Cet article est ainsi conçu : « Le défaut d'inventaire, après la mort naturelle ou civile de l'un des époux, ne donne pas lieu à la continuation de la communauté, sauf les poursuites des parties intéressées relativement à la consistance des biens et effets communs dont la preuve pourra être faite tant par titres que par la commune renommée.

S'il y a des enfants mineurs, le défaut d'inventaire fait perdre, en outre, à l'époux survivant la jouissance de leurs revenus; et le subrogé-tuteur qui ne l'a point obligé à faire inventaire est solidairement tenu avec lui de toutes les condamnations qui peuvent être prononcées au profit des mineurs. »

L'inventaire prescrit par l'art. 1442 doit être fidèle et exact. S'il s'y trouve des omissions et des irrégularités commises sciemment et de

---

(1) MM. Demol., VI, n° 565; — Zachariæ, III, p. 685; — Marcadé, II, art. 3867, n° 6;—Duranton, III, n° 385;—Aix, 30 juillet 1813, V.-S. 1814, II, 70; — Cass., 19 avril 1843, D., 1843, 2, 315.

mauvaise foi, *malicieuses*, comme le disait Pothier (1), l'époux, à notre avis, encourra la
déchéance de son usufruit, car un inventaire
infidèle équivaut, pour le moins, au défaut
d'inventaire.

L'art. 1442 ne détermine aucun délai pour la
confection de cet inventaire; mais évidemment
il faut suppléer ici au silence de la loi, sous
peine de rendre illusoire et inapplicable la disposition de l'article. Tous les auteurs recon-
naissent donc qu'un délai doit être fixé, et par
analogie des art. 795, 798, 1456 et 1459, on
applique à notre hypothèse le délai ordinairement accordé, pour dresser l'inventaire d'une
succession, c'est-à-dire le délai de trois mois,
sauf faculté d'en demander en justice la proro-
gation.

Mais si le survivant des deux époux a laissé
expirer le délai de trois mois sans faire l'inventaire exigé, quel sera le résultat de cette
omission, et sera-t-il déchu nécessairement et
irrévocablement de l'usufruit paternel? Il y a
sur ce point dissidence profonde entre les auteurs, et trois opinions sont présentées.

Une première opinion enseigne que *si les
choses de la communauté sont encore facilement*

---

(1) Introd. du titre x de la cout. d'Orléans, n° 96.

reconnaissables, même après l'expiration des trois mois, l'époux survivant pourra encore faire inventaire et conserver ainsi son droit d'usufruit, toutefois pour l'avenir seulement, mais que *si au contraire, les choses de la communauté ne sont plus reconnaissables,* une déchéance irrévocable frappera l'époux négligent, car pour faire alors l'inventaire, on serait obligé d'avoir recours à une enquête par commune renommée, que la loi a voulu justement éviter (1).

Cette première opinion ne nous paraît pas admissible: elle repose en effet toute entière sur une distinction inapplicable. Comment et quand savoir si les choses de la communauté sont encore entières? Pour s'assurer qu'après un long intervalle, aucun détournement n'aurait été commis, il faudrait toujours recourir à une enquête, et par conséquent au cas où la déchéance est irrévocable.

Une seconde opinion, beaucoup mieux fondée, regarde le délai de trois mois comme un terme fatal, à l'expiration duquel le survivant des époux est déchu irrévocablement de son droit d'usufruit. Cette opinion est d'ailleurs conforme à la doctrine de l'ancien droit, en

---

(1) M. Proudhon, de l'usufruit, t. I, n°⁸ 170 et suiv.

matière de garde noble, et le président de Lamoignon, dans ses arrêts célèbres, s'exprimait ainsi : « Est tenu le gardien de faire faire inventaire des meubles, titres et papiers appartenant au mineur....... *dans les trois mois du jour de l'acceptation et ce temps passé*, demeure déchu du profit de la garde noble, malgré ses grades autorisés (1) ».

Nous adopterons la troisième opinion que la jurisprudence paraît devoir consacrer. Suivant cette dernière, le délai de trois mois n'est pas nécessairement un terme fatal, et les magistrats pourraient encore, même après leur expiration, ne pas déclarer déchu de son usufruit le survivant des époux, si le retard de l'inventaire résulte de circonstances indépendantes de sa volonté, et qui le laissent pur de tous reproches. En effet, l'art. 1442 ne fixe point de délai passé lequel la déchéance doive être inévitablement encourue. Or, si l'on peut, par voie d'analogie, déterminer en règle générale ce délai à trois mois, il ne nous semble pas permis de faire résulter de leur expiration une déchéance qui n'est pas écrite dans la loi.

---

(1) Titre de l'état des personnes, n° 35 ; Pothier, loc. sup. cit. ; MM. Duranton, t. III, n° 389 ; Zachariæ, Aubry et Rau, t. III, p. 467 Marcadé, t. I, art. 1442, n° 3.

Quatre articles, les articles 451, 600, 795, 1451 et 1465 sont relatifs à l'obligation de faire inventaire, et aucun d'eux ne nous autorise à prononcer après les trois mois contre l'époux survivant une pénalité aussi rigoureuse, alors que peut-être il ignorait la mort de son conjoint, ou que le notaire chargé du soin de l'inventaire tombe lui-même malade, et n'achève pas son opération dans le délai fatal de trois mois, sans qu'il y ait aucune faute à mettre sur le compte de l'usufruitier paternel (1).

La déchéance édictée par l'art. 1442 s'applique-t-elle en dehors du régime de communauté légale ou conventionnelle? L'étendrons-nous au cas où les époux sont mariés sous le régime dotal ou sous le régime exclusif de communauté ou de séparation de biens? Nous ne le croyons pas, bien que la question soit sérieusement controversée. En effet, le principal argument de l'opinion adverse consiste à dire que les deux alinéas de l'art. 1442 constituent deux dispositions distinctes et indépendantes l'une de l'autre, réglant deux situations différentes, et se référant, la première spécialement au régime de communauté, la seconde, au contraire, à tous les

---

(1) M. Demol., t. vi, n° 573 — Caen, 1er août 1838. — Caen, 18 août 1842.

régimes nuptiaux sans distinction. Mais une pareille proposition est d'abord formellement repoussée par le texte de l'art. 1442, dont le second alinéa se trouve évidemment relié au premier par les mots *en outre;* et de plus elle est directement contraire aux explications catégoriques données par M. Berlier, dans son exposé des motifs, où il déclare que le but du projet est de substituer à la continuation de la communauté qui résultait, dans plusieurs coutumes, du défaut d'inventaire, la déchéance de l'usufruit légal. Cette déchéance doit donc, dans l'esprit des rédacteurs, être restreinte au cas de communauté; elle le doit aussi aux yeux de la raison juridique, car il s'agit ici d'une pénalité qu'on ne saurait étendre au-delà des cas prévus, et d'ailleurs cet inventaire ne sera plus sous les autres régimes de la même indispensable nécessité, puisqu'alors la confusion des biens, au lieu d'être la règle, devient au contraire l'exception (1).

Remarquons, pour terminer, que la dé-

___

(1) Proudhon, de l'usufruit, t. 1, n°⁵ 161, 162; — Duranton, t. III, n° 390; — Zachariæ, t. II, p. 469;—Demol., t. VI, n° 577; —Marcadé, t. V, art. 1442, n° 3;—Toulouse, 19 décembre 1839. —Dav., 1840, II, 164;—Contrà. MM. Pont, cont. de mariage, t. I, n°⁵ 763 et 764;— Revue de législ., t. III, 1847, p. 37 et suiv.;— Toullier, XIII, n° 650;—Battur, t. II, n° 620.

chéance de l'art. 1442 est absolue et complète, ne se borne pas aux biens qui proviennent de la communauté non inventoriée, mais porte sur tous les biens de l'enfant. Les termes de l'article ne permettent en effet aucune distinction ; en effet, il enlève à l'époux survivant la jouissance des *revenus* de son enfant, de tous ses revenus sans aucune limitation; c'est le droit même d'usufruit qui est perdu (1).

CHAPITRE IV.

CAUSES D'EXTINCTION DE LA PUISSANCE PATERNELLE.

La puissance paternelle a pour terme normal et nécessaire, la majorité de l'enfant (art. 372); elle cesse de plus avant cette majorité, soit par l'émancipation de l'enfant (art. 372, 376 et suivants), soit par la déchéance prononcée contre le père et la mère dans le cas prévu par les art. 334 et 335 du Code pénal.

1° *Majorité de l'enfant.* — La puissance paternelle doit être une protection pour l'enfant

______

(1) *Sic* MM. Berlier, exposé des motifs, Zachariæ, t. IV, p. 468; — Proudhou, t. I, n° 169 ;—Marcadé, v, art. 1442, n° 3;—Demol. VI, n° 560; — Caen, 23 février 1843; — Contrà, Toullier, t. XIII, n° 8;—Caen, 5 décembre 1835.

plutôt qu'un privilége en faveur du père, et par conséquent, doit cesser dès que les enfants sont capables d'agir seuls et par leurs propres forces. Ce principe rationnel a été sagement consacré par le Code Nap., qui a déterminé à l'âge, peut-être prématuré, de vingt-un ans pour les deux sexes, l'époque de cet affranchissement de la puissance paternelle proprement dite; l'enfant reste d'ailleurs soumis toute sa vie à l'obligation qui lui est imposée par l'art. 371, de garder honnneur et respect aux parents qui lui ont donné le jour. Mais à cet âge de vingt-un ans, il devient pleinement capable de tous les actes de la vie civile, excepté toutefois à l'égard du mariage ou de l'adoption, car il est alors tenu pour l'un ou pour l'autre d'obtenir jusqu'à l'âge de vingt-cinq ans le consentement de ses père et mère, et, à leur défaut, de ses ascendants (art. 746).

2° *Émancipation de l'enfant.* — L'émancipation est formelle ou tacite : formelle, elle est faite par la déclaration du père ou de la mère, reçue par le juge de paix assisté de son greffier (art. 747) : tacite, elle résulte du mariage du mineur, d'où il suit que le droit d'émancipation tacite appartient aux ascendants, puisque pour y donner lieu, il leur suffit de consentir au mariage de l'enfant. Le droit d'émancipation expresse est, au contraire, un attribut direct de la puissance paternelle. et appartient, par conséquent, au père pendant le mariage, au moins en règle générale, et au défaut du père à la mère. L'enfant peut être émancipé dès l'âge de quinze ans. L'émancipation peut n'être que provisoire ; si les engagements du mineur émancipé sont réduits comme excessifs, le bénéfice de l'émancipation peut lui être retiré et il rentre alors sous la puissance paternelle pour n'en sortir qu'à sa majorité.

3° *Déchéance de la puissance paternelle.* — Un seul texte, dans notre législation, prononce la déchéance de la puissance paternelle, c'est l'article 335 du Code pénal, sur les dispositions duquel nous nous sommes déjà suffisamment étendus.

En dehors du cas prévu par l'art. 335, les tribunaux ne pourraient-ils pas cependant, sinon enlever au père et à la mère la puissance paternelle, du moins restreindre et modifier son exercice? Ainsi le père se livre envers un enfant aux plus graves excès, à des violences, à des brutalités intolérables, il le laisse dans le dénuement le plus absolu. Aucun texte, dit-on, ne permet aux magistrats d'intervenir. Cela est vrai; et cependant, l'affirmative nous paraît seule admissible. Elle résulte d'abord de la nature même de la puissance paternelle donnée au père par le législateur dans l'intérêt de l'enfant; instituée comme pouvoir tutélaire et protecteur, elle ne saurait dégénérer en oppression cruelle ou tyrannique. Et dès lors, comme le dit avec raison M. Demante, les magistrats chargés de faire exécuter les lois *suivant les vues du législateur*, n'ont-ils pas la mission de conserver à la puissance paternelle son caractère indélébile de défense et de protection? Aussi, de tout temps et particulièrement dans notre ancienne jurisprudence, ce pouvoir de haute surveillance de la part des magistrats a-t-il été reconnu et exercé (1).

Les rédacteurs avaient même le projet de consacrer ce pouvoir par un texte spécial ; s'ils ne l'ont pas fait c'est qu'ils ont perdu de vue cette disposition ajournée par ce motif seulement qu'il ne fallait pas *s'occuper d'abord des détails ni des questions isolées* (2). Enfin, l'art. 444, qui exclut ou destitue de la tutelle : 1° les gens d'une inconduite notoire ; 2° ceux dont la gestion attesterait l'incapacité ou l'infidélité, s'applique évidemment, par la généralité de ses termes, même au père tuteur et à la mère tutrice. Or, la raison exige que par analogie on

---

(1) Merlin, Rep., t, 18, v° éducation, 81, t· x; v° puissance paternelle, sect. 3, 81. — Nouveau Denizart, t. vii, v° éducation.

(2) Locré, législ. civ., t. ii, p. 11.

le leur applique même pendant la durée du mariage ; seulement comme le père est traité plus favorablement que le tuteur, les tribunaux devront à son égard user de leur pouvoir discrétionnaire avec plus de modération, de réserve et de ménagement (1).

APPENDICE.

DE LA PUISSANCE PATERNELLE SUR LES ENFANTS NATURELS.

Les mots puissance paternelle sont également susceptibles d'une double acception à l'égard des enfants naturels. Dans son acception la plus générale, la puissance paternelle comprend, quant à eux, certains rapports juridiques que la loi établit entre l'enfant naturel et ses père et mère, et qui n'ont pas pour terme sa majorité ou son émancipation. Ainsi, l'enfant naturel doit à tout âge honneur et respect à ses père et mère (art. 371). Ainsi l'enfant naturel est tenu de demander pour son mariage, tantôt le consentement, tantôt le conseil de ses père et mère (art. 158 et 159) ; et par consé-

____

(1) M. Demol., t. vi, n° 367.

quent ces derniers ont droit de former opposition à son mariage (art. 147-149), etc., etc.

Nous n'avons à nous occuper ici que de la
puissance paternelle prise dans son acception
spéciale et technique, c'est-à-dire de celle qui
ne se prolonge pas au delà de la majorité ou
de l'émancipation de l'enfant.

Nous examinerons les effets de la puissance
paternelle ainsi entendue, comme nous l'avons
fait jusqu'à présent, à un double point de vue :
à l'égard de la personne et à l'égard des biens
de l'enfant.

ART. 1ᵉʳ. *De la puissance paternelle sur la personne l'enfant naturel.*

L'art. 383, le seul du titre qui se réfère aux
droits accordés sur les enfants naturels, ne
mentionne comme leur étant communs avec les
enfants légitimes que les art, 376, 377, 378
et 379 relatifs au droit de correction. Mais il
est évident que le droit d'éducation appartient
également aux père et mère naturels. Comment,
en effet, serait-il possible qu'ils eussent le droit
de correction s'ils n'avaient l'autorité dont le
droit de correction n'est que l'instrument.
Quant au droit de garde il est la conséquence
du droit d'éducation et il n'est pas douteux que
l'enfant naturel, pas plus que l'enfant légitime,

ne puisse pas quitter la maison paternelle sans le consentement de ses parents.

La puissance paternelle, en ce qui concerne les droits d'éducation, de garde et de correction, appartient à l'auteur qui a reconnu l'enfant ; mais que décider si le père et la mère ont tous deux reconnu l'enfant ? Une première opinion leur accorde concurremment la puissance paternelle et raisonne ainsi : les droits de la mère naturelle sont égaux aux droits du père toutes les fois qu'un texte ne donne pas une prépondérance quelconque au père ; c'est ce qui arrive dans notre hypothèse. On objecterait en vain l'art. 373, parce que son texte n'est applicable qu'aux enfants légitimes durant le mariage, et que d'ailleurs le motif sur lequel il est fondé, à savoir que le mari exerce déjà la puissance maritale sur sa femme (article 214), ne saurait concerner les père et mère naturels (1). Une seconde opinion, que nous regardons comme préférable, décide, au contraire, que c'est au père naturel qu'appartiennent régulièrement la garde et l'éducation de l'enfant, de préférence à la mère naturelle. En effet, il ne paraît pas raisonnable d'attribuer

---

(1) MM. Delvincourt, t. 1, p. 93, note 11 ; Duranton, III, n° 360 ; Ducaurroy, Bonn. et Roust., t. 1, n° 562.

aux père et mère naturels en même temps une
autorité absolument égale sur l'enfant ; autrement ce serait donner lieu à des tiraillements
et à des conflits perpétuels, au grand détriment
de l'éducation de l'enfant et de l'autorité paternelle. Et dès lors, si quelqu'un doit obtenir
la préférence, c'est au père qu'elle revient. C'est,
en effet, lui qui transmet à l'enfant son nom et
sa nationalité ; c'est sa volonté qui l'emporte
en matière de consentement au mariage (article 158). Cette doctrine n'offre enfin aucun
inconvénient, puisqu'en cas de réclamation de
la part de la mère, les tribunaux peuvent enlever l'éducation et la garde au père et statuer
pour le plus grand intérêt de l'enfant (1).

Le droit de correction, avons-nous dit, est
formellement reconnu par l'art. 383 aux père
et mère de l'enfant naturel. Mais comment
sera-t-il exercé ? On se rappelle que d'après
les art. 380, 381 et 382 le droit de correction,
en ce qui concernent les enfants légitimes, est
modifié ou anéanti par suite de circonstances
énumérées dans ces articles. Or, l'art. 383 qui
renvoie aux art. 376-379 ne renvoie pas aux

---

(1) MM. Demol., t. vi, n° 629 ; Marcadé, t. ii, art. 383, n° 2 ;
Zachariæ, l. iv, p. 85 ; Taulier, t. i, p. 488 ; Val., sur Proudhon,
t. ii, p. 218, note A.

art. 380 et 382. Ces articles sont-ils cependant applicables aux père et mère naturels? Ainsi, le père naturel qui se marie ne pourrait-il faire détenir que par voie de réquisition son enfant naturel âgé de moins de seize ans? Le père serait-il obligé de recourir à cette voie pour faire détenir l'enfant âgé de moins de seize ans, qui a des biens personnels et qui exerce un état? De même, relativement à la mère, ne pourra-t-elle agir que par voie de réquisition? Aura-t-elle besoin, pour agir, d'un concours étranger? Perdra-t-elle en se mariant le droit de faire détenir son enfant?

Ces questions sont diversement résolues, et trois opinions sont en présence. Une première n'applique aucun des articles non mentionnés dans l'art. 383, c'est-à-dire ni l'art. 380, ni l'art. 381, ni enfin l'art. 382. Une seconde n'applique que l'art. 382. Enfin une troisième applique les art. 380, 381 et 382.

De ces trois solutions nous préférons la dernière. D'abord, quant à la seconde, elle ne nous paraît pas admissible; en effet, de deux choses l'une : ou il faut s'en tenir à la lettre de l'art. 383, c'est ce que fait la première opinion, ou y déroger pleinement et ne pas faire de choix arbitraire entre les articles à appliquer, et c'est la conduite tenue par la troisième opinion que nous adoptons.

Voici les motifs qui nous déterminent. L'article 383, il est vrai, ne renvoie pas aux art. 380 à 382; mais ce silence n'est pas concluant, car l'art. 383 ne rappelle pas davantage les articles 371, 372 et 374, que tout le monde reconnaît cependant être commun aux père et mère légitimes, et aux père et mère naturels. D'ailleurs l'intention du législateur ne nous paraît pas douteuse. Il existait en effet dans le projet un article qui déclarait applicables aux père et mère naturels tous les articles du titre de la puissance paternelle, et cet article n'a été modifié que parce qu'on n'avait pas voulu leur accorder l'usufruit légal. « Un des articles du projet, » disait M. Réal dans son exposé des motifs, « accorde la même puissance et les mêmes droits aux père et mères des enfants naturels légalement reconnus. » Si donc le législateur n'a pas rappelé dans l'art. 383 les art. 380 et 381, c'est probablement parce qu'en arrivant à ces articles il a rencontré ces mots : « *Le père remarié et la mère non remariée,* » dont la rédaction supposant un premier mariage ne convenait pas textuellement aux père et mère naturels. Enfin il ne serait ni logique, ni moral d'accorder aux père et mère naturels plus d'autorité qu'aux père et mère légitimes, car les père et mère naturels sont moins dignes de confiance, et l'enfant naturel à raison de sa position isolée, en dehors de toute famille et de toute affection a besoin de plus sérieuses garanties (1).

Art. 2. — *De la puissance paternelle sur les biens de l'enfant naturel.*

Les père et mère légitimes ont, en vertu de cette puissance, comme nous l'avons dit, l'administration et l'usufruit des biens de leurs enfants. Les mêmes droits appartiennent-ils aux père et mère naturels? Nous ne le croyons pas.

Et d'abord, quant à l'usufruit légal, il ne saurait y avoir de doute. Les rédacteurs du Code ont, en effet, expressément déclaré que si l'art. 383 ne renvoyait pas à tous les articles du titre neuvième, c'était parce qu'on voulait priver les père et mère naturels de l'usufruit légal. D'ailleurs l'usufruit légal, ce droit exhorbitant qui confère à une personne la totalité des revenus d'une autre personne, ne saurait exister à leur profit qu'en vertu d'un texte formel, et non-seulement aucun texte ne le consacre à leur égard, mais l'art. 384, qui l'é-

---

(1) MM. Demol., t. vi, n° 645 ; Val. sur Proudhon, t. xii, p. 250 ; Marcadé, sur l'art. 383. — Cassat., 31 août 1815. — Contra, MM. Duranton. iii, n° 360 ; Proudhon, t. ii, p. 248 Zachariæ, t. i, p. 83.

tablit en faveur des père et mère légitimes, le leur refuse implicitement : « *durant le ma-riage......., après la dissolution du mariage :* » telles sont les expressions qui s'y trouvent et qui, supposant le mariage, supposent la légitimité des enfants (1).

Du moins l'administration légale est-elle accordée aux père et mère naturels ? Nous répondrons encore d'une manière négative par les mêmes raisons. En effet, dirons-nous, l'administration légale n'est qu'un attribut naturel de la puissance paternelle, et ne peut exister que concédée par la loi. Or, aucun texte ne l'attribue aux père et mère naturels; bien plus, l'art. 389 la leur refuse implicitement par ses termes mêmes : le père *durant le mariage*, y est-il dit, est administrateur des biens personnels de ses enfants mineurs. Cependant, si l'enfant naturel a des biens, ces biens ne peuvent rester à l'abandon. Bien que la loi ne détermine pas à quelle personne en appartiendra la surveillance et l'administration, ce sera, d'après les règles en matière de minorité, un tuteur qui sera chargé de repré-

____

(1) MM. Val. sur Proudhon, t. xii, p. 252 ; Ducaurroy, Bonn. et Roust., i, n° 263 ; Duranton, iii, n°s 360 et 364 ; Marcadé, t. xii, art. 394, n° 4 ; Demol., t. vi, p. 521.

senter l'incapable au point de vue pécuniaire.
Mais quel sera ce tuteur ? Le silence de la loi
a donné lieu à plusieurs opinions que les limites de notre sujet ne nous permettent pas de
discuter. Celle qui prévaut aujourd'hui, c'est
que la tutelle des enfants naturels est une tutelle dative. En général, du reste, le conseil
de famille de l'enfant naturel, composé d'amis
de son père ou de sa mère, fera bien de choisir
pour tuteur l'un ou l'autre des deux parents
naturels (1).

____

(1) M. Taulier, 1, p. 502 ; Marcadé, 2, art 369, n° 2 ; Demol.,
t. VI, p. 529.

POSITIONS.

DROIT ROMAIN.

I. La loi 8 et la loi 13, D., *de castrensi peculio*, peuvent se concilier.

II. La loi 9, au même titre, du jurisconsulte Ulpien, combinée avec la loi 33, D., *de adquirendo rerum dominio*, du même jurisconsulte, contient une théorie différente de celle de Papinien dans le § 1er de la loi 14, *de castrensi peculio*.

III. Il n'y a pas en réalité contradiction entre la loi 18, D., *de stipulatione servorum*, et la loi 14, §§ 1 et 2, D., *de castrensi peculio*.

IV. Les mots *jure communi* (Inst., liv. 2, tit. 12), signifient par droit héréditaire.

V. Le possesseur de bonne foi *rei singularis* n'était pas tenu, au temps de la jurisprudence classique, de restituer les fruits qu'il avait perçus, mais qu'il n'avait pas encore consommés lors de la revendication.

VI. Le pupille contractait une obligation naturelle lorsqu'il promettait *sine tutoris auctoritate*. Ce fut là un progrès de la jurisprudence postérieure à Antonin-le-Pieux. Cette obligation naturelle existait non-seulement à l'encontre des tiers, mais encore à l'encontre du pupille lui-même.

VII. La règle générale, en droit romain, était que l'hérédité jacente représentait la personne du défunt et non celle de l'héritier futur.

DROIT FRANÇAIS.

DROIT CIVIL.

I. La disposition de l'art. 382 doit être étendue à tous les enfants détenus par voie de réquisition.

II. Le père interdit ou présumé absent ne perd pas l'usufruit des biens de ses enfants mineurs.

III. La mère n'a pas droit à l'usufruit légal lorsque le père est déchu de ses droits sur la personne et les biens de ses enfants, par application de l'art. 335 du Code pénal.

IV. Les dégradations ou détériorations qui, par quelque cause que ce soit, ont mis les meubles hors de service, sont à la charge de l'usufruitier légal.

V. On ne peut par contrat de mariage renoncer à l'usufruit légal.

VI. La prohibition de l'usufruit légal peut porter sur la réserve comme sur la quotité disponible.

VII. Le troisième alinéa de l'art. 386 s'applique aux arrérages ou intérêts déjà échus lors de l'ouverture de l'usufruit légal. Et les frais funéraires et de dernière maladie, dont il est question dans l'alinéa suivant, sont ceux occasionnés par les funérailles et la dernière maladie de la personne à laquelle l'enfant a succédé.

VIII. L'usufruitier légal ne peut en renonçant à son droit et en restituant les fruits qu'il a perçus depuis son entrée en jouissance, se décharger *pour le passé* des obligations que lui impose l'art. 385.

IX. L'art. 386 serait applicable lors même que le second mariage de la mère serait annulé.

X. L'inconduite notoire de la veuve n'est pas une cause de déchéance de l'usufruit légal.

XI. Les art. 380, 381 et 382 sont applicables à l'enfant naturel.

XII. Les règles : *actori incumbit probatio, reus in excipiendo fit actor, et onus probandi incumbit ei qui dicit, non ei qui negat,* doivent se résumer en ces termes : celui qui allègue un fait nouveau contraire à la position acquise de l'adversaire, doit le prouver.

XIII. Quand un écrit constatant une obligation unilatérale n'énonce pas la cause de l'obligation, ce n'est pas au prétendu créancier à prouver qu'une cause licite existe.

XIV. La femme dotale qui vend un de ses immeubles dotaux peut valablement promettre la garantie sur ses biens paraphernaux.

XV. Les servitudes continues et apparentes peuvent s'acquérir par la prescription de dix à vingt ans.

HISTOIRE DU DROIT.

I. Puissance paternelle a lieu dans les pays coutumiers.

II. L'adoption, avec le sens qu'y attachaient les Romains, était inconnue chez les Germains et chez les Francs.

III. La garde noble est d'origine essentiellement féodale.

IV. Sous l'empire de la coutume d'Orléans et de celle de Paris, le droit du gardien devait être étendu à tous les immeubles du mineur.

DROIT CRIMINEL.

I. La chose jugée au criminel est en général souverainement jugée au profit ou au préjudice de celui qui intenterait ultérieurement l'action civile.

II. Les condamnations par contumace n'entraînent pas l'interdiction légale.

DROIT ADMINISTRATIF.

I. L'expression d'*agents du gouvernement* doit être traduite, dans l'art. 75 de la constitution du 22 frimaire an VIII, par celle d'*agents administratifs*.

Vu par le Président de la thèse,
    BONNIER.

        Vu par le Doyen de la Faculté,
           C.-A. PELLAT.

    Permis d'imprimer :
    Le vice-Recteur,
    CAYX.

9 782016 202814